HERMES

在古希腊神话中，赫尔墨斯是宙斯和迈亚之子，奥林波斯众神的信使，道路与边界之神，睡眠与梦想之神，死者的向导，演说者、商人、小偷、旅者和牧人的保护神——解释学（Hermeneutic）一词便来自赫尔墨斯（Hermes）之名。

CAMBRIDGE

西方传统 经典与解释
Classici et Commentarii
HERMES
德意志古典法学丛编
黄涛 吴彦◉主编

[南非]詹姆斯（James D.）◉著

财产与德性

——费希特的社会与政治哲学

Fichte's Social and Political Philosophy: Property and Virtue

张东辉 柳波 / 译

知识产权出版社
全国百佳图书出版单位

缘　起

自严复译泰西政法诸书至本世纪四十年代，汉语学界中的有识之士深感与西学相遇乃汉语思想史无前例的重大事变，孜孜以求西学堂奥，凭着个人的禀赋和志趣选译西学经典，翻译大家辈出。可以理解的是，其时学界对西方思想统绪的认识刚刚起步，选择西学经典难免带有相当的随意性。

五十年代后期，新中国政府规范西学经典译业，整编四十年代遗稿，统一制订新的选题计划，几十年来寸累铢积，至八十年代中期形成振裘挈领的“汉译世界学术名著”体系。虽然开牖后学之功万不容没，这套名著体系的设计仍受当时学界的教条主义限制。“思想不外乎义理和制度两端”（康有为语），涉及义理和制度的西方思想典籍未有译成汉语的，实际未在少数。

八十年代中期，新一代学人感到通盘重新考虑“西学名著”清单的迫切性，创设“现代西方学术文库”。虽然从迻译现代西方经典入手，这一学术战略实际基于悉心疏理西学传统流变、逐渐重建西方思想汉译典籍系统的长远考虑，翻译之举若非因历史偶然而中断，势必向古典西学方向推进。

九十年代以来，西学翻译又蔚然成风，丛书迭出，名目繁多。不过，正如科学不等于技术，思想也不等于科学。无论学界迻译了多少新兴学科，仍似乎与清末以来汉语思想致力认识西方思想大传统这一**未竟前业**不大相干。晚近十余年来，欧美学界**重新翻译和解释**古典思想经典成就斐然，汉语学界仅务竞新奇，仅限时下“主义”流变以求适时，西学研究终不免以支庶续大统。

西方思想经典即便都译成了汉语，不等于汉语学界有了**解读能力**。西学典籍的汉译历史虽然仅百年，积累已经不菲，学界的读解似乎仍然在吃夹生饭——甚至吃生米，消化不了。翻译西方学界诠释西学经典的论著，充分利用西方学界整理旧故的稳妥成就，於赓续清末以来学界理解西方思想传统的未尽之业意义重大。译界并非不热心翻译西方学界的研究论著，甚至不乏庞大译丛之举。显而易见的是，这类翻译的选题基本上停留在**通史**或**评传**阶段，未能向有**解释深度**的细读方面迈进。设计这套“西方传统：经典与解释”，旨在推进学界对西方思想大传统的深度理解。选题除顾及诸多亟待填补的研究空白（包括一些经典著作的翻译），尤其注重选择思想大家和笃行纯学的思想史家对经典的解读。

编、译者深感汉语思想与西方接榫的历史重负含义深远，亦知译业安有不百年积之而可一朝有成。

刘小枫

2000 年 10 月于北京

“德意志古典法学丛编”出版说明

19世纪下半期以降，实证主义和历史主义催生了法学的专业化和技术化，法学视野日趋狭窄。在20世纪的法律思想中，实证法学、社会法学、经济分析法学占据了法学的大半江山，现代法学十分“自觉地”排除有关制度与德行的思考，规范主义振振有辞，鄙夷有关法理之学的哲理思考，法学最终沦为律师的技艺。

德意志古典法学有关政法之理的思考极其深刻，其对共同体秩序的反思，对制度之品质的思考，足以令专业化的法律人汗颜。德意志古典法学想要揭示一切社会现象的本质，揭示人类的本真的政治存在，它将制度设计与共同体的美好生活关联起来，为反思社会现象提供基本尺度和范式。不仅如此，现代法学中的大部分观念及概念，早已在德意志古典作品中埋下伏笔。

德意志古典法学哲学化色彩成分极重，而非当今有板有眼之学术论文。凡此种种，均给阅读和理解带来了巨大困难。长期以来，对于隐藏在德意志古典大家作品中的政治法理，学人们仅停留于引证片段字句，未能有深入细致之钻研。本丛编不从意识形态的宏大叙事入手，亦不从流行的概念体系入手，而从德意志古典作品中政治法理的疏释入手，讲述政法学问和道理，引导有关政治法理之独立思考。

政法之理如人生之理，离不开深刻的哲学反思，诚如个人向往美好的人生，一个社会、一个国家亦会向往美好的共同体生活。尤其是在亟亟于变革的当下中国，我们完全有必要反顾德意志古典政法思想的印迹。

古典文明研究工作坊
西方经典编译部丁组
2012 年 9 月

中译本说明

《财产与德性：费希特的社会与政治哲学》是英语世界研究费希特法权—政治哲学的一部新作，由剑桥大学出版社于2011年出版。虽然并不像作者所宣称的那样，“前一本由单个作者撰写的费希特政治思想方面的英文著作要追溯到20世纪30年代”（远的不说，Gunnar Beck的专著❶就是一本主要研究费希特政治和法权思想的重要著作，作者显然没有注意到），但这部专著的确代表了当前英语世界系统研究费希特法权—政治哲学的最新成果，值得品读。作者紧扣费希特实践哲学的两个核心概念——财产和德性，即法权和道德的方面展开论述，全面、深入地阐明了费希特从耶拿时期到柏林时期的政治思想。在我看来，该书的成功之处主要在于：

（1）作者从费希特所规定的财产概念入手，有力地反驳了那种对其政治哲学进行自由主义解读的通常做法，重申了费希特

❶ *Fichte and Kant on Freedom, Rights and Law*, Lexington Books, 2008.

相互承认学说的理论意义；

（2）作者鞭辟入里地剖析了费希特关于法权与道德之关系的理论，辩证地指出法权与道德其实处于一种本质的关联之中，而费希特在耶拿时期严格区分法权与道德的做法实际上并不是一种绝对的区分；

（3）作者试图用德性概念将费希特从耶拿时期到柏林时期的政治思想贯通起来加以考察。具体地说，是将《自然法权基础》《伦理学体系》《锁闭的的商业国》和《对德意志民族的演讲》理解为一个系统的整体，从而在某种程度上消解了那种认为不同时期有不同的费希特的片面立场。

然而，恕我直言，作者的行文风格想必会挑战读者的耐心；一个长句接着一个长句的论述，冗长得近乎啰唆的定语修饰，读得让人有点喘不过气来。但细细品读，我们终究会饱览作者牵引我们进入的一个无比开阔和别有洞天的观念世界。当然，作为译者，我需要自我问责的是，在短句的简明易懂和长句的逻辑连贯之间，我非常抱歉地选择了后者。

需要说明的是，关于书中所涉及的《费希特全集》的引文，译者主要参考的是梁志学先生主编的中文版《费希特著作选集》第1－5卷（商务印书馆，1990～2006年），特此向我的老师梁先生以及我的博士生导师谢地坤教授等各位译者前辈和商务印书馆表示衷心的感谢。

本书的翻译与出版得到了上海财经大学人文学院院长张雄教授的关心指导和鼎力相助，特此致以由衷的谢意。本书的问世凝结了倪江云和王玉茂两位编辑以及丛书主编黄涛博士的辛勤汗水，特此致谢！

本书的翻译是由柳波先生和本人共同完成的，其中柳波翻译了第一章，并对参考文献和索引部分作了录入和编辑，其他章节是由本人翻译的，全书的通稿和校对也是由本人完成的，特此说明。由于译者水平的限制，迻译的纰漏和讹误必定不少，恳请读者批评指正。

张东辉

2015 年 8 月 17 日

于上海财经大学同新楼

目　录

缘起 / *i*
“德意志古典法学丛编”出版说明 / *i*
中译本说明 / *i*
导　言 / *1*
第一章　费希特的财产理论 / *22*
　1.1　费希特论财产 / *25*
　1.2　财产与自由 / *46*
第二章　法权概念的运用：费希特与巴贝夫 / *58*
　2.1　费希特与法国革命 / *60*
　2.2　费希特与巴贝夫 / *72*
　2.3　费希特的传统主义 / *84*
第三章　费希特重评康德的世界公民法权理论 / *89*
　3.1　费希特《自然法权基础》中的康德世界公民主义 / *91*
　3.2　费希特对康德世界公民法权理论的批判 / *98*
　3.3　康德论经济依赖性 / *104*

第四章　费希特耶拿时期的国家与社会理论中的法权与道德的关系 / 115
4.1　法权与道德的分离 / 119
4.2　必然性的国家 / 127
4.3　费希特的伦理义务学说 / 136
4.4　德性在费希特法权理论中的作用 / 148
第五章　《对德意志民族的演讲》中德性的作用 / 166
5.1　费希特论学者的使命 / 169
5.2　费希特对历史的使用（误用） / 173
5.3　培 养 德 性 / 193
5.4　良　　知 / 203
参 考 书 目 / 215
索　　引 / 222

导　　言

[1] 在众所周知的德国观念论哲学运动的发展过程中，费希特扮演着重要角色，他以逐步影响后来的思想家，如谢林和黑格尔的方式改革了康德的批判哲学。虽然英语世界对费希特哲学已经产生新的兴趣，❶ 但前一本由单个作者撰写的费希特政治思想方面的英文著作要追溯到20世纪30年代。❷我希望矫正这种状况，而我关于费希特社会与政治哲学的探讨将仅限于两个重要方面：首先，本书主要探讨费希特在社会与政治哲学领域——从他在耶拿大学担任教授到《对德意志民族的演讲》（*Reden an die deutschen Nation*）这段时期，即大致从1794年到1808年的论著；其次，仅限于探讨我认为与费希特的社会与政治

❶ 表现这种新的兴趣的两个重要典范是诺伊豪瑟（Neuhouser）的《费希特的主体性理论》（*Fichte's Theory of Subjectivity*）和策勒尔（Zöller）的《费希特的先验哲学》（*Fichte's Transcendental Philosophy*）。

❷ 这本书是恩格尔布雷希特（Engelbrecht）的《费希特》（*Johann Gottlieb Fichte*）。

哲学联系如此紧密，以至于为理解它的最根本目的与特征提供了钥匙的两个特定主题——财产与德性，而这两个主题又涉及另一个在费希特社会与政治哲学并且在其整个哲学中确实占据核心地位的概念：自由。❶

［2］为了解释我为何要选择研究这两个主题，首先谈谈费希特哲学最近引起关注的另一个主题，即承认（recognition）概念将是有益的，尽管伴随这种关注的普遍是这样的看法：是黑格尔而不是费希特将承认概念发展为社会与政治哲学的核心范畴。❷ 费希特试图将法权（Recht）概念演绎成自我意识的一个条件，以便将这个概念的地位确立为纯粹理性的概念，亦即包含在理性本身的本质中，因而不是“依据经验、传授、人的任意规定等，而是依据有限理性存在者的理性本性”❸ 呈现出来的概念；在此过程中，他提出了承认思想。我不是要专注于费希特提供法权概念的先验演绎计划，而是意在表明他形成了诸多从政治的视角看饶有趣味的思想，这些思想可以相对独立于他演绎法权

---

❶ 财产概念的重要性以及财产与自由概念的关系以前就已受到关注。参见布劳恩（Braun）：《自由、平等、财产》（*Freiheit*，*Gleichheit*，*Eigentum*）页 5、页 16 及以下。但我给费希特的财产理论提供了一种更详尽的、并且我希望是更细致的论述。例如，布劳恩主张费希特把财产设想为等同于法律上被赋予的自由，费希特用财产意指外部世界的行动自由的合法分配。这种意义上的财产似乎显得与物类财产（property in things）极为不同。正如我们将要看到的，虽然费希特的确把财产设想为外部世界的一种能够在法律上被视为一个人自己东西的活动，并且他甚至把财产的这种形式当作主要形式，但他也认为财产的这种形式在某种程度上使事物财产成为必要，而且把事物财产包括在内。我对费希特财产理论的阐述既旨在表明为什么他在外部世界的行为——这种行为能够在法律上被视为一个人自己的基本东西——这种意义上对待财产，也旨在表明对财产概念的这种理解如何与物类财产发生关系。

❷ 关于这种路径的经典范例，参见西普（Siep）：《作为实践哲学原则的承认》（*Anerkennung als Prinzip der praktischen Philosophie*）。

❸ 《费希特全集》（*J. G. Fichte – Gesamtausgabe der Bayerischen Akademie der Wissenschaften*，Stuttgart and Bad Ganstatt：Frommann – Holzboog，1964，ed. Reinhard Lauth，Erich Fuchs，and Hans Gliwitzky）第Ⅰ辑，第 3 卷，页 358；《自然法权基础》（*Foundations of National Right*，ed. Frederick Neuhouser，trans. Michael Baur，Cambridge University Press，2000），页 49。

概念为自我意识的一个条件这个雄心勃勃的计划来获得解释和评价。这种路径也将使我遭到费希特政治哲学对此业已作过的一些批评。这些批评可以根据费希特关于承认的论述得到解释。

费希特对法权概念作为自我意识的一个条件的演绎，出现在其政治哲学最著名的和受到高度关注的著作，即1796/1797年的《以知识学为原则的自然法权基础》（*Grundlage des Naturrechts nach Prinzipien der Wissenschaftslehre*）中。近年来，这个演绎在英语世界开始探讨他的政治哲学时已经引起主要的关注。[1]费希特在这里试图表明，法权概念必须加以预设，以便解释［3］有限理性存在者能够意识到自己是自由的，以至于我们在试图思考这种存在者时也不得不去思考法权概念。在《自然法权基础》的第2节中，费希特开始尝试根据有限理性者与物质世界的关系，尤其是从这种存在者试图按照自己业已形成的目的改变这个世界方面，解释自我意识的可能性。但他相信自己能表明，只有在一个有限理性存在者的对象是另一个具备自我决定能力的有限理性存在者时，这个存在者才有可能将自己理解为自由的。这就将我们带到费希特在《自然法权基础》第3节阐述的要求（Aufforderung）理论之中。

费希特将这种要求等同于一个人在处于与另一个人的关系中时的一种自我限制行为。由此，这个人被要求在一个范围内自由地行动，而这个范围是通过另一个人限制其自身活动的行为提供的。这种自我限制的行为预设了双方的理性和自由。一方面，要求预设了被要求的人有能力理解要求背后的意图并自由行动，或者视情况而定选择不去行动；另一方面，按照一个人自己自由选择的目的而行动的观念本身就已包含在要求概念中，包含在为了他人自由而限制自身活动的目的中，这种目的是那个向他人发出

---

[1] 例如，参见布雷齐尔（Breazeale）和罗克莫尔（Rockmore）编辑的文集《法权、身体和承认》（*Rights, Bodies and Recognition*）。

要求的人被认为必须会选择的。

然而，这就产生了这样的问题，即向他人发出要求的人起初是如何将自己理解为自由且理性的人，从而能够形成自己的目的，并按照这些目的行动的。简言之，问题在于，这个人最初是如何意识到自己的自由的。费希特对这个问题的回答是采用相互承认的思想，由此每个人在处于与他承认其自由且理性的他人的关系中时都要限制自己的活动。因此，费希特将自由存在者相互之间的关系描述为“通过理智和自由而形成的一种互惠的交互作用的关系”，在其中“如果双方不相互承认，就没有一方会承认另一方；如果双方相互不自由地对待对方，就没有一方会把对方当作自由存在者对待”。❶ 费希特把自由存在者之间的这种关系称为“法权关系”（das Rechtsverhältniβ），［4］而把描述这种关系的公式称为“法权定理”（der Rechtssatz）。❷ 费希特在这样的意义上主张法权关系也是个体性的一个条件，即法权关系允许人通过自己自由地作出的不同选择而将自己规定为不同于其他个体的个体，但这里的不同绝不是人与人之间简单地取决于他们天生地拥有的某些物理相貌或心理特征的不同。费希特用术语“人格”（person）命名那种“排他性地”赋予自己一个自由领域并且“排他性地”在这个领域做出选择的存在者。❸

费希特试图表明一个个体与其他个体的关系是这个个体能把自己当作自由且理性的加以理解的一个构成要素，这种做法意味深长，尽管通常认为是黑格尔发展了这种立场的更加完满的内涵。但费希特的计划，包括论证作为自我意识的一个条件的法权概念的必要性，论证权利、法律和国家是法权概念的进一步的条件，可以被看作比较消极的。例如，有人指出费希特“在他自己作为‘绝对自我’的头脑中先天地演绎和拟设国家和法律制

❶ 《费希特全集》第Ⅰ辑，第3卷，页351；《自然法权基础》，页42。

❷ 《费希特全集》第Ⅰ辑，第3卷，页358；《自然法权基础》，页49。

❸ 《费希特全集》第Ⅰ辑，第3卷，页361；《自然法权基础》，页53。

度”，并且还在费希特与黑格尔之间针对这种方法做了令人无法赞同的对比，认为黑格尔以现代市民社会的形式看待经验现实，而市民社会的出现在历史上是与法国革命相关联的。❶

接下来，我首先要通过研究费希特的财产理论来反对这种关于其政治哲学的描述。费希特的财产理论表明，他明确意识到了人可能不会承认他人自由的部分可能性。它也包括构造一套规范的财产论述，这一构造提出了如果有限理性存在者要彼此和谐生活，也就是说，要按照人在彼此的关系中由以限制自身活动的法权关系的理念而生活，需要加以满足的各个条件。费希特对人际冲突的可能性的承认和对法权关系如何能得到保障的思考，使他离开［5］纯粹理性领域而通向经验领域，以至于他可以被看作在思考内含着冲突潜在性的人与人之间实存的各种经验关系，而远非简单地在他自己的头脑中先天地演绎和拟设国家与法律。相应地，这促使他表明这些关系如何能够既在先天的规范层面，也在一种更加经验的层面正当地加以建构。

这使我想到费希特这样的主张，即法权概念——尽管它是一个纯粹理性的概念——需要适用于感性世界的各种状况，也就是说，适用于在某些空间和时间关系中存在的有限理性存在者之间的关系，适用于世界的物质对象。在《自然法权基础》的导论中，费希特将自然法权学说称为“一门实在的哲学学科”（eine reele philosophische Wissenschaft）。❷ 他反对这样一门学科成为“一种空洞的形式哲学（eine leere Formular－Philosophie），这种哲学认为，只要它证明可以想到某种东西，而无须关心对象（关心这种思维的必要条件），就足够了”；而一门“实在的”哲学“同时阐明概念和对象，决不对待一方而舍弃另一方”。❸ 费希特对他的基础科学，即知识学的方法的反思，给这些主张提供了背

❶ 里特（Ritter）：《黑格尔与法国革命》（*Hegel and the French Revolution*），页72。
❷ 《费希特全集》第Ⅰ辑，第3卷，页319；《自然法权基础》，页8。
❸ 《费希特全集》第Ⅰ辑，第3卷，页317；《自然法权基础》，页7。

景。这门基础科学在如下意义上是“实在的”，即它以必然行动——心灵通过这些行动“组成”和“建构”自身及其世界，就像反思这些行动的哲学家观察的世界那样——的形式，拥有“实在的”对象。然而，《自然法权基础》中的这种“实在的哲学学科”的观念存在“严重矛盾”，因为费希特在这部著作的后面部分似乎证成了这样的主张，即这门学科是根据法权学说可以适用于感性世界的各种状况这一完全不同的观点来描绘“实在的”科学的。❶

[6] 我并不想为费希特的“实在的哲学科学”思想的这样一种矛盾作辩护，以使其法权理论无论是内在地，还是在与其知识学的关系上都显得更加连贯，而是力图表明法权概念的运用的思想在另一种意义上，即在表明法权概念如何能适用于感性世界的各种状况的意义上，应当受到欢迎。因为它对费希特来说相当于说明沟通规范的、纯粹理论的层面与经验层面之间裂隙的可能性的努力。费希特的财产理论将表明其提供了如何沟通这个裂隙的最明晰的范例，以至于他本人没有招致这样的批评：“大多数法学家都满足于从形式上对法权概念（Rechtsbegriff）进行哲学思考，而且在他们的概念只应被认为有单纯的可思议性时，他们

---

❶ 布雷齐尔：“费希特《自然法权基础》的‘混合方法’和先验实在哲学的局限”（The “Mixed Method” of Fichte's *Grundlage des Naturrechts* and the Limits of Transcendental *Reellephilosophie*），载布雷齐尔和罗克莫尔（编）：《法权、身体和承认》。正如布雷齐尔指出的，费希特把法权原则可以运用于经验世界的可能性看作他的主张即他的法权理论构成一门“实在的哲学学科”的确凿证据，这种做法存在的一个严重问题是，它提出了一些涉及《自然法权基础》中的必然性的主张的问题。这相应地涉及这部著作的先验的、先天的方面与它也作出的经验主张之间的关系问题。我的意图不是要指出，费希特向我们提出了一套关于这些先验因素如何与经验因素发生关系的连贯说明，而是要表明，费希特的社会与政治哲学尽管存在这些内部的问题，但正是因为它试图通过将法权概念“运用于”感性世界的各种状况来克服一种纯粹形式性的立场，才使人感兴趣，并且它在这样做时产生了一种费希特自己严密地追求其含义的独特的财产理论。

也很少关心概念的适用性”。[1] 而且，法权原则需要加以运用的思想表明，如果我们要充分地理解一个当人们在经验世界相互作用时终究会与他们相关联的政治概念，例如财产概念，就必须拥有关于它如何能够加以运用的某种观念，假如存在相互承认的关系可能无法在人们之间得到实现的事实的话。费希特对于这些问题的研究使他发展出一种原创的和非常有趣的财产理论，这种理论在评价近年来一种诠释费希特政治哲学的趋势的有效性时，具有某些重要的含义。这种趋势就是按照现代自由主义的某些信条来诠释他的政治哲学。

诺伊豪瑟主张，费希特将政治领域视为在培养每个公民的个体性时具有自身的特有目的，并且，“不难看到，自由主义政治秩序——一种保护由一系列的个人权利加以界定的私人领域的秩序——如何可能被理解为是在培育个体性价值”；[2] 这种主张就给这种强调费希特政治哲学的自由主义特性的趋势提供了一个范例。这种诠释似乎是以牢固的基础为根据的，因为［7］在这样的意义上，即法权在于并且保障一种每个人都限制他自己活动的关系，从而给予他人一个可以通过行使他们自由选择的权利从而规定他们自己为个体的领域，费希特主张法权是个体性的一个条件。在使费希特的法权理论与一种自由主义政治秩序的思想之间建立起这种关联后，诺伊豪瑟继续主张，对费希特而言，“自由主义政治秩序的理性基础最根本地在于它塑造其作为自由个体成员的自我观念的能力”。[3] 根据诺伊豪瑟对费希特立场的仔细分析，自由主义政治秩序必须在其成员中培养这样的观念，即他们有能力从事有意识的、有目的的活动，并且使他们意识到自己就是这样的人和自由的人，这种政治秩序本身要求能够将一个人的

---

[1] 《费希特全集》第Ⅰ辑，第3卷，页395；《自然法权基础》，页92。

[2] 诺伊豪瑟：“费希特和法权与道德的关系”（Fichte and the Relationship between Right and Morality），页163。

[3] 诺伊豪瑟：“费希特和法权与道德的关系”，页168－169。

意图转变为外部世界的真正行动，以使他意识到自己是一个行为主体（an agent）。❶ 可见，自由主义政治秩序被认为要行使一种既积极又消极的职能：后者涉及保护这种秩序的成员的权利，而前者则涉及帮助形成和强化他们关于自己是自由且理性的存在者的观念。

我的意图不是要质疑诺伊豪瑟对于费希特以下观点的解释，即一种符合法权要求的政治秩序要求什么条件，因为我认为这在本质上是正确的，并且它阐明了费希特法权理论的基本意图。但我要质疑的是，费希特可以被看作为这样的观点提供了支持，即自由主义政治秩序是用于行使上文提到的消极职能和积极职能的最好秩序之一。事实上，如果我们充分细致地——这要求我们重视法权概念需要加以运用的思想——追索费希特论证的过程，就会发现他提到的那种必然形成诺伊豪瑟描述的具有自我意识的、理性的和自由的个体的政治秩序，在种类上与一种就其术语的关键意义而言的自由主义政治秩序完全不同。因此，把费希特的政治哲学牢固地定位于自由主义传统，甚至把他看成在要求证成一种自由主义政治秩序的观点，似乎是被误导了。我所指的一种自由主义政治秩序是指这样的秩序，这种秩序保障财产的权利，即被理解为排斥他人对［8］某种东西的使用或从中获益并随个人喜好进行处置的权利；这种秩序把对人的自由的限制看作应当保持一种绝对最小化的东西，这种最小化要求确立牢固和有效的保障，以防止国家方面试图过度干预个体生活的任何企图；这种秩序不依赖任何关于良善生活的特定理念，而是旨在使个体追求他们自己的关于良善生活的个人理念成为可能，只要他们不会因而阻止他人做同样的事。

在财产概念方面，非常重要的是诺伊豪瑟主张：费希特在撰写《自然法权基础》时，“开始把个人的财产看作对于人的主体

---

❶ 诺伊豪瑟：“费希特和法权与道德的关系”，页163及以下。

性的实现是根本性的，并且看作法权理论的核心内容”。❶ 在缺乏任何相反迹象的情况下，我想我们可以放心假定，“财产”一词在这里可以在其现代的意义上被理解为一个人有排斥他人对某种东西的使用或从中获益，并且可以随个人喜好进行处置的权利。但我们将看到，费希特本人并没有专门在“财产”的现代意义上使用这个术语。而且，虽然费希特认为一种在其中财产权得到实现的政治秩序必须行使保障这种权利的消极职能，以便行使帮助形成和强化个体的作为自由且理性的人的自我观念的更为积极的职能，但他所使用的财产概念要求一系列肯定会令自由派无法接受的制度安排和再分配措施。事实上，费希特通过提出一种只有不同于自由主义政治秩序的政治秩序才能确切地行使保障财产权的消极职能，并且使人能够形成自己的作为自由且理性的人的自我观念的更加积极的职能，成功地质疑了自由主义要实现自身的一些根本抱负的能力。

这是我在第一章中阐发的一个要点，其中我研究费希特的财产理论及其含义，并且表明，费希特对按照法权关系的规范理念加以保障的活动范围的进一步规定已暗中推翻了诺伊豪瑟针对费希特法权理论提出的自由主义诠释。这样一种诠释所忽视的方面是，运用法权概念的需要促使我们更加充分地理解什么是 [9] 法权概念的实现所真正要求的东西。实际上，我们将表明，诺伊豪瑟提供的有关费希特法权理论的自由主义解读取决于这样的做法，即将《自然法权基础》的第一部分从它在感性世界的各种状况中的运用里抽离出来加以看待。因此，这种类型的解读由于忽视了法权概念的运用可以促使我们修正对于像财产权概念这样的核心政治概念的理解，从而曲解了费希特的立场。费希特最终也似乎提倡某种基于一种别扭地符合自由主义政治秩序思想的社会观点的良善生活理念，尤其是在从一种历史的视角看待社会的

❶ 诺伊豪瑟：“费希特和法权与道德的关系”，页 173。

时候。简言之，我会表明，无论是在概念方面，还是在历史方面，将费希特的社会与政治哲学同一种自由主义的社会与政治秩序等同起来没有多少意义。

在第二章中，这种反对对费希特政治哲学作一种自由主义诠释的立场将通过阐明其财产理论与法国革命的激进阶段的相容性，尤其是与某些关系到革命人物巴贝夫（Gracchus Babeuf）——他大约在费希特《自然法权基础》第一部分出版的同一时间，试图发动革命的第二个激进阶段，但没有成功——的主要学说的相容性，而得到支撑。因此，虽然费希特与法国革命的关系不像黑格尔那样专注于市民社会思想，但本章将表明他形成了一种在诸多重要方面都关系到这场历史事件，尤其是其最激进阶段的某些主要思想的相应表现的法权理论。在这方面，费希特的法权理论远非他在自己的生命期间对历史进程所做的一种有助于规定现代世界的形态的抽象思考，而是可以被看作在反思生活在革命的法国中的人们已经尝试或正在尝试付诸实践的某些思想。希望这一点会有助于抵消费希特作为一位完全抽象的思想家的形象，由于有人主张他仅仅在自己的头脑里先天地演绎和拟设他的法权理论，他的思想被认为极少——如果有的话——关系到历史现实。

既然我在第一章、第二章密切关注费希特将法权概念“运用”到感性世界的各种状况中的尝试，就法权概念的运用仍发生在理论层面但必须进入现实政治的世界而言，我要详细地讨论体现法权概念的最终运用的一个文本。这个文本［10］就是《锁闭的商业国》（*Der geschloβne Handelsstaat*），该书出版于1800年，在费希特由于针对他的无神论指控而被耶拿大学解聘后不久。❶ 这部著作并非没有道理地被描述为代表“一种为了实现国

❶ 对于所谓的无神论争论（Atheismusstreit）的扼要论述，见布雷齐尔：“编者导言：耶拿时期的费希特”，页40及以下。

家社会主义，并为每个公民谋求工作的锁闭国家和社会的最极端的乌托邦”。❶

虽然这种描述本身表明这部著作必定会使这样一些人产生尴尬，这些人希望给费希特的社会与政治哲学提供诠释，以迎合一个自由主义已在政治和经济领域成为主流意识形态的社会和时代，但我仍要指出，它构成了费希特法权理论的一个必要部分，因而在思考其法权理论与自由主义的核心信条的相容性时必须得到考虑。的确，《锁闭的商业国》中的一些主要建议已经在《自然法权基础》的第二部分得到概述。因此，完全忽视这个文本就会导致费希特法权理论变成一种高度残缺的论述，而后者是无法摆脱单纯形式性的法权理论的；费希特本人的法权概念需要加以运用的主张明确表明，他自己希望避免这样的形式主义。仅仅出于这个原因，我将质疑这样的主张，即费希特本人强调过，要将他在《自然法权基础》中阐发的法权和国家概念的先验基础与《锁闭的商业国》中“虚构出来的经验的”国家模式严格区分开。毫不奇怪，这种主张的提出结合了一种按照自由主义诠释费希特法权理论的尝试，这种自由主义认为，费希特在法权理论中以自由主义传统为基础阐发了他自己时代的最微妙和有趣的福利国家概念。❷

当然，费希特在《自然法权基础》中阐发的财产概念是否真的要求采取他在这部著作的第二部分和《锁闭的商业国》中所概述的具体措施，我们是可以质疑的。但就像反对主张法权和国家概念的先验根据可以被看作完全脱离它们［11］在经验中的运用问题一样，费希特仍可以被认为在尝试阐发他的财产理论

❶ 科恩（Kohn）：“费希特民族主义的悖论”（The Paradox of Fichte's Nationalism），页331。

❷ 菲施曼（Fischmann）：“社会国家思想从霍布斯到费希特的近代契约主义中的发展”（Die Herausbildung des Sozialstaatsdenkens im neuzeitlichen Kontraktualismus von Hobbes bis Fichte），页580－581。

的充分含义；他的途径是形成一种试图在与感性世界的各种条件的关系中实现财产理论的经验模式，在这种经验模式中，个体在涉及他们对于部分世界和世界中的对象的权利时是以潜在的、相互冲突的要求面对他人的。我将要表明，这为任何希望给费希特的法权理论提供一种自由主义解读，以表明至少他的财产理论可以与自由主义国家现实地发挥职能的方面相调和的人造成了负担。而且，正如我在第三章谈到费希特关于康德提出的世界公民权理论的观点时表明的，费希特在《锁闭的商业国》中提出了一个直到今天仍密切关系到单个国家与其他国家关系的重要问题，这个问题就是片面的经济依赖问题。我认为，费希特对这个问题的提出，较之康德对这个问题的忽视或者——如我所言——简单接受，本身就足以表明，《锁闭的商业国》不应该被视为仅仅是费希特法权理论的一个扩充部分。

费希特的财产理论除了论述财产概念的充分且系统的运用之外，还体现出试图解决他基于一些现实主义设想而提出的问题的努力。这些现实主义设想涉及人与人的相互承认关系的可能失败和缺失，并促使他赞成在实施他理解的财产权的过程中国家权威的必要性。按照相互承认的这种在经验的——如果不是先验的——层面具有的本质上不可预测的认可，费希特在以下段落强调了法权关系的单纯假言的性质：

> 法权公式告诫我们，“你要这样限制自己的自由，即除你之外，他人也能是自由的”；为什么有人把这个公式变成他们的意志和行动的法则，其绝对根据是根本无法指出的。只能看到，如果不是每个人都服从这条法则，那么，这样的自由存在者组成的共同体就不能持续存在。因此，谁想要共同体，谁就必定想要这条法则。这样，这里就有一种假言的有效性。如果这样的自由存在者组成的共同体是可能的，那

么，法权法则就必定是有效的。❶

［12］这段话表明，对费希特来说，法权关系取决于如下这类人，他们现实地希望同他人共同生活于共同体中。可见，费希特在《自然法权基础》第一部分认为，他可以当作自我意识的一个条件加以演绎的相互承认条件，结果变成某种仅仅可能的东西，需要借助人的意志和行动加以实现，因此他将法权概念描述为一种“单纯技术性—实践性的”概念。❷ 但是，既然费希特的相互承认理论意味着人必须是由自由人组成的共同体的成员，以便意识到他们自己是自由的，那么，在坚持这种共同体的存在取决于自由的行动，采取的方式却是个体带着建立法权的一个条件的意图决定在与他人的关系中限制自己的自由时，就似乎存在某种不连贯性。这就是我马上要谈的关键点。但首先，我要谈到这样的观点，即就法权概念的单纯形式性问题和费希特关于法权概念必须被运用于感性世界的各种状况的明确主张而言，法权概念仅仅是某种可能的东西。

费希特指明“用所有其他人的自由限制你的自由”的法则的单纯形式性。他主张，按照实际情况来讲，这种法则不能得到运用，因为它本身并不给这样一个问题提供答案：“对每个人来说，都存在其他人不得干扰他，而他为了不被看成干扰其他人的自由的人，也不得从自己的方面加以超越的范围，但这个范围究竟应有多大呢？”❸ 每个人的自由延伸或可以延伸到何种程度的问题是需要回答的，尽管给出的回答预先假定了人与人之间相互承认的关系存在的可能性。毕竟，即使我们接受费希特的主张，即相互承认关系作为自我意识的条件可以在人的理性中先天地加以发现，也不会在一种更为经验的层面上消除冲突的潜在性。当

❶ 《费希特全集》第Ⅰ辑，第3卷，页387；《自然法权基础》，页82。
❷ 《费希特全集》第Ⅰ辑，第3卷，页320；《自然法权基础》，页10。
❸ 《费希特全集》第Ⅰ辑，第3卷，页326－327；《自然法权基础》，页15。

人与人之间的关系以外部对象和部分感性世界作为中介——他们也的确必定处于有限理性存在者的情境中——时，情况尤其如此。在这种程度上，[13] 就需要在避免或缓和针对这些对象和部分世界发生的潜在冲突的方面产生和制定人与人之间的相互承认关系；这就意味着，这些关系需要借助人的思维和行动加以规定。

在《自然法权基础》中，费希特采用了以下思想的可以说最极端的表达，即法律和政治关系必须是人们以防止人与人的冲突为目标建构起来的，也就是这样的理论，即国家是基于每个国家成员自由地订立的契约。这样一种路径似乎与费希特的如下主张不一致，即法权概念是一个不取决于任意的人类协定的纯粹理性概念。但是，正如我们将在适当的时候看到的，费希特提到的契约不是一种完全任意的契约，因为它要服从各种源于他的财产理论的规范性约束，而这种财产理论本身就体现出进一步规定他在《自然法权基础》第一部分将之作为自我意识的一个条件加以演绎的法权关系的尝试。

费希特在《自然法权基础》中进一步说明和设法实现法权概念，已经导致了这样的指责，即他无法阐发他的作为法权的一种先验条件的相互承认理论的含义，因为他反而形成了一种基于利己主义的国家理论；在这种理论中，是强制而不是承认在建立和维持法权关系时起着主要作用。❶ 这种批评涉及的是将法权关系——正如费希特在法权概念的演绎中提出的——理解为一种本质上基于相互承认行为的道德关系，因而不需要借助强制加以维系。例如，关于法权概念作为这种关系的体现的如下描述：

---

❶ 参见威廉姆斯（Williams）：“费希特《自然法权基础》中强制对承认的取代”（The Displacement of Recognition by Coercion in Fichte's Grundlage des Naturrechts）。

> ［这种关系是］一种道德上的必然关系，这也就是关于一个理性—道德的共同体的思想，与康德的目的王国并无二致。费希特在其共同体概念中反映了由自由制定的限制所有人自由的普遍法则概念，即被自由地施加的自我限制的概念。[1]

［14］如果像这里所做的，在本质上从道德的层面设想法权关系，那么，在这种关系与费希特在《自然法权基础》的后面部分继续阐述的无关道德的国家观念之间似乎会存在矛盾。然而，决不能断然认为，费希特本人在这部著作的任何阶段，包括在他的法权概念演绎中，都把法权关系从根本上设想为道德关系。毕竟，他强调不要将法权概念与道德性的义务概念混淆，这种义务概念实际上“在其大多数特征上直接与法权概念相反”。[2] 例如，即使一个人拥有对某种东西的权利，道德法则或伦理法则（das Sittengesetz）也可能禁止他行使这种权利。[3] 正是出于这种原因，费希特坚持要将法权科学与道德科学完全分开，绝对地主张“两门科学都是原初地和不借助我们的作用而由理性分离开的，并且完全对立”。[4]

不可否认，这里产生的问题是，费希特的相互承认理论意味着如果一个人要意识到自己是自由的，他就必须是一个由自由人组成的共同体的成员，而他的国家契约论——这种契约论取决于个体同意与他人进入共同体的思想——似乎预设了个体即便在与他人进入共同体之前也是自由的。从道德的层面设想法权关系，为解决这个问题提供了一种手段，因为这指明一种先于任何其他形式的共同体，并且构成任何其他形式的共同体——包括我们在

---

[1] 威廉姆斯：《承认》（*Recognition*），页54－55。
[2] 《费希特全集》第Ⅰ辑，第3卷，页359；《自然法权基础》，页50。
[3] 《费希特全集》第Ⅰ辑，第3卷，页359；《自然法权基础》，页50。
[4] 《费希特全集》第Ⅰ辑，第3卷，页360；《自然法权基础》，页51。

《自然法权基础》中遇到的基于同意的法律和政治共同体——的条件的共同体观念。简言之，这种道德共同体在它是一个人最初意识到自己的自由的条件的意义上必须被认为是首要的，它本身就是他有权对某种东西表示同意的一个条件。

然而，正如我们将在第四章看到的，这种对问题的理解又产生了它自身的一些问题，包括这样的问题，即费希特使法权状态的存在变成道德形式的共同体的一个预设条件，至少就在感性世界建立这种共同体的可能性而言。这表明，不仅［15］费希特将法律和政治共同体设想为在概念和时间上先于道德共同体，具有一种重要的意义，而且他在作为一种理性形式的共同体的道德共同体观念与一种可以在感性世界得到实现的共同体观念之间作了重要的区分。可见，虽然费希特设想人与人之间的相互承认必定是可能的，但他明确地不将这样的承认看作某种单纯给定的、本身不需要在有限的理性存在者中通过强制手段——如果强制应当证明是必要的话——产生出来的东西。而且，费希特把道德共同体——就其在空间和时间中的存在而言——本身设想为某种必须通过一种教育过程产生的东西，正如下文所阐明的：

> 对一种完善的道德存在者来说，不存在什么法权法则。我们已经清楚，人不可能是这种道德存在者，因为他要有道德，就必须受教育，必须自己教育自己；因为他不是天生就有道德的，而是通过自己的劳动才能使自己成为有道德的。❶

无论如何，即使费希特的确断言以相互承认关系为基础的道德形式的共同体的首要性，也仍然会产生这样的问题，即这种共同体，一旦其个体成员开始把自己思考为自由的，如何可以持久地

❶《费希特全集》第Ⅰ辑，第3卷，页432；《自然法权基础》，页132。

得到维持？因为假如存在人的自由，这种自由使人拥有想要或不想要符合道德法则要求的行动的能力，那么，一个配备强制个体承认他人权利的权威和权力的国家，在涉及维护相互承认的一个条件的存在这个目的时就可能仍是必要的。可见，即使为了论证的需要，我们同意费希特的法权作为自我意识的一个条件的先验演绎指向一种道德形式的共同体的存在，也绝不会使他以法权概念为基础形成的国家理论变得无效，无论调和显得多么困难。

［16］那么，如果我们要给费希特的社会与政治哲学提供一种确切的诠释，就不要指责他的不连贯性，我们似乎更需要弄清他对法权与道德的分离。更重要的是，我们需要弄清法权与道德的这种分离，公道地评价费希特最极端地进行表述的做法，这种做法可以在以下陈述中找到：

> 善良意志在自然法权领域中毫无价值。即使任何人都没有善良意志，法律也必须得到强制执行。法权学说的目的恰恰是要就此设计这样一种事物秩序。有形的强制力量，而且只有有形的强制力量，才能使法权概念在这个领域中得到认可。❶

因此，我在第四章更为详细地探讨费希特对法权与道德的分离。我将指出，通过将法权关系归结为道德关系，略去费希特所提到的法权与道德的各种差别，等于忽视了他的一个主要洞见，即他已经明确地辨明和表述了个体可能对待他人和国家的各种不同取向。我也表明，费希特在其法权概念演绎中所作的一些可能会被认为是从道德的层面设想法权关系的评价，实际上与他在《自然法权基础》中阐发的与道德无关的国家观相容。

虽然费希特在《自然法权基础》的第一部分中把人们说成

❶ 《费希特全集》第Ⅰ辑，第3卷，页359；《自然法权基础》，页50。

在彼此的关系中借助限制自己行动的行为而相互承认，但他没有具体说明是什么动机激发他们以这种方式行动。然而，当我们更为仔细地研究费希特继续说明个体如何可以一方面在法权的情况下、另一方面在道德的情况下行动时，就可能更加充分地领略包含在他对法权与道德的分离中的洞见，并表明从道德的层面设想法权关系是一种错误。而且，费希特视为法权领域的典型特点的那种取向，使他所抱有的那种与道德无关的国家观与一种据说他——不像黑格尔——已经无法面对的新近出现的社会形式，即市民社会关联起来。这并不是说，费希特有意识地研究这种新的社会形式。[17] 正如我们将看到的，他实际上采用的是一种比较传统的社会观。但这并没有阻止费希特提出这种新的社会形式的典型取向，尽管将这种取向与独立于政治国家的市民社会的观念关联起来的举措是黑格尔完成的。

虽然存在这种维护费希特对法权与道德的分离的努力，但我要通过表明法权与道德可以被认为在某些重要的方面处于一种本质的彼此关联中，继续质疑这样的假定，即在费希特耶拿时期的国家与社会理论中出现的法权与道德的区分实际上是一种绝对的区分。这样做就要将《自然法权基础》与费希特耶拿时期的另一本主要著作、1798 年的《以知识学为原则的伦理学体系》(*Das System der Sittenlehre nach den Pricipien der Wissenschaftslehre*)中阐述的道德义务理论联系起来。正是在这里，我会引入德性概念。虽然德性概念似乎在费希特的伦理学著作中并未起到特别显著的作用，甚至在其耶拿时期的法权理论中几乎是完全缺失的，但我仍要表明，一种社会或政治形式的德性事实上是法权理论在诸多方面预先假定的东西。本质上属于伦理学的德性概念被表明是与费希特的社会与政治哲学息息相关的，这将再次使我将费希特的社会与政治哲学同某些涉及法国革命的激进阶段的思想联系起来。而且，德性概念将被表明对更加充分地理解费希特另一个最重要的政治文本《对德意志民族的演讲》具有关键意义。

德性概念在这些演讲中从两个主要方面起着重要作用：首先是费希特论学者的道德使命，因而也是他自己的道德使命观；其次是费希特论德意志民族道德重建的视野所要求的德性公民如何能培养出来的问题。在《对德意志民族的演讲》中，费希特说明了这样的公民如何能够按照一种德意志民族教育培养出来。虽然这种教育体制给如何创造一个真正的伦理共同体的问题提供了一种可能的回答，但我认为费希特提供的特定说明实际上表明，这样一种共同体——就其具有特定的、历史的共同体形式及其现实性而言——的思想并非必然地是某种值得欢迎的东西；而批评费希特的法权概念演绎，假如主体间性和［18］相互承认在其中起到作用的话，指向一个彻底伦理性共同体的存在，因而与将强制概念引入他的法权理论中的做法不相容，这似乎假定了伦理共同体的可取性。而且，我对费希特试图说明一个真正的伦理共同体如何能产生出来的尝试所提出的问题表明，在费希特耶拿时期的社会与政治哲学中出现的法权与道德的分离应当被看作比他后来将法权领域道德化的努力更为可取。

《对德意志民族的演讲》这部书超出了费希特耶拿时期的范围。但是，它并不包括对费希特其他政论著作的广泛讨论，例如其早期1793年的《纠正公众对于法国革命的评论》(*Beitrag zur Berichtigung der Urteile des Publikums über die französische Revolution*)和晚期1812年的《法权学说》(*Rechtslehre*)。虽然后者代表的可以说是费希特在政治哲学领域的最重要的后期著作，但这部未竟的讲座手稿仅仅构成了他在《自然法权基础》中形成的法权理论的一种新的阐述，而不是一个完全原创的版本。我忽略这些文本——尽管也会提到它们——是为了希望给费希特的社会与政治哲学提供一种系统论述，这种论述会极好地阐明为什么费希特可以被看作是在回应一些今天仍应当受到重视的问题；我相信，通过使财产和德性概念成为我诠释费希特社会与政治哲学的主要组织性论题，我能够做到这一点。虽然如今对费希特法权理论的一种旨在阐明其哲学兴趣的系统解读，也可以通过专注于他耶拿时期的作品来实现，❶ 但在我看来，至少存在两个可靠的理由使我将［19］费希特社会与政治哲学的讨论扩展到包括《对德意志民族的演讲》的论述。

第一个理由是这个文本明确关系到政治道德化的问题和它在人类自由的可能性方面可能给出的结论；第二个理由与第一个理

---

❶ 这种路径可以通过雷诺（Renaut）在其《法权体系》（*Le système du droit*）中对费希特法权理论的诠释得到说明。雷诺强调费希特在《自然法权基础》中以各种方式阐发的法权理论的系统性。首先，雷诺认为，法权在费希特耶拿时期阐发的哲学体系中履行着一种统一性的功能，而法权本身也形成了一个构成反思对象的系统。这就是对自然和自由加以中介的功能，以便实现理论理性向实践理性的过渡。可见，费希特的法权理论处于其哲学体系的核心地位。虽然费希特法权理论与其哲学体系其他部分的关系问题并不是我在本书中要探讨的问题——但它与其伦理理论的关系问题除外——我仍可以被看作在从另一个方面间接地从事这种对费希特法权理论的系统解读。这就涉及这样的思想：为了对自然和自由加以中介，在感性世界实现法权概念的可能性就必须获得论证。这促使雷诺强调费希特对法权概念的运用的重要性。但雷诺认为，他称为政治权利的二律背反的东西来自于费希特在其法权理论中关于自由与限制的关系的论述。因为一方面，个体就其不会冒犯他人权利而言，在与国家的关系中被理解为自由的；而另一方面，个体在与国家的关系中看上去并不是自由的，因为他必须毫无隐瞒地让渡自己的权利，以至于要在他作为其成员的法律和政治共同体中才能对其权利作出判断。雷诺将这种自由主义的正题与极权主义的反题结合起来，设法表明费希特是如何借助这样的思想，即全能的君主是法律，而君主本身是代表所有的个人意志都完美地统一于其中的普遍意志的主权的体现，通过综合正题和反题来解决二律背反的。

虽然雷诺强调法权概念的适用性的重要性肯定是正确的，但我关于费希特财产理论的论述表明，雷诺对他提出的二律背反的正题的描绘是错误的。雷诺将费希特的财产理论主要与这个正题等同起来，而他认为这个正题代表费希特法权理论的自由主义因素，将它明确描述为一种基于洛克关于把人的劳动融入物质对象中就奠定了对这个对象的财产权的原则的私有财产理论。虽然这种观点在早期的《纠正公众对于法国革命的评论》中是正确的，但我们将看到这在后来的《自然法权基础》中肯定是不对的，因为《自然法权基础》包含一种显得与自由主义的财产权观念几乎没有共同之处的财产理论。而且，费希特的财产理论表明，关于法权概念的运用的思想扩展到了《锁闭的商业国》，而雷诺并未追索到这么远。在这方面，雷诺对费希特法权理论的系统性辩护，由于代表的是自由主义与绝对主义，或者像他在其他地方描述的，是自由主义与社会主义的一种成功综合，就显得是不成熟的。

由相关，据说在《自然法权基础》和《对德意志民族的演讲》之间存在一种“深层的断裂”。说明这种断裂所依据的是费希特关于法权与道德关系的观点的一种转变，准确地说，依据的是这样的观点，即其后期的著作摈弃了以一种不诉诸国家公民的道德性的方式设想在政治领域实现法权的方案。❶ 通过表明《对德意志民族的演讲》如何专注于德性概念——我也认为德性概念在费希特耶拿时期的作品中起着一种重要的社会和政治作用，尽管是一种基本［20］被掩盖的作用——我能够表明，认为这里存在深层断裂是一种夸张的说法，从而表明费希特的社会与政治思想展现了一种比以前得到认可的程度更高的连续性。

❶ 雷诺：《费希特：没有道德的法律?》（*Fichte：Le droit sans la morale*?），页235 及以下。

第一章　费希特的财产理论

［21］费希特在 1796/1797 年《自然法权基础》中阐述的国家理论，就其主张国家的职能是保护财产而言，与属于近代自然法传统的某些早期国家理论，例如洛克的国家理论有共同之处。正如我们将看到的，费希特像洛克一样，采用了——按现在的说法——必定被认为是术语“财产”的一种延伸含义的东西，以至于他们在涉及国家保护的东西的准确性质时似乎也有着某种共同的根据。但是，我要表明，不应当使这样的相似性掩盖费希特财产理论的原创性。在他的财产理论中，一种宽泛的财产观伴随着对如下事实的承认，即财产权可能限制人的自由，同时也是一种实现自由的手段。这促使费希特给财产的所有权以明确的限定。

这就给我提供了一个特殊的理由来主张，不论在政治思想史方面，还是在当代意义方面费希特的财产理论都极其重要。这个理由在于，费希特的财产理论通过拓宽通常的财产概念为尝试调和自由主义的财产权观念与个体运用和发展自己能力的平等权利提供了一个范例。这样一种路径被麦克弗森提倡为实现这两种权利——他把两者看作自由主义民主制的根本抱负——的和解的手段。麦克弗森认为，拓宽财产概念是正当的，因为狭隘的财产概念作为个体排斥他人使用某种东西或从中获益的权利，出于历史的原因而不是［22］逻辑的原因已经成为财产的范式。❶ 我在下文主张，虽然似乎存在费希特要调和被理解为排斥他人使用某种东西或从中获益的权利的财产权与个体运用和发展自己能力的平等权利的意思，但他也表明了麦克弗森提倡的立场的种种局限。费希特是要表明，虽然一种更加宽泛的财产观可能促成这两种权利在概念层面的调和，但这种调和也相应地要求在政治层面的调和，而后者并非易事。事实上要求排斥他人使用某种东西或从中获益的权利从属于个体运用和发展自己能力的平等权利。简言之，费希特不再向我们提供一种决定这些权利中何者具有优先性的艰难抉择，而是表明他准备探索自己财产理论的充分含义。

可见，虽然费希特阐发的财产概念可能被看作一种试图调和某些权利——这些权利在麦克弗森看来代表自由主义民主理论的根本抱负，因而如果自由主义的民主方案要完全取得成功，就需要加以调和——的尝试，但他关于这种财产概念如何能够加以实现或运用的论述，用他自己的术语说，自由主义无力调和这些权利。在这方面，对费希特法权理论的一种自由主义诠释忽视了这个理论在与自由主义意识形态本身的关系中具有的批判性潜力。当这样一种自由主义诠释包含一种对麦克弗森所表达的观点，即自由主义民主制旨在调和被理解为排斥他人使用某种东西或从中获益的权利的财产权与个体运用和发展自己能力的平等权利的含

❶ 麦克弗森（C. B. Macpherson）："自由主义民主制与财产"（Liberal - Democracy and Property）。

蓄认可时，情况尤其如此。

例如，诺伊豪瑟指出："即使费希特的理论与自由主义传统不甚相适，它仍为维护下一个世纪里社会主义思想家所信奉的诸多思想提供了一个框架。"❶ 关于费希特的法权理论与自由主义传统不甚相适的断言，诺伊豪瑟以前提到的主张，即费希特逐步将个人所有的财产看作实现［23］人的主体性的根本所在，看作法权理论的核心内容，强烈地表明他所指的恰恰是排斥他人使用某种东西或从中获益并且可以随个人喜好进行处置的权利。这种财产观符合财产权的自由主义理解，而诺伊豪瑟在指出费希特的法权理论为维护后来社会主义思想家所信奉的思想提供了框架时，所指的大概是费希特在《自然法权基础》第二部分建议的分配措施。

在本章，我要表明，这种关于费希特法权理论的观点极大地高估了他的财产观符合自由主义财产权观念的程度，因而体现出它自身无法对费希特借助术语"财产"恰恰要表达的意思提供恰当的理解。这种局面在假定财产概念在费希特的法权理论中扮演着核心角色的情况下尤其有问题。依据费希特要调和诸如私有财产权和自由表达权的"自由主义"权利和诸如有偿雇工权的经济权利的做法，将他的立场描述为混合术语"自由社会主义"（liberal socialism）也无济于事。❷ 这样做的问题在于，它不仅错误地将费希特的财产观与自由主义的私有财产权等同起来，而且没有充分认真地考虑到他为了经济权利而限制私有财产权的程度。而当我们充分认真地考虑到他为了经济权利而限制私有财产权的程度时，这两种权利的调和在费希特的法权理论中就远远不是显而易见。

为了探讨上文提到的一系列问题，首先我必须概述费希特在

---

❶ 诺伊豪瑟："导论"，页 xxviii。

❷ 诺默尔（Nomer）："费希特与自由社会主义思想"（Fichte and the Idea of Liberal Socialism），页 53。

分为两个主要部分的《自然法权基础》中所阐述的财产理论以及财产理论在他的法权理论中的地位。第一部分研究法权概念的演绎和将法权概念运用于感性世界的各种状况的可能性的论证，第二部分涉及法权概念在感性世界的各种状况中的现实运用。我也提到费希特在《锁闭的商业国》中发展其财产理论的内涵的方面，尽管对于这部受到广泛［24］忽视的著作的更加充分的讨论将留待第二章和第三章。我要表明，虽然把费希特看作在从概念的层面调和被理解为排斥他人使用某种东西或从中获益的权利与个人发展和运用自己能力的权利是可能的，但他仍承认，就人的自由在于占有部分世界和外部对象并排斥他人使用或从中获益的自由而言，如果发展和运用个人能力的权利必须在一个数量更多的群体中得到实现的话，就需要给人的自由以明确的限制。我也要比较费希特与洛克的财产理论，以便阐明费希特始终如一地阐发了他对下列事实的洞见，即被理解为排斥他人使用某种东西或从中获益的权利的财产权，可能通常会侵犯他人运用和发展一系列与理性和自我决定相关联的能力。

1.1　费希特论财产

正如我们已经看到的，费希特将法权概念等同于一种在其中人们相互限制自己的天然自由的关系。这种自我限制的行为涉及给他人留出一个他们可以行使自由选择的范围。可见，法权关系能够使每个人通过他在这个范围作出的不同选择而与其他人区分开来，以便在超出某些单纯天然性的差异，例如与他人不同的物理特征或生理特征的方面成为一个不同于他人的个体。在这方面，法权关系必须被认为是构成个体性并使一种具体形式的自我决定，即自由选择的行使成为可能的一个条件。因此，法权并不简单地等于给天然自由施加限制，哪怕是正当的和必要的限制，而是构成人的行为主体性（human agency）的一个积极条件。

费希特在《自然法权基础》中将这种行为主体性描述为包括两个主要因素：首先，存在“通过绝对的自动性制定我们的可能的效用性概念的能力”，❶ 亦即［25］自由地形成各种指导我们行动的目的的能力。但其次，一个人要意识到自己的自由，也必须满足以下要求：“由此设想的对象在经验中应当符合他的效用性的概念，因此，从他的能动性的思想中应当产生出某种在他之外的世界中的东西。”❷ 换言之，一个人必须能够通过自己的行动在被单纯地设想为以空间和时间的方式存在的世界中实现自己自由地形成的目的。因为只有以这种方式，理性个体才能对他自己作为自由的和有能力根据他业已形成的目的塑造世界的存在者的观念获得一种外在的确证。

但是，我们将看到，费希特给个体的选择自由施加了广泛的限制，以便使法律或权利成为行为主体性的一个真正积极的条件，保障所有人都有在世界上自由且有效地行动的真正可能性。虽然费希特主张法权要保障人们有一个自由行动的活动范围，并且法权要构成个体性的一个条件，这极易让人将费希特所指的政治秩序与自由主义的政治秩序等同起来，但费希特关于法权关系的最终要求的论述事实上表明，对他的法权理论的这种自由主义诠释存在一些严重的问题。因为这样的诠释将被指出忽视了费希特对待财产概念的方面，而财产概念本身就是法权概念的一种进一步规定；法权概念需要被运用于感性世界的各种状况，并在运用法权概念的过程中促成对法权概念的更加充分的理解。

费希特在《自然法权基础》第一部分第三编介绍了财产概念。这一编研究法权概念的系统运用，费希特称之为法权学说，

---

❶ 《费希特全集》第Ⅰ辑，第3卷，页319；《自然法权基础》，页9。

❷ 《费希特全集》第Ⅰ辑，第3卷，页319－320；《自然法权基础》，页9。

表明这部著作的这个部分在于阐述基本的法权原则，因为这些法权原则涉及的是感性世界中人与人的关系。费希特在《自然法权基础》第一部分前两编中已经将法权概念演绎为自由意识的一个条件并论证运用它的可能性以后，通过从法权概念中推导出各种法权原则来阐发法权概念。但是，既然费希特只关注［26］这些脱离其与现实经验的关系的法权原则，他的法权概念的运用仍停留在这个在他自己的法权理论中代表一种单纯形式东西的阶段。在费希特提出的法权原则中有某些原始权利（Urrechte），这些权利“包含在人格本身的单纯概念中”。❶ 由于费希特用术语“人格”（person）表示那种通过排他性地赋予自己一个自由范围和通过在这个范围自由地作出选择来“设定”（posits）自己的存在者，原始权利就可以被理解为体现了这样的行为主体性的一个条件。根据费希特的观点，存在两种主要的原始权利：“延续躯体的绝对自由和不可侵犯的权利”和“延续我们自由地影响整个感性世界的权利”。❷ 费希特对财产权的最初辩护属于后一种原始权利，因为它开启了这样的思想，即我们在感性世界的自由影响取决于感性世界不仅在无论如何都不可改变的自然法则方面，而且在我们为实现自身目的而使用的对象具有的空间和时间位置方面所展现的某些规律。

面对这个问题，费希特关于原始权利的论述表明对他的政治哲学作一种自由主义解读的可能性。因为我们似乎拥有一系列不可侵犯的权利，原因在于侵犯权利会妨碍个体在下列要求所设立的限度内自由行动，即鉴于每个人都有权利作出其他不会使“另一个人的自由和人格成为不可能”的行动，他们在自由行动时，自己就不得侵犯他人同样这样做的权利。❸ 也应当注意，这里不涉及人们可以追求的目的的实际内容，但要求这些目的本身不

---

❶ 《费希特全集》第Ⅰ辑，第3卷，页390；《自然法权基础》，页87。

❷ 《费希特全集》第Ⅰ辑，第3卷，页409；《自然法权基础》，页108。

❸ 《费希特全集》第Ⅰ辑，第3卷，页390；《自然法权基础》，页86－87。

得对权利造成任何侵犯。在这方面，法权原则不会力图具体说明一种特定的、排他性的良善生活构想，而是局限于提出使个体追求自己的良善生活构想的条件，即他们这样做要与他人同样可以这样做是相容的。法权的目的，简言之，就是保障个体的自由。既然自由主义政治理论根据传统已经设法回避提倡一种排他性的良善生活构想，并［27］就事实而论，局限于似乎的确也构成费希特法权理论动机的上述同样任务，有人可能就会承认，费希特的法权理论确实容易导致一种自由主义诠释。

于是，就存在费希特用这样的思想，即一个人行动于其中的世界必须展现充足的规律性和可预见性以允许他形成目的并在感性世界实现目的，从而给财产权奠定基础。这种路径致使财产权被理解为排斥他人使用某种东西或从中获益的权利，而这种思想暗含着把财产看作一个人具有一种排他性的权利随个人喜好进行处置的某种东西。不足为奇，原始财产权与自由主义私有财产权的表面相容性意味着，设法将费希特主要推测为一位自由主义思想家的诺伊豪瑟会提到原始权利理论，以便支持他对费希特《自然法权基础》的自由主义解读。他有意不超出费希特关于这些原始权利的论述，因而局限于这部著作的第一部分。❶ 然而，不超出这个方面，就等于不仅忽视了费希特在论述原始权利时反复重申的针对其他自然法权理论的形式主义的攻击，而且忽视了他对原始权利思想的限定。

费希特把原始权利的思想称作“一种单纯的假定”，甚至主张“任何原始权利的状态和人的原始权利都不存在”。❷ 他之所以作出这样的主张，是因为原始权利的思想涉及的是脱离各个自由个体彼此的关系，然而只有在这些关系的背景下，谈论权利才有现实意义。这在一定程度上是一个概念问题。费希特指出，虽

---

❶ 参见诺伊豪瑟：“费希特和法权与道德的关系”，页 167。

❷ 《费希特全集》第 I 辑，第 3 卷，页 403 – 404；《自然法权基础》，页 102。

然一个个体可以凌驾于外部对象，但这并不等于对这个对象拥有权利，除非另一个人处于对同样对象的某种关系之中。[1] 换言之，对一个对象的权利既在于与一个对象的关系，也在于通过这同一个对象而与另一个人的关系，同时一个人［28］在某种意义上有义务尊重另一个人索取这同一个对象的权利。但在一个人凌驾于对象的情况下，可以认为没有产生任何义务的形式，因为无论如何设想对象本身有义务尊重一个人对它的索取权是荒诞的。[2] 简言之，义务只在人与人之间产生，以至于我们不能脱离人与人之间存在的关系谈论权利。一旦认为一种与他人的关系成为谈论权利所要涉及的组成要素，就产生了从这样的关系中抽离出来的原始权利在多大程度上可以被思议的问题；费希特在他运用法权概念的过程中阐发财产概念的方面，有助于阐明这个关键点。

假定对某种东西的权利意味着一种与他人的关系，费希特认为在与他人的自由发生关系时，人的自由程度必须基于同意建立起来；因为只有以这种方式，通过将独立的人们之间的关系转变为一种基于义务而不是物理强力的法权关系，似乎才能避免冲突。这种同意在于，每个人都公布他据为己有的东西，并与他人在这件事以及支配所有将来的占用行为的惯例上达成一致。根据费希特的观点，只有以这种方式，仅仅标志着在特定时间对某个

---

[1] 《费希特全集》第Ⅰ辑，第3卷，页360；《自然法权基础》，页51。但费希特本人在这一点上并不总是连贯的。例如，他把一个被设想为在世界上离群索居的人说成有权利（right），而不是有权力（power）按照他的意愿和能力扩展自己的自由。费希特将这种权利描述为“把全部感性世界据为己有的权利”（《费希特全集》第Ⅰ辑，第3卷，页412；《自然法权基础》，页111）。

[2] 可以说，这同一个人借助物理强力凌驾于另一个人的情形具有相似之处，卢梭在《社会契约论》的第一卷中在基于强力的关系和基于真正同意的关系之间作区分时，也明确承认这一点。参见卢梭：《社会契约论；或政治权利的原理》（*Du contract social; ou, principes du droit politique*），《全集》（Euvres completes），第3卷，页351及以下；《社会契约论和其他后期政治著作》（*The Social Contract and other later Polital Writings*），页41及以下。

对象进行的占有（power over）才会变成所有（possession），而在这种情况中也存在排斥他人使用某种东西或从中获益的权利。但这种相互公布和承认每个人的自由可以扩展的程度的过程产生了这样的问题，假如存在合理的担心，即一方可能不会信守由此达成的任何协议的条款，该怎么办。费希特对这个问题的最终解决是配备强制权力的国家权威的建立。这就意味着，对他来说，“根本不存在什么自然法权；这就是说，除了在一个共同体里，除了在有实定法的情况下，人与人之间不可能有法权关系”。❶

［29］然而，这种主张不应当被理解为是在提倡某种法律实证主义，以此要将法权变成无非是国家以实定法的形式加以公布的东西。❷ 因为我们将看到，从通过运用人的理性——按照这种理性，实定法的正当性可以得到判定——可以认同的某些规范性限制的存在的意义上讲，费希特明确地保留着自然法权的某些观念。不过，这种主张仍告诉我们，原始权利不仅在它们为了理论目的而从人与人之间存在的、如果法权概念要充分地加以运用就必须被考虑进去的确定关系中抽离出来的意义上，而且在一旦这些确定关系被考虑进去，这些原始权利就其现实性而言结果就要预设若干其他东西，包括某些制度的存在的意义上，具有一种假定的性质。

正是在这方面，费希特给下列问题提供了否定的答案，“如果用自然法权表述一门研究那些处于国家生活之外的、没有实定法的人们的法权关系的学说，真正的自然法权是否有可能存在”。❸ 而且，《自然法权基础》第一部分作出的在原始财产权方面产生的各种问题的论述，体现出一种明确维护针对是否可能存

---

❶ 《费希特全集》第Ⅰ辑，第3卷，页432；《自然法权基础》，页132。

❷ 对费希特立场的这种理解是通过下列主张提出的，即费希特不是在证明一种限制国家行为的法权形式的存在，而是在演绎最初拟设法权的国家的必要性。参见布劳恩：《自由、平等、财产》，页15。

❸ 《费希特全集》第Ⅰ辑，第3卷，页395；《自然法权基础》，页92。

在一种真正的自然法权学说的问题作出的这种否定回答的努力。因为这些全都涉及在个体对部分世界或世界中的对象的所有权方面存在的冲突可能性的问题，要求修正我们关于财产权的理解，以便考虑到它在感性世界的各种状况——包括自由的人们彼此之间潜在的冲突关系——中的充分运用。然而，在费希特关于原始权利的论述中没有任何迹象表明财产权并不等于排斥他人使用某种东西或从中获益的权利和随个人喜好进行处置的权利，所以，当他在《自然法权基础》第二部分，即涉及［30］在这部著作的第一部分确立的法权原则在感性世界的各种状况的运用中逐步限制以这种方式理解的财产权时，他的观点就不能被看作不连贯的。

在《自然法权基础》第一部分出现的关于财产的相互宣布和承认的主题，在这部著作第二部分论述公民契约（Staatsbürgervertrag）时再次出现，这种公民契约涉及的是个体借以同意建立国家权威的行为。对费希特而言，这种公民契约的对象是“排他性的”财产。他用这种财产意指某种不仅展现允许一个人形成目的并在感性世界实现目的的规律性和稳定性的东西，而且可以说，不像阳光或空气，是指某种允许自身得到划分并且自身的界线或界限得到明确标记的东西。❶ 在公民契约以前，个体在一个人的原始权利的限定范围只能通过同意正当地加以规定的意义上，对这样一种财产拥有平等的权利；而针对基于物理强力对部分世界或世界中的对象的占有的任何限制都不能产生任何持久的义务去承认他人的财产，因为这里的任何东西都仅仅取决于谁碰巧在某个给定的时刻处于强制他人的最佳地位。虽然财产权必须基于同意的思想本身并不排除把财产设想为一个人有权排斥他人使用或从中获益，并有权随个人喜好进行处置的某种东西的可能性，但费希特在论述公民契约时是在“财产的最宽

❶ 《费希特全集》第Ⅰ辑，第4卷，页5；《自然法权基础》，页165。

泛意义上”谈论财产的，他用财产指“一个人在感性世界中普遍地自由行动的权利”。[1] 我们立刻就会发现这种做法背后的原因及其对于确切理解费希特财产理论的重要性。

在公民契约的第一部分，即公民的财产契约中，人们相互之间对他们各自的权利和自由达成一致。可以把这解释为是指他们彼此达成一项关于他们在感性世界自由行动的范围的契约，并且这项契约在他们行动的方面充当着一种手段。这样的协议包括宣布每个人获得的这些权利与自由和他人对承认每个人已经予以宣布的个人财产的同意；这样的协议可以简单地通过一个人 [31] 在与他人财产的关系中限制自己自由而得到信守。公民契约的第二部分，即保护契约，在于达成公民财产契约的双方同意保护双方的财产。然而在这项契约的条款会得到信守缺乏牢靠保障的情况下，第三种契约，即联合契约，就变得很有必要，由此一种保护性的力量就以国家权威的形式建立起来。每个人都要努力维护这一保护性的力量，并以这种方式履行保护他人财产的义务。在作出公民契约的论述以后，费希特更多地谈到构成公民契约第一阶段的财产契约实际涉及的内容。正是在这里，他详细阐述了他“最宽泛意义上的”财产究竟指的是什么。正如我们将看到的，虽然费希特没有完全摒弃原始权利的思想和排他性财产的观念，但他在这些思想方面引入了一些重要的限制条件，以表明法权概念如何能够被充分地运用于感性世界的各种状况。

对费希特而言，公民契约的第一部分，即财产契约，以国家的各个个体之间存在的法权关系为根据，因而构成公民立法的基础。公民契约的这个阶段表明，就国家的职能而言，费希特基本同意近代自然法权传统的早期代表洛克，因为洛克主张政治权力包括使法律“在其行使过程中，通过运用共同体的强力，调控和

---

[1] 《费希特全集》第Ⅰ辑，第4卷，页8；《自然法权基础》，页168。

保护财产”❶ 的权利。而且，费希特和洛克使用的财产观念并不将财产限定于土地和物品，这就是他为什么“在最宽泛意义上”谈论财产的原因。在洛克那里，这是显然的。他主张人们与他人一道加入社会“为了相互保护他们的生命、自由和地产，我用普遍的名称称之为财产”。❷ 因为财产在这里等同于三种不同的东西：一个人作为自然存在者的持续存在；一个人在与其他个体和整个社会的关系中所拥有的权利；一个人所拥有的土地和物品。如何确切地将费希特看作在使用一种同样宽泛的财产观念呢？

[32] 在《自然法权基础》第二部分关于财产的论述中，费希特根据财产契约的结果主张分配给每个个体一个包含某些对象的范围以行使他的自由。这依据的就是原始财产权利的思想，这种看法是在费希特将原始财产权利等同于我们在整个感性世界的范围内自由影响的持续存在的程度上讲的。他认为这种自由影响的持续存在只有通过每个人与所有其他人就他和他们的自由与权利的程度达成的一项协议，并且最终通过国家权威的建立，才能得到保障。费希特关于财产契约的结果的描述也与他关于财产契约的对象是“一种特定活动”的观点相容。❸ 这种主张标志着费希特并不必然地用排他性的财产来指部分世界或世界中的对象；因此，总是以费希特在他关于原始权利的论述中有关财产权的最初观点为基础，主张他将财产与土地和物品等同起来，将财产理解为一个个体有权排斥他人使用某种东西或从中获益并可以随个人喜好进行处置的对象，是令人奇怪的。但这种设想并不会由于费希特将排他性的财产描述为某种具有允许个体形成目的并设法在感性世界实现目的的规律性和可预见性的东西，描述为某种可以得到划分并且其界线或界限得到明确标记的东西，而被证明为正当。因为，正如我们将看到的，费希特认为，特定的活动可以

❶ 洛克：《政府论》（*Two Treatises of Government*），页 268。
❷ 洛克：《政府论》，页 350。
❸ 《费希特全集》第 I 辑，第 4 卷，页 20；《自然法权基础》，页 184。

通过这种方式来得到描绘，从而符合那些要求。

费希特实际上把财产理解为——广义地讲——某种外在于一个人的、构成他在感性世界能够自由且有效地行动的一个条件的东西，尽管我们在下文将遇到这种普遍的财产观念的一个重要例外。当财产以这种方式被理解时，它就可以包括对物质对象和部分世界的可靠占有，但它同样也可以涵括从事某种活动的权利，费希特明确将这种权利设想为一种比排斥他人使用部分世界或世界中的对象或者从中获益，并且随个人喜好进行处置的权利更为根本的财产权。在这方面，费希特关于一个个体可以在其中行使自由选择的“范围”的谈论，应该被看作部分是［33］隐喻性的。的确，当涉及财产与土地——土地可能被认为最密切地符合一个人的行动范围的思想——的等同时，费希特斥责这种财产观，认为它是以认为财产在于排他性地占有某种东西的思想为基础。历史地看，费希特认为，这种财产观使作为最多土地数量的所有者的贵族变成了财产的唯一真正所有者并组成一个国家的唯一一类公民；他反对这种已经造成这样的不公的财产权，将“最初的和原始的”财产形式界定为“一种对某种自由活动的排他性权利”。❶ 这种对某种自由活动的排他性权利对费希特而言构成了一种比占有土地和物品的权利——他认为这种权利仅仅是一些有条件的财产形式——更为根本的财产形式。其中的准确意义可以根据他继续将这种作为特定活动的权利的财产与被他视为所有权利中最基本权利的权利，即能够靠自己的劳动生存的权利关联起来的做法加以解释。

费希特基于所有活动都服从生存这个唯一的活动而赞同这种权利。他使这一主张建立在下列事实基础之上，即行为主体性旨在造成某些事态，因而与未来具有一种本质的关系，并且人的自由不可避免地与一个人自己身体的持续存在相关联，因为在人的身体

❶ 《费希特全集》第Ⅰ辑，第7卷，页85。

构成一个人与世界和其他人相互作用的手段的意义上，“人——作为现象——与身体等同”。❶ 简言之，在世界上形成目的并设法实现目的的能力，作为一种必然定位于未来的活动形式，取决于一个人的自我保全能力，而自我保全能力又相应地取决于拥有谋生的手段。一个人的行为主体性与他的作为自然存在者的持续存在之间的这种本质关联，在一种物理感觉即饥饿和口渴引起的痛苦感中得到直接体现。这促使费希特主张“单纯的食物需求不仅构成原始的动力，而且满足食物需求是国家的最终目的，是人的一切生活和一切活动的最终目的”。❷ 对费希特而言，在一个人的持续［34］存在作为一种自然存在是他能够在世界上有效且自由地行动的最终条件的意义上，能够生存的目的因而就被理解为所有其他目的的条件。因此，能够生存的目的就是所有作为自然存在者的人，甚至就他们也是自由且理性的存在者而言，必须被认为共享的一个目的。以这种方式，自我保全就不仅被看作一件保全自己作为一种活的有机体的事情，而且更加本质地讲，被看作保全自己意志的必然手段，亦即一个人的自我决定的能力。❸

正如我们将看到的，把能够靠自己的劳动生存的权利理解为财产契约的最基本对象，促使费希特对拥有和自由处置其他形式的财产的自由提出了一系列限制。但是，他的财产理论中的这种表面转变——假如他的原始权利理论适合于根据现代自由主义的财产观念被理解为排斥他人使用某种东西或从中获益并随个人喜好进行处置的权利的话——不应当被看作一种不连

---

❶ 《费希特全集》第Ⅰ辑，第3卷，页405；《自然法权基础》，页103。

❷ 《费希特全集》第Ⅰ辑，第4卷，页21；《自然法权基础》，页185。

❸ 参见西普：《德国观念论的实践哲学》（*Praktische Philosophie im Deutschen Idealismus*），页36－37。

贯性。❶ 相反的，财产概念，连同法权概念，借助于它在感性世界的各种状况——这些状况包括人的实存的各种生物学状况以及个体之间在他们满足自身条件的努力中存在冲突的可能性——中的运用变得更加确定。因此，如果我们要恰当地把握费希特在《自然法权基础》中的术语“财产”所指的意思，就需要密切注意这个运用的过程。

于是，财产的最根本形式就是能够生存的权利，费希特相应地将这种权利描述为“所有人的绝对的、不可让渡的财产”。❷ 在构成一个人的能够自我决定的能力的一个条件的意义上，这就像某种本质地自相关联的东西一样，是一种不能被看作外在于[35] 自身的如一个人可以拥有的任何部分世界或世界中的对象的财产形式。因此，这就是一个人不得不需要同时声明放弃自己的人性而加以让渡的，对费希特而言就在于自我决定的能力。出于这个原因，能够靠自己的劳动生存的权利并不是某种在与他人达成公民契约时可以合理地期望声明予以放弃的东西，相反的，正是高于所有其他财产形式的“财产”，是签订这种契约要加以保护的。❸ 事实上，“财产”是一个人在达成公民契约时可以合法地占有的唯一财产形式，而对所有其他财产形式的权利必须通过同意才能建立。在这方面，能够靠自己的劳动生存的权利

❶ 费希特在原始权利部分使用的财产概念，作为由以将他与思考法权的自由主义传统联系起来的一个范例而被人引证，他在《自然法权基础》第二部分却被说成阐发了一种较少个体主义的财产观念。参见费尔威恩（Verweyen）：《费希特社会学说中的法权与道德》（*Recht und Sittlichkeit in J. G. Fichtes Gesellschaftslehre*），页102及以下。在我看来，这种观点无法承认费希特的财产理论由以使法权概念和财产概念都变得更少形式或抽象的方面。我们借助这两个概念在感性世界的各种状况中的运用所获得的对它们的更具体的理解，体现出对它们现实地要求的东西的一种更加确切的认识。

❷ 《费希特全集》第Ⅰ辑，第4卷，页22；《自然法权基础》，页185。

❸ 费希特可以被看作在以下方面，即人们在达成社会契约时事实上能够同意什么东西，使这样的思想变得明确的，以至于他的法权理论可以被认为代表着政治思想中社会契约传统的最一致的表达，而不是与这种传统分离。参见菲施曼：“社会国家思想从霍布斯到费希特的近代契约主义中的发展”。

看起来非常像一种自然权利，即从理性的视角看，一种甚至在国家之外和缺乏实定法的情况下个人被认为必须拥有的权利。

假如存在这样一种不可让渡的权利，财产契约在个体达成公民契约以后仍不能靠自己的劳动生存的情况下就会变得无效。正如费希特本人所指出的，这个人就不再有义务承认他人的财产。❶ 而且，可以设想，作为这种情况的结果，这样的人会自由地做任何他认为获取生活资料所必要的事情。相应地，我们应该把费希特关于在一个共同体内和在实定法的情况下不存在自然权利的主张解释为，只有被理解为能够靠自己的劳动生存的权利的财产权，而不是取决于同意的、排斥他人使用某种东西或从中获益的权利，是一种人们甚至在自然状态都具有的权利，尽管他的权利本身只有在一个共同体内和在实定法的情况下才能变成充分现实的。费希特提出了这样一种解释，主张"国家本身会成为人的自然状态，国家的法律只能是已经实现的自然法权，舍此无他"。❷

[36] 为了防止财产权由于某人不能靠自己的劳动生存而不再有义务尊重他人的财产而变得不稳定，政府必须采取措施确保每个人都能够靠自己的劳动生存，这就可能要求拿走他人的部分财产提供给不能靠自己的劳动生存的人。虽然费希特在谈到他人必须资助一个不能靠自己的劳动生存的人时，❸ 提出这样的再分配措施可以简单地等同于某种形式的福利供给，但他的法权理论用以保障人作为自我决定的存在者地位——这种地位要求赋予他们在感性世界中实现自己的自由形成的目的的可能性——的方式，意味着这代表的是一种远非令人满意的解决之道。相反，理想地要求的东西是资源的一种使每个人能够借助他自己的活动，也就是说，靠他自己的劳动而生存的再分配。的确，费希特提出

❶ 《费希特全集》第Ⅰ辑，第4卷，页22；《自然法权基础》，页185－186。

❷ 《费希特全集》第Ⅰ辑，第3卷，页432；《自然法权基础》，页133。

❸ 《费希特全集》第Ⅰ辑，第4卷，页23；《自然法权基础》，页186。

的所有具体建议都指向这个方向。虽然资源的任何再分配显然不应当导致其财产被拿走的人无法靠自己的劳动生存，但这并不会消除再分配的财产导致一个人无法像以前一样靠自己的劳动享受生活的可能性。

这种可能性表明，虽然费希特认为个人将对他所需要的具有土地和物品形式的、以便能够靠自己的劳动生存的财产拥有一种排他性的权利，但仍不能要求他们放弃至少穷人应当需要的财产。因此，他们不能被说成拥有随个人喜好处置这种财产的最终权利，即使他们有权排斥他人使用这种财产或从中获益，但排斥的程度只限于这种财产是他们能够靠自己的劳动生存所必要的。出于这种原因，费希特主张国家的核心作用不仅在于保护财产，而且在于将财产分配给这样的个体，这些个体拥有从事某种职业的权利和占有从事这种职业所需要的对象或部分世界的权利。国家的这种涉及财产权的双重职能可以解释费希特的下列主张，即国家的恰当使命首先就是将每个人的东西给予他，也就是说，将他的财产分配给他，然后才是保护他的财产。❶

[37] 回到费希特如何可能被认为使用了一种与洛克同样宽泛的财产观念这个问题上来。现在可以说他是这样做的，因为他阐发了一种主张，将能够靠自己的劳动生存的权利当作财产的最基本形式加以看待，而这种权利又包含着其他权利的财产理论。这些其他权利就包括自我保全的权利和有机会在感性世界自由且有效地行动的权利，以及拥有实现这个目的必要手段——可能包括土地和物品——的权利。可见，费希特的财产理论意在说明共同生活在社会中的人们如何能够通过在感性世界自由且有效地行动从而获得他们能够运用和发展自己能力的最基本条件。费希特的财产概念也包括作为排斥他人使用某种东西或从中获益的权利的财产观念，尽管包括随个人喜好处置这种财产的权利并非是必

---

❶ 《费希特全集》第 I 辑，第 7 卷，页 53。

然的，因为每个人的财产，在个体对某种活动以及这种活动的成功所要求的所有东西的权利意义上，可以被认为是一种排他性的财产。至于费希特对这两种权利的调和是否真的与财产权利的一种自由主义理解相容，无疑是一个需要追问的问题。

要阐述这个问题，首先应当指出费希特的财产理论。正如他本人所承认的，仅仅在为了使一个人能够靠自己的劳动生存而必须使用某种东西或从中获益的排他性权利的程度上证成了这种对某个事物的排他性占有。因此，它并不必然地需要持续排斥他人使用某种东西或从中获益，[38] 如果他人能够使用它或从中获益而不侵犯另一个人靠自己的劳动生存的权利的话。费希特关于作为一种财产形式的土地，尤其是农民（agriculturalist）的财产权的谈论，给这种财产权的限定提供了很好的范例。

一方面，正如我们在费希特关于原始权利的论述中可能期待的，农民的排他性财产权建立在这样的思想之上，即自然必须展现一种源自它恰好保持像农民以往对它所知道的样子一样的情形的可预见性。这并不是说，费希特否认自然对象根据某些自然规律经受变化。不过，农民必须能够根据他关于这些自然规律的知识耕作自然对象，而对这些自然对象的人为干预则预示着会产生一些可能妨碍他这样做的不可预见的因素。另一方面，费希特明确反对这样的思想，即排斥一个人使用一块土地耕作的权利，在能够随个人喜好处置这块土地并排斥他人无条件地使用它或从中获益的永久性权利的意义上，等于对这块土地拥有一种排他性权利。因为，如果某人可以使用这同一块土地而不妨碍农民的活动，应当允许他这样做。费希特在这里引用采矿者在业已被分配的土地之下采矿的例子，认为应当允许采矿者这样做，只要他的活动不会导致农民在这块田地里劳作不安全或塌陷。❶

而且，费希特主张，只有土地的产物，或者他在其他地方所

---

❶ 《费希特全集》第Ⅰ辑，第4卷，页26；《自然法权基础》，页190。

称呼的，土地的意外收获，是农民的绝对财产。我们可以认为他所说的这种绝对财产是指农民有权排斥他人使用或从中获益，可以随个人喜好进行处置的东西，而土地本身或实体则是某种归国家保留的为了未来分配的东西，如果这种分配证明是必要的话。❶ 这明确地意味着土地不能变成私有财产，而应当在有必要重新分配土地以确保每个人都能够靠自己的劳动生存的情况下，共同所有。因此，虽然一个人可以被赋予排他性地使用一块土地的权利，但既不能把这种权利理解为［39］随个人喜好进行处置的权利，也不能把它理解为占有这块土地的永久性权利。费希特提到土地财产权可能具有的一种带有限定性的事例，他主张，如果一个农民不能靠在提供给他的土地上的劳动养活自己，土地的再分配就是必要的。❷ 虽然这个问题可以通过将以前未经开垦的土地提供给这个农民的方式得到解决，但也可以要求从那些不像这个农民一样如此迫切需要土地的其他农民或其他人那里拿走一些土地。因此，就土地而言，所有可以根据法权辩护的东西就是特定土地使用的排他性权利。❸ 这表明，为了确保每个人都能够靠自己的劳动生存，国家基于这样一种常见的情况，即被理解为排斥他人使用某种东西或从中获益的权利的财产权会变得极不稳定，可能被迫采取再分配措施。假如私有财产在自由主义的社会和政治秩序中起到根本性的作用，这种潜在的不稳定性似乎就很难与那种认为费希特的法权理论在本质上涉及为这样一种社会与政治秩序作辩护的思想相调和。

对财产权的这种特定限定具有的激进性质，可以通过比较费希特与卢梭在财产权问题上的立场加以阐明。虽然卢梭曾把国家描述为它的所有业已达成社会契约的成员拥有的物品的主人，而这种社会契约在国家内充当着所有权利的基础，但他似乎提出，

---

❶ 《费希特全集》第Ⅰ辑，第4卷，页27；《自然法权基础》，页191。

❷ 《费希特全集》第Ⅰ辑，第4卷，页26；《自然法权基础》，页190。

❸ 《费希特全集》第Ⅰ辑，第7卷，页86。

即使在财产权借助社会契约确立起来以前，最初占有者的权利也可以决定什么财产可以正当地归一个人所有，尽管他使最初占有者的权利服从以下条件：一块土地以前不能被任何其他人占用；只应占用一个人的生存所需的土地数量；必须借助劳动和耕作占有这块土地。❶ 在《自然法权基础》第一部分，费希特似乎也承认最初占有者的权利，只要这种权利是一种人们达成一致的规则。❷ 但从上文所述的［40］财产契约及其包含的所有内容出发，国家在履行其确保每个人能够靠自己的劳动生存的责任时，对费希特来说，似乎最终不能认为这样的协定对国家的行动具有约束力。相应地，这意味着即使对一块以前无主的土地的劳动和耕作也不能产生排斥他人使用这块土地或从中获益的合法权利，更不用说随个人喜好进行处置的权利。在这方面，费希特比卢梭更加有力地阐发了他的下列主张，即不论获取土地的方式是怎样的，“每个个体对他自己土地的权利总是从属于共同体对每个人拥有的权利”。❸

费希特通过把土地变成某种不能私人拥有，而是国家根据个体的需要加以分配的东西，消除了卢梭关于财产权的论述所具有的矛盾性。费希特在一个人只应该占用他的生存所需的土地数量方面保留了卢梭的要求，但不论多么含糊，他仍反对卢梭在社会契约和一种普遍意志确立以前就存在土地所有权的提议。这种观点在1812年的《法权学说》中更加明确，其中费希特在讨论财产契约时对法权形式和法权内容作了区分。虽然订立这种财产契约足以满足人与人的关系应当以同意而不是强力为基础这个单纯形式性的条件，但仍留下第二个条件没有得到满足。这个条件就是财产契约应当有确定的内容，而不是说它的内容是一种任意性

---

❶ 卢梭：《社会契约论》，页365－366；《社会契约论和其他后期政论作品》，页54－55。

❷ 《费希特全集》第Ⅰ辑，第3卷，页420－421；《自然法权基础》，页119－120。

❸ 卢梭：《社会契约论》，页367；《社会契约论和其他后期政论作品》，页56。

或机会。可见，虽然财产契约的双方可以在达成财产契约之前拥有占有物——尽管不是财产——但这种契约的现实结果却可能不同，这要看上文提到的两个条件是否得到了满足。如果只有形式性的条件得到了满足，每个人就将保有他已经占有的东西；如果这碰巧在他所占有的东西通过被赋予它以前所缺乏的财产形式而变成财产的同时，就是他达成财产契约时的目的。但是，当财产契约也涉及是否它的内容［41］是一种合法内容——这对费希特而言必须具有合法内容——的问题时，一个人要求正当地占有某种东西的权利可能遭到异议。因此，在人们达成财产契约以前，对他们所占有的东西进行一种新的划分可能是必要的。❶ 而且，费希特的财产理论和他对国家在财产权方面的作用的理解表明，对在国家范围内人们所占有的东西进行的这种新的划分不要被设想为是某种仅仅一次性地发生的事情。毋宁说，进一步的划分也可能被证明是必要的，确保这些划分得以进行是国家的责任。

而且，费希特似乎主张，不存在任何对某些其他对象以及部分世界的私有权。这关系到他将一种特定活动，即使一个人能够靠自己的劳动生存的特定职业，变成财产契约的对象。因此，一个人同意达成财产契约的特定行为就相当于公开宣布自己从事一项特定职业。❷ 根据这种主张，既然政府可能需要重新分配其他资源（如工具）以保障每个人都能够从事自己已经从事的特定职业，只要当前占有这些资源的人不需要它们来确保自己能够靠自己的劳动生存，我们就可以指明这与费希特的土地观存在一种类似。这表明，对费希特而言，在能够靠自己的劳动生存的目的方面显得必要的其他资源以及土地不存在任何真正的私有权；正是国家，必须以共同体的名义决定如何分配这些资源。将这样的

---

❶ 《费希特全集》第Ⅱ辑，第13卷，页208。

❷ 《费希特全集》第Ⅰ辑，第4卷，页9；《自然法权基础》，页170。

观点归于费希特无论如何都算对他所作的下列主张的一种合理诠释："每个人只有在需要财产以从事自己的职业时，才能占有对象性的财产"。[1] 因此，将生产资料必须处于共同的（集体的）控制之下的主张归于费希特是可能的，尽管他没有明确地作出这样一种主张。

费希特对财产权作出限制的另一个例子可以在农民让渡土地产品的权利中找到。费希特将这些［42］产品，如果不是土地本身的话，描述为农民的绝对财产。他认为农民类型的生产者有义务出售他的产品，并且必须有一个允许他这样做的最高价格。[2] 这促使费希特声明，金钱是国家无权干预的唯一真正的绝对财产形式。换言之，支付给某人的产品和物品的金钱，而不是这些产品和物品本身，变成一个人真正有权使用或从中获益，并且有权随个人喜好进行处置的唯一财产形式。费希特这里所指的金钱是指国家支付给业已耕作和生产产品的人所需的金钱，并且这种金钱是通过支付赋税来向国家履行自己义务的人所剩的金钱。这里的思想大概是，这种金钱在上文提出的意义上可以成为一个人的绝对财产，因为既然保障这种权利的各种条件已经通过其他手段，包括税收，通过确保人们有他们所需要的资源以便能够靠自己的劳动生存而得到了满足，他对这种金钱的占有就不会对他人能够生存的权利造成负担。这种金钱的占有允许一个人购买各类为了自己私人使用目的、同样被划分为绝对财产的物品；[3] 因此，我们必须假定，一个人也有权排斥他人使用这些物品或从中获益的权利和随个人喜好进行处置的权利。

然而，即使在这里，费希特仍根据他关于每个人都应当能够靠自己的劳动生存的终极关怀，给随个人喜好处置这样的绝对财产的权利施加了种种限制。例如，他主张："购买财产的人必须

[1] 《费希特全集》第Ⅰ辑，第4卷，页23；《自然法权基础》，页187。
[2] 《费希特全集》第Ⅰ辑，第4卷，页40；《自然法权基础》，页209。
[3] 《费希特全集》第Ⅰ辑，第4卷，页43；《自然法权基础》，页209。

有义务使用它，必须处于能够使用它的状态。”❶ 在财产的让渡方面，费希特也主张卖方“不是自己金钱的绝对所有者，因为金钱是他的唯一生活费用，而他维持自己生计的可能性要向国家负责”。❷ 换言之，国家有权确保个人不会鲁莽地处置自己的财产，从而失去自己的生活资料。

这样的限制似乎确认，要求绝对地保障个人的唯一财产形式实际上就是他们的能够靠自己的劳动生存的不可让渡的［43］权利。正如我们已经看到的，国家保障这种权利的任务排除了土地，在很大程度上至少包括生产资料的私有权的可能性，因为国家可能需要重新分配这些资源而无须顾及它们以前被获取的方式。这种再分配行为的唯一限制在于，它们不应当妨碍其资源被拿走的人能够靠自己的劳动生存。可见，虽然费希特的财产理论包括排斥他人使用某种东西的权利，但这种权利并非一种绝对的权利，因为只有在这里的对象是一个人所需要的以便能够靠自己的劳动生存时才是适用的。费希特的确允许一种绝对财产的形式，即金钱和一个人可以用金钱买到的东西。但即便在这里，一个人随个人喜好处置自己财产的自由仍要从属于各种显然绝不会与自由主义的主要原则相容的限制。

但是，费希特的财产理论与保障感性世界中自由主体性之可能性的法权思想相容。的确，费希特将他的财产观念和国家保护财产的方式设想为保障一个人在感性世界的自由主体性的一个基本条件，即他的身体的持续存在，在任何有限理性存在者那里都可以得到满足。不可否认，如果以某种方式将自由主体性的可能性与随个人喜好处置自己财产的自由结合起来，就会产生问题。这种思想的重要性，就随个人喜好处置自己财产的权利与个体追求自己的良善生活观念的权利是相关联的而言，对经济自由主义

❶《费希特全集》第Ⅰ辑，第4卷，页56；《自然法权基础》，页223。
❷《费希特全集》第Ⅰ辑，第4卷，页56；《自然法权基础》，页223。

和政治自由主义是有争议的，但费希特对财产权所加的广泛限制不能被看作与他将法权理解为保障人作为自我决定的存在者的地位这一观点相抵牾。因为面对财产权的这些限制，其他形式的主体性，例如富有意义的劳动和富有创造的表达，仍是可能的。而且，像社会主义政治秩序，而不是自由主义政治秩序这样的政治秩序，在其本性上排斥作为表达自由和有限财产权——它的形式是个人有权排斥他人使用或从中获益，并且可以随个人喜好进行处置的金钱和个人物品——的私人权利的可能性的做法，也远不是明确的。另一方面，虽然政治自由主义考虑到一些再分配措施，但费希特的［44］财产理论仍促使他给人的自由施加了种种从自由主义的立场看必定无法容忍的限制。这种情况在《锁闭的商业国》——正如我要在下一章表明的，它构成费希特更加广泛的法权理论的一个必要部分——中试图阐明下列主张时变得尤其明显，即国家被赋予分配给个体从事一门职业并确保每个人都处于靠自己的劳动获得生存的状态的角色。

从上文的论述可知，费希特在通过公民的自我活动来提供给他们能够运用和发展自己能力的基本条件的意义上，显然想要限制选择的自由以确保国家所有公民的自由。这是通过采取这样的立场来表明的，即国家干预将不仅要求保护现有的财产权，而且要求确保资源以保障每个人都有生活资料，因而保证任何人在世界上都能够自由且有效地行动的最基本条件的方式得到重新分配。在这方面，对人的自由尤其是占有部分世界及其产物的自由的限制就被要求源自确保行为主体性的更加普遍和根本的条件。假如费希特的财产观，正如我在下文要阐明的，通过将他的财产理论更加密切地与洛克的财产理论相联系而成为行为主体性的一个既积极又消极的条件，那么，费希特就阐发了一种连贯的立场。我已提出理由来比较洛克和费希特的财产理论。但目前为止，我只是集中于探讨他们的相似性，现在要揭示他们之间的一些重要差别。

1.2 财产与自由

西普试图将费希特定位于近代自然法权传统的范围内。他在这一尝试中主张，费希特将法权概念演绎为自我意识的一个条件，从而将法权概念及其产生的义务追溯到自我意识这个不容置疑的基础，这就使他以“笛卡尔”传统跻身近代自然法权传统；而在其中，洛克被认为是主要的代表人物。❶ 西普将洛克划归于[45] 近代自然法权理论这个传统，因为正如《人类理智论》(*Essay Concerning Human Understanding*) 中所阐述的，洛克在道德哲学中使管治人的行为的规范源于一种关于他的自身存在的不容置疑的和可直观的知识，以及源自这种关于自身存在的知识所包含的关于上帝存在的隐含的和可论证的知识。洛克是通过表明关于神法的、追求真正且持久的幸福的知识如何来源于这两种知识形式这样做的。于是，正如《政府论》所阐述的，这种神法和洛克的意志分析就形成了他的自然法权理论的基础。❷ 我在这里撇开将费希特的立场描述为一种笛卡尔传统是否准确的问题，而主张西普归之于洛克的主体性路径有助于我们注意到洛克与费希特的财产理论之间的一种重要差别。

西普也主张，费希特可以被看作将近代自然法传统中出现的另一种模式融入到了他的法权概念演绎中。这种模式与霍布斯相关联，被看作独立个体之间的遭遇（encounter）以及这种遭遇对个人意识造成的结果。❸ 就像《自然法权基础》第 3 节的“要求”观念所示范的那样，这指的是费希特法权理论的主体间维

❶ 西普：《德国观念论的实践哲学》，页 19。
❷ 西普：《德国观念论的实践哲学》，页 19－20。
❸ 参见西普：《德国观念论的实践哲学》，第 29。

度。通过将费希特法权理论的这种意味着潜在冲突的主体间性与他的财产权观念联系起来，我要表明费希特比洛克更多的考虑的是，当财产权主要被理解为排斥他人使用某种东西或从中获益以及随个人喜好进行处置的权利时，财产权可以限制自由。在这方面，费希特论证，对被理解为排斥他人使用某种东西或从中获益的权利与发展和运用一个人的能力的平等权利的财产权要如何调和这一问题的一种概念性解答，不能与对这个问题的一种政治性解答分离开。

正如我们已经知道的，上文提到的各种要求（summons）在于一个人要求另一个人自由地行动，第一个人要求在与第二个人的关系中限制自己的活动。我在此的意图不是要详尽地讨论费希特的要求理论，［46］但要求理论产生的一个问题除外，因为这个问题与他的财产理论——就这个理论可以与洛克的财产理论作比较而言——密切相关。这个问题的产生与费希特将法权关系理解为一种基于相互承认的关系有关，这里每个人在平等地成为要求的对象时都在要求其他人。这就产生了与他人处于法权关系中的人类共同体最初如何产生的问题。虽然费希特在将从事自由活动的要求与一系列他称之为教育的行动而不是与一个单独的行动等同起来时，设法根据一个过程来解释法权的一个条件的可能性，我们仍要面对这种自我教育在其中成为可能的共同体类型的起源问题。这是因为费希特需要解释这个人类共同体与他人处于法权关系中的首批成员是如何实现他们的理性和自由的一种表现，因而能够“要求”他人将其自身设想为本质上自由且理性的存在者。简言之，费希特提供的法权概念演绎似乎以无穷倒退告终。

费希特在被引向谁来教育人类最早的夫妇这个问题时，❶ 已经意识到这个难题；他用《创世记》关于上帝关照亚当和夏娃

❶ 《费希特全集》第Ⅰ辑，第3卷，页347；《自然法权基础》，页38。

的论述来处理这个问题。❶ 结果，费希特在需要解释法权的一个条件的可能性的激发下诉诸圣经权威的做法被理解为向神话领域的倒退。这种诉诸神话的做法由于费希特设法演绎法权概念为自我意识的一个条件，因而论证它的必要性，而变成必然。但在某种程度上，我们可以撇开这种用自我意识的各种条件为法权概念奠定根据的雄心勃勃的先验计划，来理解费希特的财产理论；这个理论构成他进一步规定法权概念的尝试，这使我把这个理论看作独立于法权起源的神话说法。

但可以论证的是，洛克在《政府论》第五章关于财产的论述是另一码事，［47］因为洛克将私有制的合法性根据它在前政治状况中的起源来解释，其中一个人将自己的劳动“掺杂”进去的东西就正当地成了他的东西，尽管事实是上帝将世界赋予全体人类。如果我们记得马克思的提法，即原始积累理论可以同等地用一种诸如原罪的宗教学说替代，❷ 那么，洛克诉诸前政治状况来解释私有制的合法性的做法，似乎与费希特诉诸伊甸园的神话解释法权状况的起源的做法有共同之处。然而，洛克的财产理论，尤其是他为私有制所作的辩护，取决于关于私有制起源的论述，而费希特的财产理论，只要不被认为取决于他将法权概念演绎为自我意识的一个条件的尝试，就不是这样做的，因为它并不依靠任何关于财产权利的历史起源的主张。的确，我们已经看到，费希特通过赋予国家以分配土地财产权——他认为土地财产权仅仅具有一种有条件的性质——的职能，提出第一占有者的权利的思想只是为了继续削弱关于这种权利的观点。

洛克对财产权的辩护基于这样的思想，即土地及其产物在被人占有时只能有益于人类，而占有行为就产生排斥他人使用所占有的东西或从中获益的权利。这种占有行为是通过一个人将自己

---

❶ 《费希特全集》第Ⅰ辑，第3卷，页347－348；《自然法权基础》，页38。

❷ 参见马克思：《资本论》（*Capital*），第1卷，页873。

的劳动“掺杂”到部分土地或土地产物中去发生的，这就是说，通过他的劳动使它们成为有用的，这可以简单地等同于在土地上采摘果实。虽然财产在这里等同于土地和物品，但洛克前期赋予术语“财产”的扩展意义在其论证中一种至关重要的作用。这是因为他的论证取决于这样的思想，即一个人通过将自己的劳动掺杂到某物中去，就在最初独立于他的东西中掺入了某种属于自己的东西，即他的劳动。一个人在他是他自己的人，而他的涉及客体的行动和精神活动构成他的劳动的意义上，拥有自己的劳动。在这方面，一个人的身体和劳动以及土地和物品都属于财产。由于所有这些财产形式在洛克论证财产权的过程中都要起作用，尽管他似乎又将财产归结为土地和物品，这种论证必须被
[48] 认为取决于他所赋予术语“财产”的扩展意义。由于这个原因，虽然洛克力图确立其合法性的财产类型似乎要比他和费希特赋予术语“财产”的扩展含义更加符合当前的语言用法，但洛克在根据宽泛的财产观念论证财产权时限制这个术语的含义所采取的方式，却给了他的财产理论以一种极有倾向性的表现，从而容易产生这样的主张，即在这里起作用的是历史理性而不是逻辑理性。

但洛克针对部分土地及其产物设定了限制，即它们要被正当地占有：只要条件“已经足够和差不多”，就应当留作他人使用，被占有的东西不应允许在被享用之前就变质。但洛克通过主张有用的但易坏的物品可以在必要的时候兑换成不会变质的金钱而消除了第二个限制。❶ 这开启了可以将无限占有的行为看作合法的可能，因为金钱的发明和人们对金钱的使用的默示同意，通

❶ 麦克弗森主张，洛克消除自己针对可以占有的财产数量所作的限制，以便为经济关系中正在出现的一种自由市场体制作辩护。参见麦克弗森：《占有性个体主义的政治理论》(*The Political Theory of Possessive Individualism*)。在此，我的意图并不在于检验这种比较宽泛的主张，这种主张强调的是麦克弗森的主题：在洛克的财产理论中起作用的是历史理性而不是逻辑理性。

过允许人们出售在自己土地和劳动的产品变质之前没法亲自用完的产品，因而通过使他们能够保持这些事物的价值，产生了占有更多财富的权利。因此，洛克主张，土地的缺乏源于金钱的发明及其使用，因为在金钱可以由土地上生产的东西变成这一事实的推动下，出现对土地的日益增长的需求；正是这种新的缺乏状况，被洛克说成促使人们同意使他们的财产通过法律得到规定。而且，他主张，在同意金钱的使用时，人们已经同意它的结果，包括“对土地的不成比例的和不平等的占有”。[1] 然而，即使在政治社会，一个人所拥有的财产的合法性也必须被认为是以原始积累行为为根据的，因为在金钱被采用之时，它的最初使用必定是为了方便已经成为一个人或多个人的财产的物品的交换，以至于任何后来的财富［49］最终都要按照它的在自然状态中发生的占有行为中的来源加以解释。洛克对财产权的辩护似乎将财产权归结为排斥他人使用某种东西或从中获益并随个人喜好进行处置的权利，尽管他在其他地方仍然运用比较宽泛的财产观；这种辩护遇到的问题可以通过将他的立场与费希特的法权理论及其在法权理论中安排给财产的地位加以比较而更加清楚地得到阐明。

洛克证成私有制的尝试给以下方面提供了证据，即他的自然法权理论可以被描述为是以一种主体中心论为基础的。这是因为他对财产权的证成聚焦于财产作为一个孤立的主体与一个客体的关系的思想，尽管在他的原始积累理论中劳动的作用使这种关系不单是主体一方纯粹沉思性的关系。财产关系，对洛克来说，在本质上是一个孤立的主体与一个客体的关系。这种印象通过他坚持下列事实而加强，即在金钱的发明和采用之前的自然状态中，个体没有动力去增加超出自己可以使用的范围的财产，以至于总有足够的东西剩余下来供他人使用。因为在这方面，洛克似乎假设了自然状态下不存在资源匮乏的情况；他把旨在确保自身自我

---

[1] 洛克：《政府论》，页 301－302。

保全的个体之间冲突的潜在性最小化，因而抑制了这样的思想，即原始积累的过程，用马克思的话说，“绝不是田园诗般的”。❶而且，洛克试图促成伴随金钱的采用而必然地带来的世界及其产物的不平等分配，并赋予这种不平等分配以合法性，因而通过使它建立在同意的思想基础上从而使财产的任何再分配都显得是不公平的。实际上，只有伴随着金钱的采用和向政治社会的过渡，在洛克的观点中对土地及其产物的占有才变得如此强烈和从自然法权的观点看如此不公平，才使同意对这种事态的合法化来说变得必要。洛克开始明确地将财产权建立在由客体加以中介的人与人之间的关系之上，而不是孤立的人与对象之间的关系之上。然而，这种对金钱的采用的同意发生在先前存在的一系列财产权的背景之下，这些财产权是在自然状态中借助［50］一个个体将自己的劳动掺杂到某物中去的占有行为而形成的；因此，我们就再次遇到了一个明显孤立的主体与作为财产权的最终基础的一个客体的关系问题。

无论如何，要所有的个体都真正地同意这样一种事态是可疑的，一些试图为洛克想要证成无限占有行为的主张作辩护的尝试可用来阐明这个问题。一方面，洛克的主张，在政治社会，政府必须根据他所提出的无条件的自然法权，包括对保全自我所必须的物质财富的权利，调节财产。❷这种论证涉及洛克最初的附带条件，即“已经足够和差不多”就应当留作他人使用，这似乎使他的财产理论更加与费希特关于每个人都必须能够靠自己的劳动生存的要求相容。根据此种解读，政府就变成“已经足够和差不多”而应当留作他人使用这一状况的担保者。

然而，可以认为这种解读并未充分地注意到洛克的下列主张，即在同意采用金钱时，人们也已经同意采用金钱的结果，这

---

❶ 马克思：《资本论》第1卷，页874。

❷ 参见塔利（Tully）：《论财产》（*A Discourse on Property*）。

些结果可能包括在个体所拥有的财产数量方面的诸多不平等。这也给以下主张留下了余地，即一些人可能根本不拥有任何财产的事实并不代表不公平，只要这些人仍能在肉体上生存下来，尽管这意味着他们被剥夺了一种能够发展和实现自己能力的重要手段。洛克对这样一种事态的接受是通过对美洲的一个民族的国王与英国的一名日工的对比提出来的："那里一个广大饶富地区的国王，所吃的东西、所穿的东西和所住的房屋还不如一个英国日工所吃、所穿和所住的好"。[1] 这里的要点似乎在于，唯一的财产就是自己劳动的人没有理由抱怨私有制和金钱的采用带来的不平等，原因在于处于这样一种状况中的他要比生活在一个既无私有财产也无金钱的社会中的人处境更好，尽管他缺乏其他的财产形式，包括可能构成发展和实现自己能力的必要手段的某些物品。

[51] 这已经推动了对洛克试图借助对采用金钱的结果表示同意的观点来证成不平等这一尝试的批判。但这种批判通过以下论证得到缓和，即虽然个体已经同意在物品的正当占有方面的不平等，但他们绝没有同意依附地位，以至于洛克的立场应当更恰当地被理解为如下主张，即使在政治社会，占有行为也必须至少让所有人能够保全和管理自己。[2] 假如存在这样的事实，即这种试图为洛克想要证成无限占有行为的主张作辩护的尝试相当于赋予了他本应采取而没有采取的立场。洛克的财产理论在这里呈现出一种本质上模棱两可的特点。

如果想到洛克的财产权理论不仅具有消极性，即财产权被看作仅仅是通过排斥他人使用别人的合法财产或从中获益而给他人的天然自由施加限制，而且具有积极性，因为财产权被认为是人类能动性的条件，那么，这种模棱两可就变得尤其明显。应当使人

---

[1] 洛克：《政府论》，页297。

[2] 参见西蒙斯（Simmons）：《洛克的权利理论》（*The Lockean Theory of Rights*）。

们能够自我管理的主张，给洛克的财产权观念的积极方面提供一个范例，因为它表明了以自我管理行为——可以补充说，这种行为允许个体使用和发展那些与他们是本质上自由且理性的存在者的思想相关的能力——的方式进行自我决定的思想的重要性。自我决定权的有效实施可以说将要求现存的财产权不会使个体完全依赖他人或者剥夺他们运用和发展自己能力的必要手段。但是，洛克对伴随着金钱的采用而产生的不平等现象的接受表明，就像英国日工的例子一样，这些实现自我决定权的条件可以被正当地忽视，只要可以确保所有社会成员的肉体生存。费希特的财产理论赋予能够靠自己的劳动生存的权利以优先性并使其他形式的财产与这个目的相比都是有条件的，它在这方面要显得更加连贯和明晰。

［52］我们已经看到，费希特把财产权看作具有一种本质上的主体间性，因为财产权在于自由且理性的主体彼此间的一种关系，尽管这样的关系是通过客体加以中介的，以至于财产权包含着人与人在涉及这些对象时经常存在的潜在冲突。结果，费希特主张，在一个人独自居住在荒岛上的情况下根本没法谈论财产，因为财产概念不会有任何运用；相反，财产权只有当存在好些彼此可能由于“其权力的积极体现”而发生冲突的人时才会产生。[1] 在这方面，费希特逐步将财产关系主要描述为通过客体加以中介的人们彼此间的关系，而不是孤立的主体与客体之间的关系，[2] 相应地，这使他充分公平地对待包含在财产权思想中的潜在冲突。而且，虽然法权关系是一种各个个体在彼此的关系中限制自己天然自由的关系，但仍出现这样的问题，即这

---

[1] 《费希特全集》第Ⅰ辑，第7卷，页86－87。

[2] 因此，将费希特置于一种据说始于洛克而止于黑格尔的传统，因为三位思想家都从意识把握世界中的客体这个事实推导出财产权，这是非常有误导性的。参见兰珀特（Lampert）：“洛克、费希特和黑格尔论财产权”（Locke，Fichte and Hegel on the Right to Property），页40。因为这种观点提出，费希特主要是根据主体与客体的关系来设想财产权的。

样做对个体意味着什么，并且当一个人在与他人的关系中无法以适当的方式限制自己的自由时，如何预防或惩罚侵犯权利的行为。

当财产权主要根据它能够使人们在世界上自由且有效地行动的功能得到理解时，这种潜在的冲突就使得我们将无限占有——无论是占有部分世界，还是占有其他资源——的行为设想为构成侵犯权利的行为，其理由是这些行为有害地影响到他人在世界上自由且有效地行动的能力。正如我们所见，财产的再分配是正当的，如果这样做是要确保每个人都能够靠自己的劳动生存的话，因为能够生存是一个人在感性世界自由且有效地行动的能力的最为基本的条件。因此，要以无限占用的权利为名义否认这样的再分配行为的正当性，对费希特来说就等于接受那些可以被认为等同于其他侵权行为的行动，例如对自己人身的攻击，尽管无限占有行为可能［53］实际上并不是通过有意侵害任何特定个人或由个人组成的团体的利益而得到激发的。❶

现在，我们可以更好地理解费希特在《锁闭的商业国》中从经济含义方面进一步发展《自然法权基础》的财产理论的理由；在《锁闭的商业国》中，财产权被描述为“对行动，而绝不是对事物的排他性权利”。❷ 我们还发现前面提到的关于国家的职能是首先给予每个人以他的东西，然后才是保护他的财产的描述。这本书代表费希特试图更加详细地解释国家如何能够行使

---

❶ 在这方面，费希特可能被看作提供了一种可能的论证，以反对为当时已经出现的自由市场资本主义所作的辩护。在此，我想到哈耶克（Hayek）将自由市场看作一种不是由任何人有意图地构建出来的自发秩序的范例。哈耶克认为，将这样一种秩序带来的无意图的结果看作不正义是毫无意义的，因为正义与否只能被运用于有意识地加以设计以造成一种特殊影响的个体行动或集体成员的具体行动。参见哈耶克：《法律、立法和自由》（*Law, Legislation and Liberty*），第 2 卷：“社会正义的幻象”。然而，费希特提出，这样一种自发的秩序所产生的不平等从被这些不平等——不论这些不平等是否是有意图的——所侵害的人的角度看必定被视为不正义的，显然就是因为不能合理地期待这些人放弃自己的天然自由而支持一种他们在与他人的关系中处于显著劣势的状况。

❷ 《费希特全集》第 I 辑，第 7 卷，页 54－55。

这种职能的尝试。在这本书中，费希特在理性国家与现存国家之间作了区分。理性国家是与什么是正当的这个问题相关联的，而在现实国家的情况下提出的问题则是理性国家的原则在何种程度上能够在给定的现存条件下付诸实践。于是，费希特将政治学与治理现存国家——就现存国家根据理性国家的原则是可能的而言——的科学结合起来。因此，这种政治学需要被看作"处于给定的国家和理性的国家之间的：它将描绘这样的连续直线，借助这条直线，给定的国家过渡到理性的国家，并结束于纯粹的政治权利"。[1] 可见，政治学涉及的是纯粹政治权利的原则如何能够被经验地运用于各个可能在诸多重要方面都各不相同的特定国家的问题。《锁闭的商业国》代表了对这种［54］政治任务的贡献，因为它提供了一种已经根据理性国家的构成原则加以转变的国家理论。换言之，就行使这样一种任务对哲学是可能的而言，《锁闭的商业国》代表的是始于《自然法权基础》的法权概念的充分且系统的运用的最终且必要的阶段。因此，这部著作必须被看作构成了费希特法权理论的一个必不可少的部分。

理性国家与现存国家之间的差别指向规范层面与经验层面之间的一个居间阶段。这就是根据在规范层面产生的各种要求进行转变的国家理论需要加以发展的阶段。因此，费希特提出，哲学不应当满足于概述理性国家的规范原则，它也必须提供一种这些原则如何充分得到运用的论述。换言之，哲学有寻求一种政治性的解决途径和纯粹概念性的解决途径的任务，以解决法权概念方面的问题，否则它就会始终是一种单纯形式性的科学。因此，费希特认为自己有义务在上文所述的意义上给财产权的问题提供一种政治性的解决途径，这个问题对他来说最终要求使被理解为排斥他人使用某种东西或从中获益的权利的财产权从属于通过在世

---

[1] 《费希特全集》第Ⅰ辑，第7卷，页51。

界上自由且有效地行动来行使和运用自己能力的权利。

当然，我们可以怀疑，《锁闭的商业国》在——正如我们将看到的——涉及给个体的自由选择施加广泛限制并给国家安排一种我们可以怀疑它能行使而不会产生其他形式的不公平的职能时，是否真的能够被说成提供了这种政治性的解决途径。但是，这本书无法提供这种政治性的解决途径有助于阐明，即使我们假设排斥他人使用某种东西或从中获益的权利与行使和运用自己能力的权利在概念层面的调解是可能的，要在政治层面实现这种调解也是一项艰巨的任务。正如费希特会说的，财产概念需要在政治层面加以运用。而且，当费希特使被理解为排斥他人使用某种东西或从中获益的权利的财产权从属于个体运用和发展自己能力——这些能力的最［55］基本的条件就是靠自己的劳动生存——的平等权利，然后试图在一种更加具体的层面阐明他的财产理论的含义时，他至少采取了一种连贯的立场，并且论证了自己为何拒绝满足于对他的法权理论提出的问题作单纯概念性的解答。

我认为，由于这个原因，费希特理当在政治思想史上被列入研究财产权和分配正义的最重要的理论家之一；就分配正义而论，有人主张现代意义上的国家有义务指导或监管财产分配的分配正义概念，首先是在罗尔斯的《正义论》中得到明确阐述的。[1] 我希望我已经表明这种判断需要修正，因为是费希特，而不是罗尔斯，通过表明他所理解的财产概念要在感性世界得到实现需要什么东西，从而第一个给我们提供了现代意义上的分配正义概念的一种明确阐述。现在，我想要表明，费希特的财产理论和他为了说明财产概念在感性世界实现的可能性所采取的措施是如何指向他的政治哲学与法国革命的激进阶段的强烈关联的，革

[1] 参见弗莱夏克尔（Fleischacker）：《分配正义简史》（*A Short History of Distributive Justice*）。

命人物巴贝夫的一些主要思想为此提供了范例，他在雅各宾派垮台后曾设法重新将革命激进化。我对这个主题的讨论再次论证了对费希特政治哲学的自由主义诠释是有问题的。这也使我更多地谈到费希特在《锁闭的商业国》中阐述的经济建议。

第二章　法权概念的运用：费希特与巴贝夫

[56] 在出版于1900年的《费希特的社会主义及其与马克思学说的关系》中，玛丽安娜·韦伯（Marianne Weber）不仅谈到费希特的社会主义，而且主张这种社会主义的唯一真正的思想先驱是法国革命者巴贝夫（Gracchus Babeuf）。韦伯进而主张，费希特与巴贝夫的思想的相似之处表明，费希特可能早已了解巴贝夫的共产主义理论，知道1796年以巴贝夫为领导成员的、发生在巴黎的被称为平等派的密谋（Conspiracy of the Equals）的、以图推翻督政府和实行激进的经济与社会措施的失败的革命密谋。❶ 在1914年，莱昂（Xavier Léon）同样也主张，费希特的有些思想与巴贝夫思想的相似之处给我们认为费希

❶ 参见韦伯：《费希特的社会主义及其与马克思学说的关系》（*Fichte's Sozialismus und sein Verhältnis zur Marx'schen Doktrin*），页18。

特熟悉巴贝夫的主要思想和平等派的密谋事件——当时他正开始写作出版于 1800 年的《锁闭的商业国》——提供了可靠的依据。[1]

费希特可能是通过刊物《密纳发：历史与政治杂志》(*Minerva. Journal historischen und politischen Inhalts*) 在 1796 ~ 1797 年关于平等派密谋事件的报道和主要刊登居住在巴黎的德国人所写的信件并冠之以标题《1796 年的法国》(*La France en* 1796) 和《1797 年的法国》(*La France en* 1797) 的报纸，知道巴贝夫的观点的，而在 1795 年他已经能够通过瑞士的朋友获取巴贝夫的刊物《护民官报》(*Tribun du Peuple*) 的复印件。[2] 然而，在缺乏任何直接证据表明费希特当时熟悉巴贝夫理论的情况下，认为巴贝夫影响了费希特［57］在 1796 ~ 1797 年的《自然法权基础》中建构起来的并在《锁闭的商业国》中从经济含义方面进一步发展的法权理论的主张是没有事实根据的。正如我们将看到的，《锁闭的商业国》给出的建议在很大程度上仅仅涉及的是发展费希特在早期《自然法权基础》中阐述的财产理论的某些特征，而《自然法权基础》尽管在出版日期上接近于平等派密谋事件的时间，但不大可能直接受这些事件的影响。虽然这并没有排除费希特后来熟悉这些思想中的某些可能性，而它们可能影响到《锁闭的商业国》在经济方面给出的建议，但巴贝夫与费希特思想的相似处，无论如何可以根据它们拥有共同的灵感来源如卢梭或 18 世纪后期的社会乌托邦得到解释。[3] 而且，甚至费希特的政治哲学与法国革命的激进阶段的关系也有争议，更不用说它与后来的激进人物、例如巴贝夫这样的试图恢复这种激进

---

[1] 参见莱昂：《费希特〈锁闭的商业国〉中的社会主义思想》(*Le socialisme de Fichte d'après l'état commercial fermé*)，页 201 及以下。

[2] 参见布尔 (Buhr)：《革命与哲学》(*Revolution und Philosophy*)，页 78，页 149，注释 13；莱昂：《费希特〈锁闭的商业国〉中的社会主义思想》，页 204 及以下。

[3] 参见布尔：《革命与哲学》，页 79。

阶段的人的关系了。因此，我要通过关于费希特一般地与法国革命的关系，尤其是与法国革命的激进阶段的关系的一些评论来开始这一章。

2.1 费希特与法国革命

费希特最早出版的著作之一是1793年问世的《纠正公众对于法国革命的评论》（*Contribution towards Correcting the Public's Judgment of the French Revolution*）。这部著作代表对法国革命的一种辩护，在费希特写作的当时，伴随着路易十六和吉伦特派纷纷被处决的事件，德国对法国革命的激情已经开始消退，尽管许多德国知识分子最初将革命看作对绝对主义的攻击和理性的胜利加以欢迎。《纠正公众对于法国革命的评论》涉及的是论证革命的正当性。它是通过国家契约论和阐发以下主张的含义这样做的，即由于各个个体只能正当地服从他们自己制定的法律，所以他们就拥有一种不可让渡的权利来单方面废除他们已经达成的任何契约。这意味着［58］人们拥有一种不可让渡的权利来修改必须以同意为基础的国家宪法，因为对费希特而言，只有建立在各个成员之间达成的契约基础上的市民社会才是一个真正合法的社会，而所有现存的宪法都可以因其建立在强者的权利基础上受到批评。❶ 这一主张使人想起费希特在《自然法权基础》中阐发的法权理论，因为法权被认为是以同意，而不是以有形强力为基础的。

《纠正公众对于法国革命的评论》也包含着对费希特当时所处的欧洲的专制君主们的严厉批判以及对封建主义、贵族和教会

❶ 《费希特全集》第Ⅰ辑，第1卷，页236。

神职人员所享有的特权的批判。但这些批判在任何显著的意义上都没有表明是特定地与法国革命的激进阶段相关联的发展，因为这一历史事件的最早阶段也有通过尝试限制君主权力而具体地攻击封建制度和传统特权，包括天主教特权的特征。在这方面，如果说德国的雅各宾主义被认为是支持法国革命的激进阶段，那么，这样的主张似乎就是正确的，即上述立场还不能在仅仅包含对1789年“温和”革命的一种辩护的《纠正公众对于法国革命的评论》中被察觉出来。❶

于是，不存在任何确凿的证据表明《纠正公众对于法国革命的评论》与法国革命在费希特写作这本著作时已经进入的激进阶段之间可以达成一种直接的关联，例如，这就好像是主张费希特是由于同情法国革命的这个新阶段所体现的思想和抱负而被激发写这本著作的，但这并不排除如下可能性，即费希特后来开始阐发一种可以被认为契合某些接下来在法国革命的激进阶段体现出来的核心思想的法权理论。例如，纪鲁特（Martial Guéroult）就注意到费希特支持法国革命的理论基础的一个变化，他主张，费希特在逐渐反对《纠正公众对于法国革命的评论》中的个体主义——这种个体主义使国家变成一种［59］极不稳固的联合体形式——而更加赞同一种体现社会主义性质的集体主义联合体形式时，仍忠实于法国革命。而且，纪鲁特引证费希特的财产理论所经历的变化，以提供清晰的线索表明他支持法国革命的理由的这种转变。❷

［60］这种财产理论使得解释正当地获得的财产如何能够通过国家重新在以后的某个时候合法地再分配变得困难；而费希特在《自然法权基础》中阐发的财产理论要求和寻求从国家这一方将再分配行为合法化，因此，完全摈弃了任何试图按照财产权

❶　参见沃帕（La Vopa）：《费希特》（*Fichte*），页83－84。

❷　参见纪鲁特：“费希特与法国革命”（Fichte et la Révolution française），页221－222。

在原始积累行为中的起源去解释财产权的尝试。对这样的再分配措施的要求，需要国家的存在，因为根据费希特的观点，只有国家才有权力履行这些可能需要强制个体放弃他们的一些财产以留给他人的措施。相比之下，费希特在《纠正公众对于法国革命的评论》中维护财产权时，主张在这部著作中成为自然法权的最终标准的道德法则要绝对地禁止一个人干扰另一个人的自由效用。因此，这种道德禁令就产生了排斥他人使用一个人以某种方式塑造的以前属于无主物的客体的权利。[1] 这意味着人在自然状态，即在国家权威的建立之前，就拥有某些自然权利，尤其是对财产的自然权利。因此，我们可以假定，这些权利是国家无权通过再分配财产加以侵犯的，即使再分配财产在涉及满足他人需要时被证明是必要的。这种立场与费希特在《自然法权基础》中采取的立场有显著的差别。

费希特前期与后期的财产理论的另一个主要差别再次涉及《纠正公众对于法国革命的评论》中提出的下列主张，即对一个客体的塑造奠定了对这个客体的排他性权利。这一主张产生了如下问题，即这种财产权是扩展到质料客体本身还是仅仅扩展到业已赋予它的形式。费希特通过区分对客体的占用权（Zueignungsrecht）和所有权（Engenthumsrecht）来处理这个问题。他认为，前者涉及的是原材料，它不能成为任何人甚至国家的财产，因为它还没有被人类活动所塑造。但是，通过根据一个人自己的目的塑造客体的行为确立的财产权，意味着［61］将客体的质料与其被赋予的形式分离开来不再是可能的，除非在思想里。[2]

这种区分在被特定地运用到土地财产上的时候，就意味着每个人原初地都有权利占有全部的土地，这促使费希特表明，无限占有的行为只要以对客体的塑造为基础，在原则上就可以被认为

[1] 《费希特全集》第Ⅰ辑，第1卷，页266－267。

[2] 《费希特全集》第Ⅰ辑，第1卷，页268－269。

是正当的，尽管诸如人的力量的局限和他人的行动这样的因素会限制个人能够现实地拥有的财产数量。费希特似乎明确地得出了这样的结论，他指出，“多劳者多得，不劳者不得”。❶ 这种观点很难与费希特《自然法权基础》的财产理论加以调和，因为每个人都要靠自己的劳动生存的权利给任何与他人共同生活在共同体中的个人可以正当拥有的财产数量施加了限制。费希特关于占有客体的权利与财产权的区分也意味着，国家本身不能占有土地，如果土地被理解为可以在其上劳作的原材料的话，除非国家自己塑造土地，因而变成土地的合法所有者，这给我们提供的是一个根本难以置信的说法；而在《自然法权基础》中，费希特明确提倡土地的国家所有权。于是，在费希特前期与后期的财产权理论之间存在一些根本的差别。这些差别产生了如何解释他的财产权观念从前期向后期转变的问题。我在下文提出，这种转变可以根据下列事实加以解释，即虽然两种财产理论背后的基本意图是一样的，但前期财产理论所提出的涉及这种基本意图的问题导致费希特摈弃了他前期的“个体主义”财产理论，形成了另一种财产理论，后者包含更多的集体主义因素，展现出某些与革命运动的被称为巴贝夫主义的主要思想的显著相似之处。

费希特在《纠正公众对于法国革命的评论》中采用的个体主义财产模式的印象，通过他在土地和土地上可以生产的东西方面提倡一种自由市场而得到加强。❷ ［62］ 相比之下，土地的自由市场是某种我们看到费希特必定在《自然法权基础》中要加以拒绝的东西，他坚持对土地国家所有的需要；而正如我们立刻就要看到的，他在《锁闭的商业国》中明确地反对物品的自由市场。但费希特关于土地和土地上生产的产品的自由市场的建议，需要被置于其适当的背景之中。费希特提倡土地及其产品的

❶ 《费希特全集》第Ⅰ辑，第1卷，页269。

❷ 《费希特全集》第Ⅰ辑，第1卷，页319。

自由市场带有下列意图，即防止现存的土地所有者成为国家财富的排他性所有者，如果他们不太铺张奢侈的话，他认为这是有现实的可能性的。如果土地和产品的自由市场被建立起来，当前被一个人拥有的土地就会在某个时候在好些人之间得到划分，费希特大概是主张，土地因此就会比它现在变得更加多产。他明确将这种发展视为能给当前没有占有任何土地的人带来好处，因为它将允许这些事实上最吃苦耐劳的人摆脱悲惨的状况，费希特对此有生动详细的描述。❶ 而且，要通过使他们靠自己的劳动生存和以一种避免使自己依赖另一个人的意志的方式摆脱悲惨的状况。简言之，这些人将能够过一种更加充分地符合人的本质、即自由的更有尊严的生活。在这方面，我们遇到的东西实际上也是激发费希特在《自然法权基础》中阐述财产理论的同样的基本意图。因此，就背后涉及的基本意图而言，我们不应当过分强调费希特前期与后期财产理论的差别。

一个连续性的因素也可以在《纠正公众对于法国革命的评论》的激进契约主义中找到，正如前文所述，这本书包含着每个个体都有权单方面废除他所达成的任何契约的思想。这一主张意在证成这样的思想，即在现存的社会［63］和政治制度，尤其是封建制度下处于劣势的人有权拒绝这些制度，而去寻求更好的条件。费希特对这些制度的控诉提供了一个显著事例，在这样的制度中，人们处于劣势，毫无选择，只能从现存的社会和政治制度所偏向的那些人手里购买物品或服务，那些人被赋予提供这些物品或服务的排他性权利，以致“我们不能和他们讨价还价，他们阻止了一切竞争；他们随心所欲地对我们过高估价他们做的工

❶ 例如，费希特批评他同时代的人同情王后没有新亚麻织品，却“对另一位为祖国也生了许多健康孩子的母亲的贫困，对她自己衣衫褴褛，看着孩子们在自己眼前赤身露体地走动，同时由于缺乏生活费用，体内的营养正在枯竭，使新生婴儿无力地嘤泣”视为理所当然的事情（《费希特全集》第Ⅰ辑，第1卷，页320）。

作，我们只有付账，别无他法”❶。这里又有明确的暗示，即产品的自由市场将施惠于那些作为这种现存制度的牺牲品的人。

不论是费希特用以描述雇工与雇主关系的契约论，还是他将一个人的力量、包括他的劳动看作一种财产形式的方面，都不应当被视为标志着他接受和支持劳动本身仅仅是像其他商品一样的商品的观点。毋宁说，费希特表明，现代意义上的没有财产的人仍然有些财产，因而在他们所拥有的能力和技术中有着尊严的来源。这种解释得到了费希特关于人在自身拥有财产的主张的支持，最初，“我们自己就是我们的财产。没有人是我们的主人，没有人可以成为我们的主人”，这里的财产被理解为一个人的肉体和精神的力量。❷ 费希特将这一思想与下列乐观主义的假想关联起来，即在法权状况下，对这些力量的所有权将带来对事物的所有权，❸ 亦即带来现代意义上的财产权。而且，费希特在《纠正公众对于法国革命的评论》中已经主张，生存权是一种不可让渡的人权。❹ 当然，这就是《自然法权基础》中阐发的法权理论力图保障的相同权利，以便能使个体享有一种独立的和有尊严的生活。差别在于，在《自然法权基础》中这样的目标促使费希特拒绝他早期的下列主张，即对客体的塑造奠定了财产权的根据，自由竞争将给那些在现存的社会和政治制度下处于劣势的人带来利益。

涉及［64］《纠正公众对于法国革命的评论》中的财产理论背后的基本意图的关于对一个客体的塑造奠定对这个客体的排他性权利的思想所引起的问题，有助于解释为什么他在《自然法权基础》中会提出一种不同的财产理论。首先，正如上文所表明的，既包含关于对客体的塑造奠定对这个客体的排他性权利的思想，

❶ 《费希特全集》第Ⅰ辑，第1卷，页303。
❷ 《费希特全集》第Ⅰ辑，第1卷，页266。
❸ 《费希特全集》第Ⅰ辑，第1卷，页315。
❹ 《费希特全集》第Ⅰ辑，第1卷，页315。

也包含对土地及其产品实行自由市场的要求的早期财产理论，旨在改善在现存的社会和政治制度下，尤其是在封建主义制度下，处于劣势的那些人的状况。而且，不想复制这些制度的不公正，它就必须这样做。这就产生了下列问题，即关于对客体的塑造奠定对客体的财产权的思想和费希特对土地及其产品的自由市场的支持如何准确地朝向这个目的的成功实现。我认为，封建的财产关系在费希特看来是不正当的，因为这里的财产权在它们不是一个人自身活动的结果的意义上是不应得的。这个回答是费希特的下列主张所表明的，即如果处于封建财产关系中的特权者不得再依靠他所继承来的、没有对其付出劳动的财产，他就必须工作，不论他想还是不想。❶ 因此，所要求的东西是财产权借助一种取决于个体劳动的过程而产生的过程，这种要求似乎是通过使财产权建立在对客体的塑造基础之上得到满足的。

但是，不论就这种路径本身，还是就这种路径与保障每个人有一种独立且有尊严的生活这一目的的关系而言，这种路径都产生了诸多问题。首先，假如存在封建财产权，如何可能将土地和其他质料客体变回它们曾经所是的原材料以等待人们去塑造它们？因此，如果财产权是建立在对具体客体的先于任何其他塑造行为的塑造行为基础之上的，这种情况就肯定要发生。可能正是费希特对这个问题的意识，促使他提出获得事物的排他性权利的两种不同的正当方式。由于预计在某个时候可能不再存在任何无主的（亦即没有被人塑造的）部分世界或客体来让［65］个体对其付诸自己的塑造性活动，以便他确立对它们的财产权，费希特被迫提出两种可供选择的确立财产权的方式。然而，这两种确立财产权的方式似乎都与费希特要说明在现存的社会与政治制度下处于劣势的人如何可以通过达成一项新的契约——我们必须假定，这项新契约的条款将更密切地符合费希特本人在《纠正公众

❶ 《费希特全集》第Ⅰ辑，第1卷，页319。

对于法国革命的评论》中概括的关于财产权的建议——逐步改善他们的处境的目标背道而驰。

费希特提出的确立对某种东西的排他性权利的第一种选择手段是继承权。他最初同意，第一个遇到死者财产的人可以通过占有这个现在无主的客体来确立对它的权利。但他进而赞同继承父母遗产的合法性，因为人们会同意将自己局限于这种继承，以便避免在采纳那种最先遇到死者财产的人可以对它拥有继承权的方式时会产生的纷争和冲突。[1] 确立财产权而无需塑造无主的原材料的第二种手段是通过劳动契约，借此在现代意义上缺乏任何财产的人同意在已经成为别人财产的客体上进行劳动，并相应地获得某种形式的补偿，这种补偿就成了他的合法财产。[2]

在第一种情况下，费希特对父母遗产继承权的接受意味着他没有表明，为什么我们必须将现存的财产分配看作不公正的。因为如果一个人，尤其是一个封建地主所继承的财产最初是他的一位祖先通过塑造此前无人塑造的原材料的行为获得的，他就能够宣称对这种财产拥有完全正当的权利，即使这种权利不是通过他自己的自我活动确立起来的，也不论这种权利会带来关系到他人的什么后果。在第二种情况下，如果一个在现代意义上没有财产的人不能找到愿意就他的劳动与他达成契约的财产所有者，似乎是没有理由抱怨的，哪怕后果对［66］这个人来说可能很可怕，因为他人不愿意与他达成契约可能会使他失去生活资料，因而剥夺他生存的权利。在第一种情况中，费希特无法表明现存的封建财产关系内在地是不公正的，事实上，他本人给维护这些关系提供了理据；在第二种情况中，他的激进契约主义导致无法解释不可让渡的生存权如何能够以这样一种方式得到保障，即这种生存权取决于一个人的自我活动，从而允许一个人享有一种比在现存

[1] 《费希特全集》第Ⅰ辑，第1卷，页274－275。

[2] 《费希特全集》第Ⅰ辑，第1卷，页275。

的社会和政治制度、在封建制度下处于劣势的人可能拥有的更有尊严的生活。假如费希特的财产权理论在与其背后的基本意图的关系上存在这样的问题，他要修正自己的财产观并拒绝将财产权的基础定位于原始积累行为的观点，就显得不足为奇了。❶ 因此，费希特财产理论的变化就不需要根据他对法国革命的各个特定阶段的不同态度加以解释。

虽然我在对费希特的不断变化的财产观的解释中指出，设法根据法国革命的不同阶段来解释他的社会与政治哲学的某些转变存在一些困难，但他在《自然法权基础》和《锁闭的商业国》中试图对自身关于财产权的各种不同论述背后的基本意图如何可能得到实现提供了一种更有趣味的论述的尝试，促使他更加明确地表述诸如生存权的社会问题。这相应地开启了刻画他的社会与政治哲学同雅各宾派革命民主专政之间的某些相似性的方面，❷ 尽管在早期［67］《纠正公众对于法国革命的评论》中阐述的财产理论至多可以被说成反映了他对 1789 年“温和”革命的主要思想和抱负的同情。因为在费希特的那种使被理解为排斥他人使用某种东西或从中获益的权利以及随个人喜好进行处置的权利的财产权从属于能够靠自己的劳动生存的权利的做法与法国革命激进阶段的公开声明之间找到貌似完善的契合并不困难。罗伯斯庇尔在 1792 年 12 月 2 日国民会议上的讲话中发表的观点就是例证：

❶ 另一个问题是，费希特诉诸原初占有行为的思想，即对客体的塑造成为财产权的来源，最终似乎取决于强者的权利，因为任何个体能够塑造原材料并在塑造的过程中确立对某些客体的财产权的程度，取决于诸如有形力量的因素。这种路径与他的下列主张相冲突，即只有建立在社会成员之间缔结的契约基础上的市民社会才是真正合法的社会，也与他批判现存的宪法以强者的权利为基础的方面相冲突。

❷ 关于这种路径的经典阐述，见布尔《革命与哲学》。布尔也设法在《纠正公众对于法国革命的评论》与法国革命的激进阶段之间，最显著地是设法在费希特与罗伯斯庇尔对革命暴力的使用的辩护之间建立相似关系。

> 社会的首要目标是什么？是要维护不可剥夺的人权。首要的人权是什么？是生存权。
>
> 因此，首要的社会法则是保障所有社会成员获得生活资料的法则；所有其他法则都从属于这条法则。财产只是为了强化这条法则才得到制定和确保。认为财产可以不顾人的生计是不对的。❶

值得提及的是，相比之下，对《自然法权基础》所作的强调其原始权利的作用的自由主义诠释，容易使人将原始权利比作1789年国民会议草拟的“人权宣言”，❷ 这篇宣言的第二条就宣称，任何政治团体的目标都是维护人的自然的和不可剥夺的权利，这些权利等同于自由、财产、安全和反抗压迫的权利。❸ 费希特在《自然法权基础》中阐发的法权理论，尤其是就它涉及的财产概念而言，在维护生存权和国家应当保障个体的生活资料的要求时似乎超出了上述陈述。虽然费希特法权理论的这些方面在1789年“人权宣言”中没有——至少没有非常明确的——相应表达，但它们在1793年“雅各宾派”宪法中得到了体现。因为这个宪法的第21条关于人权和公民权的宣言包含这样的陈述，即公共救助［68］是一项神圣的义务，社会对公民的生活负有责任，或者给他们提供工作，或者对不能工作的人供给生活资料。❹

可见，主张费希特阐发了一种在某些重要方面契合法国革命的激进阶段的法权理论，毕竟还是有根据的。但是，这不应当被理解为等同于主张，费希特把自己看作德国的雅各宾派。在我看

---

❶ 罗伯斯庇尔：“论反抗权”（Sur les subsistances），载《罗伯斯庇尔全集》（*Œuvres de Marximilien Robespierre*），第9卷，页112。

❷ 参见诺伊豪瑟：“导言”，页xi。

❸ “任何政治结合的目的都在于保障人的自然和不可消灭的权利。这些权利即自由、财产、安全和反抗压迫。”

❹ “公共救助是神圣的义务。社会对不幸的公民负有维持其生活的责任，或者给他们提供工作，或者为不能劳动的人提供生活资料。”

来，可以搜集到的有关费希特对法国革命的个人观点的生平资料都不足以对此作出定论。的确，费希特对法国革命的个人观点根本没有很好地记载下来，尽管在1795年的一封信中，他明确将自己的哲学体系与法国革命关联起来，将他的“自由体系”挣脱物自体的思想和外部影响的束缚比作法国革命砸碎束缚人的外部锁链。费希特甚至进而将自己哲学体系的发展与他在《纠正公众对于法国革命的评论》中为法国革命所写的辩护词关联起来，将法国人民争取政治自由与他自己在发展这个体系的岁月里同自己和偏见作斗争相比较。❶

虽然这封信给费希特持续支持法国革命并在面对革命期间的恐怖事件时信服革命的正当性提供了证据，但它并没有告诉我们关于法国革命的特定阶段或趋势费希特可能主张的观点的任何具体内容。举另一个例子，同样的情况也适合于1798年的一封信。在这封信中，费希特指出，把他称作政治自由和承诺宣扬政治自由的民族——他明确地是指法兰西共和国——的赞美者是对他的公正评判。❷ 界定雅各宾主义本身也是个难题。最近这样做的一次尝试将雅各宾主义刻画为一种相当统一但在自身包含各种趋势的现象，[69] 在这些趋势中，两个主要趋势是关注私有权的维护和公共之善，而雅各宾主义的失败，也就是它朝向国家恐怖主义的滑坡，可以解释为它无力调和这两种因素。❸ 尽管费希特在以他的财产理论为基础的《锁闭的商业国》中提出的经济建议具有集体主义性质，但在财产权对他来说根本地关注的是个体能够靠自己的劳动生存的权利，因而它们最终以自我利益为基础的意义上，仍是私有权。但是，我们将在下文合适的地方看到，费希特的法权理论也为关注共同之善留有空间。在这方面，将他的社会与政治哲学同上文提及的雅各宾派的特征联系起来似乎是可

---

❶ 《费希特全集》第Ⅲ辑，第2卷，页298。

❷ 《费希特全集》第Ⅲ辑，第3卷，页138。

❸ 参见海格耐特（Higonnet）：《德性之外的善》（*Goodness beyond Virtue*）。

能的，不管试图确定费希特是否把自己划归为德国的雅各宾派有多么困难。

费希特在《自然法权基础》和《锁闭的商业国》中阐述的财产理论与法国革命的激进阶段的相似之处，也可以通过提出这个理论在某些方面所阐明的思想在本质上与巴贝夫提出的思想是相同的而得到展现；巴贝夫虽然曾经批判过雅各宾派，但又逐步提倡回到1793年“雅各宾派”宪法作为实现绝对平等的初始阶段，认为这个宪法代表了“法兰西民族的真正法律”。[1] 在这方面，我们可以谈谈巴贝夫主义所体现的费希特在《自然法权基础》和《锁闭的商业国》中阐发的法权理论的一些因素，尽管要牢固确立两者的任何直接影响的存在似乎是不可能的。

在此程度上，费希特政治与经济思想的早期诠释者，例如韦伯和莱昂，似乎在将他与巴贝夫的思想联系起来的方面得到了证实。这样一种联系在涉及评价当前将费希特政治哲学诠释为与当代自由主义相容，或者至少与它的核心信条相容的趋势的可行性时，具有某些重要的意义。因为，假如在费希特的法权理论与我提出的巴贝夫这样的激进原始共产主义思想家的主要思想之间存在明确的相似性，将［70］费希特所指的政治秩序类型设想为社会主义的政治秩序类型就更加有意义，韦伯和莱昂就是这样做的，对他们来说，自由主义还没有变成主流的政治意识形态，而费希特的思想必须被变得符合主流的政治意识形态。然而，我倾向于表明费希特法权理论与巴贝夫主义的革命活动之间的某些本质差别。这些差别中的一个将在第四章中得到更加详细地讨论，并在探讨《对德意志民族的演讲》的第五章成为中心议题。这个主题关注的是费希特关于社会作为伦理共同体，而不是法律和政治共同体的观念以及在他看来学者应当在这种伦理共同体中占据地位。但不管怎样，这种差别都没有

---

[1] 引自汤姆森（Thomson）：《巴贝夫密谋》（*The Babeuf Plot*），页34。

表明对费希特社会与政治哲学的自由主义诠释的需要，毋宁说，它反对这种诠释。

2.2 费希特与巴贝夫

依据我们关于费希特的财产观已经谈到的内容，在他的法权理论与巴贝夫的一些主要思想之间可以发现大量的相似之处。因为，如果我们看看所谓的《巴贝夫学说分析》（*Analyse de la doctrine de Babeuf*）❶，这份据我们所知不是巴贝夫本人撰写但我们可以猜想是在他的授意下所写的声明，就会遇到大量在本质上与费希特法权学说的一些核心特征相一致的主张。

首先，《巴贝夫学说分析》提出了如下主张，即自然赋予每个人以享受所有财富的平等权利。这与费希特的下列主张一致，即在个体脱离他们彼此之间关系而得到考量的原始权利阶段，原始权利概念在量的方面是“无限的”，因为这里讨论的问题“仅仅是人要普遍地成为自由的，而不是他变得自由的程度”。❷ 换言之，在原始权利阶段，人有尽自己所能扩展自己活动范围的平等权利，因为给原始权利的行使施加正当限制只能以同意为基础，每个人都要限制自己的自由以便可以与他人的自由共存。[71] 因此，费希特似乎主张，在通过公民契约形成国家宪法以前，从在缺乏基于同意而形成的任何限制的情况下，任何人都有尽自己所能——这最终将取决于有形力量这样的因素——扩展自己活动范围的平等权利的意义上讲，没有人可以正当地宣称拥有比他人占有针对更大部分的世界或其中的客体

❶ 这份声明的主要条款是由汤姆森（Thomsom）的《巴贝夫密谋》（*The Babeuf Plot*）页 33－34 提供的。

❷ 《费希特全集》第 I 辑，第 3 卷，页 404；《自然法权基础》，页 102－103。

的权利。

然而，即使费希特在对任何个人可以占用作为最终财富来源的客体或部分世界的程度采取限制的时候，这些限制本身也在两个重要方面具有主张人人平等的类型：首先，这些限制适用于每个人；其次，在更加积极的意义上，它们要用来保障每个人都有能够靠自己的劳动生存的可能性。除了要求保障一个人有能够借以维持生计的特定活动，也必须提供每个人以能够成功行使这种活动所需的资源，在这个意义上讲，即“财富”。而且，正如费希特在《锁闭的商业国》中阐明的，能够靠自己的劳动生存所指的不仅是能够维持生计，而且是能够尽可能地生活惬意，假如存在一个人生活于其中的国家状态以及一个人将与一定数量的享有同样权利的他人共同生活的事实的话。❶ 因此，我们可以把人们说成有平等的权利享受所有的从更多字面意义上讲的财富。正如我们将看到的，费希特在《锁闭的商业国》中阐发了一种关于一定数量的共同生活的人们如何能够以一种尽可能惬意的方式和基于他们将在某种程度上必须彼此合作的思想而靠自己的劳动生存的理论。在这方面，这部著作背后的意图，广泛地讲，与巴贝夫主义的另一种学说相一致，即社会的目标不仅是要维护天生的平等，而且要通过所有人的合作提高对所有财富的享受。

费希特的法权理论与《巴贝夫学说分析》中阐述的学说的其他相似之处涉及劳动的需要和性质。费希特强调，既然国家有义务保障每个人能够靠自己的劳动生活，相应地，每个人就有义务劳动，以至于“在一个合乎理性的国家不应当有穷人，……[72] 也不应当有懒汉”。❷《巴贝夫学说分析》同样提到，人有

---

❶ 《费希特全集》第Ⅰ辑，第7卷，页55。

❷ 《费希特全集》第Ⅰ辑，第4卷，页23；《自然法权基础》，页186－187。以类似的方式，费希特提出：“每个人都必须劳动，而只要他劳动，他就能够生存；在这里不存在纨绔子弟，因为这样的人在这种国家的任何地方都没有立锥之地”（《费希特全集》第Ⅰ辑，第4卷，页92；《自然法权基础》，页262－263）。

义务劳动，拒绝劳动就是犯罪。简言之，对费希特和巴贝夫来说，从生活在一个公正的社会获得的好处就要给一个人施加相应的义务。这相应地关系到巴贝夫主义的下列学说，即劳动和享受应当是共有的，“当一个人竭力劳动却一无所有，而另一个人无需劳动却生活富足时”，就存在压迫。[1] 在下列引文中，可以把费希特看作表达了一种应当给任何个人设立限制以便让他们劳动的同样观点，他还斥责了剥削劳动的行径：

> 人要像自然赋予人的那样安逸、自由和威严地在地球上生活，要像自然赋予人的那样以真正的人的方式生活，这不单纯是对人的权利和使命的虔诚希望，而是对它们的要求。一个人必须劳动，但不是要像一头役畜那样劳动，在负重中昏昏欲睡，精疲力竭后休息片刻又要被唤醒从事同样的劳作。他必须没有担忧、带着愉悦和享受地劳动，必须有时间剩余下来塑造自己，提升自己的心灵和眼睛到他所洞见的天堂之上。[2]

正如费希特严格遵守自己在耶拿时期阐发的财产理论的 1812 年《法权学说》（*Rechtslehre*）所表明的，劳动与享受的公平分配观事实上在他的财产思想中扮演着日益重要的角色。费希特认为，由于人的自由最终服从自然和法律意义上的必然性法则，他早期的财产理论及其运用就会出现一个问题。首先，这是因为自由的行使被归结为满足生活的基本需要的劳动自由；其次，必然性采取的形式是一个人有义务为维持作为强制权力的国家作贡献。然而，一个人缔结那种构成法权的一个条件的契约的主要目的是使自己的自由得到［73］保障。为了消除这种矛盾，费希特认为，

---

[1] 引自汤姆森：《巴贝夫密谋》，页 33。

[2] 《费希特全集》第 I 辑，第 7 卷，页 71。

国家必须保障每个人在满足自己的基本需要和履行自己作为公民的义务以后，剩余下来的那部分自由，在这部分自由中，他可以自由地形成自己的目的。❶ 这促使费希特将绝对的财产权（absolute Eigenthumsrecht）与“为了任意目的的自由闲暇”（freie Muβe zu beliebigen Zwecken）等同起来。❷

费希特赋予闲暇以越来越重要的地位的原因在于，他主张一个国家使其公民享受的闲暇程度决定着这个国家富裕或贫穷的程度。这也有助于解释他为何将国家的最终目的等同于保障自己的公民有闲暇，而闲暇意味着重中之重的事情是要通过采取诸如劳动分工的措施，减少劳动手段（亦即工作）。❸ 与流通产品的数量和消费水平增长时劳动时间可能被要求保持不变的情况相反，这意味着采用劳动分工带来的生产率的任何增长都应当被运用于释放更多的闲暇时间。简言之，对费希特来说，不仅必须保障国家公民在他们自己的用于维持生存的躯体和财产方面有免受他人不正当干预的自由，而且必须保障他们有最大可能免除劳动的自由。可见，费希特逐步将闲暇看作体现分配正义的对象，将国家的一个主要任务看作在自己公民中间平等地分配闲暇。假如费希特将保障人们有实现自由且有效的人的能动性的最基本条件看作法权的主要功能的话，这种创新就不会令我们吃惊。因此，我们可以把费希特设想为坚持这样的主张，即一些人享受大量闲暇而另一些人被迫长时间劳作的状况是极度不公平的。

假如费希特将能够靠自己的劳动生存这种绝对的和不可让渡的权利当作他的法权理论的基础，假如存在下列事实，即这种法权要求各种资源要以使每个人能靠自己的劳动生存并尽可能地享受闲暇的方式得到分配，那么，他似乎也会同意巴贝夫主义的
[74] 侵占土地财富或人类工业财富对任何个人都是犯罪的学

❶ 《费希特全集》第Ⅱ辑，第 13 卷，页 223－224。
❷ 《费希特全集》第Ⅱ辑，第 13 卷，页 229。
❸ 《费希特全集》第Ⅱ辑，第 13 卷，页 230。

说。的确，逻辑的连贯要求将任何可能阻止国家保障每个人能够靠自己的劳动生存和享受充足闲暇的权利的行为，包括无限制的占有行为或阻挠需要国家承担的再分配措施的企图，都当作对权利的侵犯。如果我们转而看看费希特在《自然法权基础》中的强制法权（Zwangsrecht）演绎，这一点就会变得很明白。

在《自然法权基础》第一部分，费希特引入了强制法权作为解决两个人在他们之间确定各自权利范围，尤其是财产权的尝试中出现的某些问题的办法。对每个人的权利的源自这种相互确定过程的承认是极不稳定的，因为它预设的是每个人都能信任另一个人会遵守他们已经在彼此之间达成的协议，不仅在协议签订的时刻或以后，而且包括协议所涵盖的未来行动的所有方面。这意味着，一方面，“在自然法权领域，人与人之间的法权关系的可能性是以相互忠诚和相互信任为条件的”；[1] 另一方面，对人们之间达成的协议的任何违反都由于破坏了作为协议基础的信任和相互忠诚，而可能导致法权的这些先决条件的消失。

除这个问题之外，费希特在作出下列主张的时候，还援引了霍布斯针对另一个人的声明的诚意和坚定的合理怀疑问题，而这种怀疑一开始就使建立相互忠诚和信任的状态变得不可能：

> 一旦某一方设想无诚意或改变是可能的，就没有一刻再能保持宁静，而是必定会不断加强守卫，不断准备打仗，从而使对方（他也许仍然认为他们双方的诺言是诚实可靠的）也处于与自己相同的境地，并把自己的不信任态度通知对方。[2]

在这里，知道别人的真实意图和单纯设想与另一个人签订的协议

---

[1] 《费希特全集》第Ⅰ辑，第3卷，页424；《自然法权基础》，页124。

[2] 《费希特全集》第Ⅰ辑，第3卷，页424；《自然法权基础》，页124。

可能遭到违反，而不是这项协议真正遭到违反，已经足够破坏［75］在人们之间通过他们相互确定自己的权利可以延伸的范围的尝试而建立起来的暂时性法权关系的基础。

面对这些问题，“一种法治状态……再次成为不可能的；法权概念总是显得空洞无物，而没有任何用途”。❶ 这种运用法权概念的失败导致费希特采用最终提出自由行动的法律思想，因为法权探讨的是自由的理性存在者，因而必须以一种本质上不同于自然法权的运作方式运作，即通过造成行为者想要实现的效果的反面来废止任何凭自由意志进行的侵权行为。费希特在这里所指的不是任何特殊的意图，而是这样的事实，即任何行动的人都在寻求——无论有意识还是无意识地——体现自己的自由。然而，这个人在通过他的行动侵犯法权关系时，就会触犯一种借助法律制裁剥夺他的自由的法律。结果，一个希望避免失去自己自由的人就有不去触犯这样一种法律的动机。但这里的法律仍需要进一步加以规定和运用，正是在这个基础上，费希特演绎出一种带有实定法的共同体，作为人们在其中能够拥有权利的唯一类型的共同体。

国家，而不是各个个体在自身中间自由达成的协议，决定着现实的权利会延伸多远，这意味着我们必须将同意环节——它将法权关系与仅仅以强力为基础的关系区分开来——设想为不得不以另一种方式加以采纳的。这就是公民契约的要点，在公民契约中，人们通过同意建立一种保护性的、决定财产如何进行分配的权力机构，自由地声明放弃自己的天然自由。正如我们已经看到的，这种契约以财产契约为根据，在财产契约中，财产最基本地被理解为能够靠自己的劳动生存的权利。如果这种权利得不到国家的保障，国家就将在与任何自己没有过错却不能靠自己的劳动生存的人的关系中失去合法性；为了避免这种可能性，国家就需

❶ 《费希特全集》第Ⅰ辑，第3卷，页423；《自然法权基础》，页123。

要再分配财产。以这种方式，费希特的财产理论就通过［76］揭示国家为了履行自身的职能而需要采纳和实施的财产方面的各种法律和措施，填补了《自然法权基础》第一部分有关强制法权和国家法的抽象论述。假如国家的职能是保障每个人有权利靠自己的劳动生存，那么，在这样的法律和措施中我们就似乎必须纳进旨在防止或惩罚那些对国家再分配财产的努力进行抵抗的行为，或者任何其他破坏国家保障这项权利的努力的行为。这样的结论，即根据费希特的法权理论，上述行为必须被认为构成对法权的侵犯，因而必须加以强制，是费希特本人作出的；关于国家再分配财产的任务，他主张“穷人（当然是那些业已签订公民契约的人）对这样的援助要求有一种绝对的强制权利”。❶

可见，在费希特的财产理论中关于分配正义的论述已经表明他的法权理论与巴贝夫的在一个现实社会中既不应当有富人也不应当有穷人的学说的相容性；而当这种论述与他的强制法权理论结合起来时，也与巴贝夫的进一步的主张相容，即不愿意放弃自己不需要的东西去帮助穷人的富人就是人民的敌人。这就产生了在一个根据费希特的观点不应当存在穷人的国家实际上是否可能存在富人的问题，因为在一个国家里没有任何穷人可能就要求资源和财富的分配，而这将使富人阶层的存在变得不可能。但费希特从未作出明确的陈述表明他的平等主义要扩展到多远。相反，他只是局限于这样的评价，即在理想的国家，没有一个人可以变得过分富有，也没有一个人可以变得非常贫困。❷ 这就给费希特实际上无法通过将法权概念运用于感性世界的各种状况来阐发他的财产理论的充分含义提供了一个少有的例证。

除费希特的法权理论与上文提到的特定的巴贝夫学说之间的密切关系之外，他的法权理论与巴贝夫的某些主要思想之间的另

---

❶ 《费希特全集》第Ⅰ辑，第4卷，页23；《自然法权基础》，页186。

❷ 《费希特全集》第Ⅰ辑，第7卷，页68。

一个关联在于巴贝夫和他的密谋同僚们可以被普遍地描述为向往“一种没有私有制，而有进行产品生产与分配的集体主义管理制度的共产主义社会”。❶［77］至于共产主义，我们已经看到，费希特明确反对土地可以被私人拥有的思想，并且存在确凿的证据表明，他认为这种主张就生产资料而言也正确。在这种程度上，费希特的法权理论似乎开启了一种有限形式的共产主义的道路，尽管这种共产主义容许以金钱和用金钱购买的个人物品的形式存在的私有制。于是，在《锁闭的商业国》里，费希特对于产品生产与分配的集体主义管理制度提供了一套完全构想出来的、他认为对保障每个人可以靠自己的劳动生存的权利非常必要的理论。

这部著作的第一编更加详细地阐发了某些已经包含在《自然法权基础》第二部分的思想，以至于——正如上文所示——在《锁闭的商业国》中提出的建议必须被看作构成了费希特将法权概念运用于感性世界的各种状况的扩展性尝试的一部分。他首先区分了生命由以得到维持和变得更加舒适的两种主要形式的活动：自然产品的生长或培育和自然产品的用于其他目的的深加工。从事这两种形式的活动之一的人构成一个阶层（Stand），这种阶层本身又划分为各个不同的次级群体（subgoup），并且每个阶层都拥有从事与本阶层相关的活动的排他性权利。就此而言，这意味着其一我们有农民（Producenten）阶层，这个阶层拥有从事自然产品的生长、捕获、饲养或培育的排他性权利，其二有工匠（Künstler）阶层，这个阶层拥有根据某个目的加工这些自然产品的排他性权利。这两个阶层的成员同意将自身局限于各自的活动领域，并在更加积极的意义上交换他们的产品，以便保障双方都能靠自己的劳动生存，并且尽可能地生活舒适。为了使自然产品与成品之间的交换能够达到最高限度的效率和最低限度的时

❶ 罗斯：《巴贝夫》，页232。

间浪费，第三个拥有从事交换产品的特定活动的排他性权利的阶层是必要的。这个阶层就是商人（Kaufleute）阶层，其成员有义务购买其他两个阶层的自然产品和成品，并向这两个阶层的成员出售他们需要的产品，[78] 而其他两个阶层也有义务向商人出售他们的自然产品和成品，并从商人那里购买他们需要的东西。商人阶层的引入并不意味着任何形式的自由市场经济的举动。商人有义务出售他们从其他两个阶层那里购买的东西，如果他们想囤积居奇，就会受到国家的惩罚。毫不奇怪，后来费希特逐渐将商人划归为国家公职人员。❶ 同时，产品也必须以固定的价值出售和购买，其遵循的价值理论的基本衡量标准是谷物，依其与谷物相比能够养育一个人的程度而定。

国家监督整个生产和交换过程，以便不仅确保各个阶层尊重彼此达成的协议，而且确保存在足够的自然产品和成品能够满足所有公民的需要。换言之，国家要确保生产与消费的水平彼此保持和谐。因此，经济的计划要求保证存在足够数量的自然产品和成品能够满足人们的基本需要，并且一旦这种状况得到满足，就要求保证也存在足够数量的自然产品和成品能够确保每个人都有尽可能舒适地生活的可能性。因此，每个阶层的人口数量，在给定的诸如土地肥沃程度和农业技术状况的情况下，是由所需的农民数量决定的，其他阶层的人口数量取决于多少数量的非农民能够由现有数量的农民养活。正如费希特自己所说："不能有比土地产品能够养活的人数更多的工匠。贫瘠的土地不允许奢侈。在这种情况下，人们必须学会有节制地生活。"❷ 控制每个阶层人口数量的需要使得费希特认为，一个想要从事一门职业的人必须使他的意图为政府所知，然后政府将赋予或拒绝他这样做的权利。

---

❶《费希特全集》第Ⅱ辑，第13卷，页247。

❷《费希特全集》第Ⅰ辑，第4卷，页39；《自然法权基础》，页204。

国家也必须防止存在太多的自然产品和成品，因为这会使国家对在任何特定时间处于流通中的自然产品和成品［79］的价值的计算失效。由于在任何特定时间处于流通中的金钱总量同时代表的是流通中的产品总量，无法正确计算存在的产品数量就会完全损坏国家的金融体系和产品价格的调控。正是为了防止不可预测的因素损坏国家的详细经济计划，费希特才提议取缔公民与外国人的贸易并使其不可能。相反，只有国家才能从事对外贸易，直到时机到来，国家在经济上使自己自足，因而能够切断与其他国家的一切商业往来为止。巴贝夫也对这样的国家提出了相似的建议。❶

虽然费希特可能是在完全不知晓巴贝夫思想的情况下阐发自己关于锁闭商业国的理论的，但这个理论明确涵括以人民的名义进行产品的生产和分配的集体主义管理制度。实际上，《巴贝夫学说的分析》代表巴贝夫自己观点的一种不甚完整的视角，因为它没有包含巴贝夫在《人民的审判》（*Tribun du Peuple*）❷ 中概述的经济组织的集体主义形式，而费希特在《锁闭的商业国》中阐发的计划经济理论在巴贝夫 1795 年即“平等派的密谋”以前阐发的经济计划的以下描述中找到明确的共鸣：

> 分派给“联合”政府的任务因而包括按照当前和将来的需要进行的理性计算安排工业生产的调节。国家会分派每个生产者以固定的产量，规定各个行业需要雇佣的工人数量，控制允许进入任何行业或职业的年轻人的数量。借助这样的计划，竞争的副作用就会得到避免，工业生产就会更加高效。❸

---

❶ 参见莱昂：《费希特〈锁闭的商业国〉中的社会主义思想》，页 203 - 204。
❷ 参见罗斯：《巴贝夫》，页 231。
❸ 罗斯：《巴贝夫》，页 193。

根据巴贝夫与费希特的经济理论的这种密切联系，就他们的基本意图和特点而言，认为费希特的经济理论恰好停止在巴贝夫对自由市场所作的“共同体主义选择”（communitarian alternative）的地方的主张，等于是夸大其词，尤其是当这种［80］结论基于下列论证的时候，即巴贝夫没有给私有制留下余地，而费希特允许“真正意义上的私有”的财产形式，尽管他也给个体随自己喜好处置自己财产的权利施加了限制。❶ 因为，虽然这种主张在下列程度上是正确的，即费希特关于金钱在国家中的作用的论述含有一种有限形式的私有制的思想，然而，正是他在《自然法权基础》中关于财产概念的论述和进而在《锁闭的商业国》中关于财产概念的运用的论述构成了上文那些被人注意到的将费希特的法权理论与巴贝夫的某些主要思想关联起来的特征的最终来源。将费希特的财产理论用做严格区分他与巴贝夫观点的手段的做法，也将费希特的法权理论不允许私有制存在的程度贬低到不合理的地步。正如我们业已看到的，费希特给财产权施加的限制最代表他的财产理论的主旨。但这并不是说，费希特的财产理论与被称为巴贝夫主义的革命运动的学说没有根本区别。

区别之一在于下列事实，即“平等派的密谋”旨在推翻现存政府，建立临时革命政府，而费希特似乎在《锁闭的商业国》中提倡不断接近他的理想的、理性国家的进程。这在这部著作的简短引言中是明显的，在其中，正如前文提到的，费希特在理性国家与现存的现实国家之间作了区分。根据他的观点，先天的、规范的水准与经验的水准之间的区分不是可以通过毁灭现存体制但又不将人类置于荒蛮境地而突然得到克服的。因此，在现存的国家逐步地符合理想的、理性国家的意义上，我们要求在现存的国家中发展出理想的、理性的国家。因此，问题不在于什么是正确的，什么是理性的国家，而在于在现存国家所处的状态下正确

---

❶ 沃帕：《费希特》，页320－321。

的东西实现的程度。《锁闭的商业国》本身旨在为政治家提供这样一种模式，即如果现存的国家要符合理性的国家，它的经济关系必须如何进行塑造。于是，正是要靠试图采取这种模式的政治家［81］，在他自己也是其中一员的特定国家里有些状况才被证明是足够可取的。

在这个基础上，虽然一个阶段关注的是哲学可以提供指导但它自身却不能身体力行的东西，但在法权概念的运用中可以提出另一个阶段：根据理性国家的原则塑造一个特定的、历史性的法律与政治共同体。哲学家和政治家在这方面被看作在进行一项共同的工程，费希特认为这项工程去除了革命行动的需要；因此，毫不奇怪，他将《锁闭的商业国》献给普鲁士的贸易与财政大臣施特林泽（Karl August von Struensee）。事实上，已有人提出，费希特把普鲁士——在无神论争论以后，他已经离开普鲁士——的状况设想为符合《锁闭的商业国》中概述的提议，因为经济改革的问题已经成为当时的一个主要问题，而施特林泽对此做出了自己的贡献。在这方面，《锁闭的商业国》在本质上远远不是乌托邦式的，而是可以被看作代表对当时经济问题的一种原创性解答。[1] 然而，这种渐进主义和对现存当局采取的变革的依赖性早已远离了巴贝夫和他的同志们在意图为当局采纳他们的经济和政治提议做准备的“平等派的密谋”中筹划的计划，正如这些计划的下列描述所表明的：

> 密谋者们似乎已将密谋看作包含着三个阶段。首先会有人民的节日，伴随的是原始且大众的正义、屠杀、复仇和掠夺的狂欢。相应地，这会带来罗伯斯庇尔革命政府的一个翻版，这样的政府会在尽可能短的时间内筹备纯粹民主制和纯粹共产主义的原则的胜利，并建立共同善（le bonheur com-

---

[1] 参见莱昂：《费希特〈锁闭的商业国〉中的社会主义思想》，页47－48。

mun）的政权。[1]

费希特的渐进主义与“平等派的密谋”的革命暴力之间的根本区别关系到他与巴贝夫的观点的另一个重大区别，这个区别涉及的是费希特平等主义的某些并不适用于巴贝夫的限定。

[82] 正如上文关于现存国家如何根据理性国家的原则加以改造的论述所清楚表明的，费希特在这个过程中赋予哲学家以重要的角色，这个过程就是指导政治家的行动的过程。认为哲学家在社会中扮演一种特权角色的观点，也在费希特1798年出版的《伦理学体系》所阐述的伦理义务学说中得到表述。不论是这种伦理义务学说本身，还是哲学家在其中被分派的角色，都密切关系到我要在第四章更详细地研究的费希特对法权与道德的分离，关系到他在《对德意志民族的演讲》中赋予德性的作用。在下一节，我要集中揭示费希特关于特定伦理义务源于个人的阶层成员身份的社会理论，尤其是他关于哲学家在社会中的地位的观点，如何体现他的立场与巴贝夫的绝对平等主义之间存在的另一种根本区别。这种区别不会导致对费希特社会与政治哲学的自由主义诠释，而会反对这样一种诠释，因为它表明费希特探讨的是传统类型的社会观点，而自由主义在历史上曾经帮助诋毁过这种社会观点。

2.3 费希特的传统主义

在费希特《伦理学体系》阐述的伦理义务学说中，他主张“理性的目的”的实现要求劳动分工，不同的个体由此有责任履

---

[1] 罗斯：《巴贝夫》，页242。

行不同的、需要加以完成以实现这种目的的任务。这种安排相应地要求建立各个不同的阶层。❶ 这些阶层以天然关系或人为关系为基础。以天然关系为基础的阶层是家庭成员彼此构成的阶层，而费希特用术语“职业”（Beruf）来指称人为关系构成的阶层。❷ 这些职业本身又划分为涉及直接作用于理性存在者组成的共同体的职业和涉及为了这种共同体而作用于自然的职业。❸ 属于第一类职业的成员［83］，费希特称之为“高等”成员，直接作用于理性存在者构成的共同体，因为就学者而言，他们的对象是人的理智，就教士而言是人的道德感，就艺术家而言则是人的审美感。这类职业也包括国家公职人员，他们的任务在于确保人们之间的法律关系得到保障。第二类职业的成员，费希特称之为“低等”成员，指向自然，要么采集要么照管自然产品（农夫、矿工、渔夫、猎人等），塑造自然提供的原材料（工匠、技工和工厂工人），或方便物品的交换（商人）。就第二类职业而言，在费希特关于锁闭的商业国的运作的论述中出现的社会成员分为各门职业的划分结构与公民分为各个阶层的划分结构之间在形式上的一致是明显的。

在《锁闭的商业国》的第一部分，费希特介绍了高等职业，他主张有的人必须被指派执行法律和维持公共秩序，有的人专门负责公共教育，而有的人负责国防抵御内部和外部的敌人。像低等职业的成员一样，高等职业的成员也构成各个阶层，在国家范围内拥有专门的权利从事某种活动，而放弃从事其他活动的权利。为了使这些阶层的成员可以靠自己的劳动生存并有机会尽可能地生活舒适，其他阶层相应地必须提供给他们自然产品和成品以便这些高等职业的成员提供他们在国家范围内所能提供的管理、教育和军事服务。费希特在这里主张高等职业的成员为了低

❶ 《费希特全集》第Ⅰ辑，第5卷，页232；《伦理学体系》，页247。

❷ 《费希特全集》第Ⅰ辑，第5卷，页286－287；《伦理学体系》，页310。

❸ 《费希特全集》第Ⅰ辑，第5卷，页300；《伦理学体系》，页325。

等职业的成员而生存。[1] 诠释这种主张的一种方式是，高等职业的成员行使那些根本地保障社会其他成员权利的功能，包括能够靠他们的劳动生存的权利以及诸如教育权一类的权利。因此，如果负责国家经济活动的人不需要使自己的权利得到［84］保障，就不存在对高等职业的需要。另一方面，从道德和哲学的立场看，低等职业为了高等职业并通过保障高等职业的基本需要得到满足而平等地生存。这从费希特在《伦理学体系》中关于低等阶层的人的以下主张看是明显的：

> 即使他们不是经验世界里的人的顶峰，他们也肯定是经验世界里的人的砥柱。如果高等阶层不首先都能生存，学者怎么能进行研究，民众道德教师怎么能从事布道，国家公职人员怎么能治理国家呢？[2]

在当前的语境下，最后这种主张非常重要，因为它可以与《锁闭的商业国》中的主张联系起来。那种主张就是，其任务是从事深刻思考的人——这种人比其他人都更多地指向哲学家——要求与从事机械的、纯粹体力形式的活动的农夫（Ackerbauer）相比具有不同形式的食物和不同的条件。根据费希特的观点，对农夫而言，用蔬菜满足自己的饥饿感并非不幸，他没有穿精美洁净的衣服的需要，除非在节日里；而其活动是从事深刻思考的人，不论这种思考涉及的是高级艺术还是科学（Wissenschaft），都要求更加多样的和提神舒脑的食物以及不断在他眼前展现以培养应当充满他的心灵的纯粹性和高贵性的环境。[3] 这明确地表明，对费希特来说，尽可能地生活舒适所意味的东西关系到一个人在生活中的地位和与之相关的特定形式的活动，而哲学家提供

---

[1] 《费希特全集》第Ⅰ辑，第7卷，页58。

[2] 《费希特全集》第Ⅰ辑，第5卷，页314；《伦理学体系》，页342。

[3] 《费希特全集》第Ⅰ辑，第7卷，页67－68。

了要求比低等阶层的成员拥有更好的食物和条件的某类人的典范。与这种接受某种程度的不平等的立场形成强烈对比的是，巴贝夫彻底拒绝给从事理智活动的人提供任何优先待遇的思想，他在《人民的审判》中主张这种活动被赋予的高等地位是知识分子的一种意识形态的花招造成的：

> 在对从事需要更高程度的智识和更加需要运用和扩展心智的任务的无论什么人给予更大补偿的虚伪性中有着荒诞和不公。……因为无论如何这都不会延伸他们的［85］胃的能力。……正是知识分子将这样一种为他们大脑的构想物所付出的高额代价固定下来。❶

费希特附带主张低等阶层的人应当向作为更为开化的人的学者表示尊敬（Achtung），同时主张他们甚至应当向学者展示某种形式的“敬意”（Ehrerbietigkeit），❷ 这也显得与巴贝夫的激进平等主义格格不入。

被称为巴贝夫主义的革命运动与费希特的社会理论之间的这种根本差别决不是意味着对费希特社会与政治哲学的一种自由主义诠释。事实上，费希特使尽可能地生活舒适所意味的内容关系到一个人在生活中的地位和与之相关的特定形式的活动的做法，可以被看作用传统阶层社会的历史事实，即每个阶层都有自身独特的生活方式，取代一种决定产品分配的客观衡量标准。❸ 在这方面，费希特似乎恰恰不是指向一种自由主义的社会与政治秩序，而是转向过去寻求灵感，更加具体地说，是转向他本人更熟悉的腐朽的社会与政治秩序，历史地看，自由主义的兴起通过将个体的人首要地理解为某些源自他们作为人本身的身份的基本权

---

❶ 罗斯：《巴贝夫》，页213。

❷ 《费希特全集》第Ⅰ辑，第5卷，页315－316；《伦理学体系》，页343。

❸ 参见韦伯：《费希特的社会主义及其与马克思学说的关系》，页42。

利的承担者，也就是说，通过脱离任何与他人共处的确定的社会或政治关系，曾夹杂在其他的力量中间帮助摧毁这种秩序。正如我们将在第四章和第五章看到的，这种传统的社会观以及费希特所赋予学者在社会中的角色在其社会与政治哲学关于法权与道德的关系问题和德性概念的作用的探讨中扮演着重要角色。

在费希特耶拿时期的法权理论中，当他将法权与道德分离开来并将个体首要地当作某些权利的承担者时，他似乎无可否认地将个体看作脱离了上文所说的传统社会观。在这方面，有人可能被诱导着在其政治哲学中谈论一种自由主义因素。但在本章我已经表明，即便在这里，费希特法权理论的革命方面——这些方面集中于他的财产理论，展现出与被称为巴贝夫主义的革命运动的某些［86］核心学说具有一系列明确的相似性——对任何试图给他的政治哲学提供一种自由主义诠释同时又不为之提供一种极其粗略的论述的做法提出了严重挑战。考虑到他的财产观，事实上，将他诠释为一位自由主义尤其是自由主义财产权观念的潜在批判者更有意义。在下一章，我要表明，费希特关于康德的世界公民法权理论，也成功地对可以被看作康德在各个独立国家之间关系的范围内强调经济自由主义的好处的一种努力，提出了各种问题，以至于即使我们可能拒绝《锁闭的商业国》中阐述的经济方面的具体建议，把握这部著作的批判维度也仍旧可能。

第三章　费希特重评康德的世界公民法权理论

［87］康德的《永久和平论》（*Zum ewigen Frieden*）在1795年出版后的最初几年里，在德国引起了热烈的讨论，它激发了诸如施莱格尔（Friedrich Schlegel）和格雷斯（Joseph Görres）这样的德国浪漫派人物为之著书立说。[1] 费希特也对康德在阐述维持永久的世界和平何以可能时探讨国际法权和世界公民法权的《永久和平论》作了评论，这篇评论以书评形式发表在1796年的《德意志学者共同体哲学杂志》（*Philosophisches Journal einer Gesellschaft Teuscher Gelehrten*）上面，此时正值费希特形成自然法权理论之时，这个理论最终以《自然法权基础》一书出版。在1797年出版这部著作的第二部分，费希特尝试解决康德在《永

[1] 参见赫费（Höffe）：《康德关于法律与和平的世界公民理论》（*Kant's Cosmopolitan Theory of Law and Peace*），页154及以下。

久和平论》中探讨的主要问题，即一种服从法律的和平的全球秩序的可能性问题。费希特是通过以“国际法权和世界公民法权概论”为标题的自然法权学说的第二附录来这样做的。

正如标题所表明的，这个学说分成两个部分：一部分研究各个国家在战争和和平时期彼此拥有的权利；另一部分则研究世界公民思想和世界公民所需的各种权利。因此，仅仅从它探讨的主题来看，自然法权学说的第二附录已经表现出康德著作的影响。接下来，我要专注于讨论康德和费希特关于世界公民法权问题及其涉及的永久世界和平理论的思想。在这样做时，我要通过揭示[88] 费希特对康德的世界公民主义提出的一个重大问题来质疑那种认为康德的“普遍的世界公民路径至今仍有说服力”[1] 的主张。费希特是在《锁闭的商业国》里论述各个国家彼此之间的关系时这样做的，该书出版于 1800 年，在那个时候他就已提出一个我们今天熟知的问题：各国之间单边的经济依赖关系问题。

在世界公民法权问题——不论对康德还是对费希特而言，都与持久世界和平的可能性问题密切相关——方面，我要在下一节表明，费希特在《自然法权基础》中采取的是与康德在《永久和平论》和后来出版于 1797 年的《伦理的形而上学》（*Die Metaphysik der Sitten*）中世界公民法权部分所提倡的世界公民主义广泛一致的立场，而包含费希特自己关于这个主题的观点的《自然法权基础》第二部分也在同年出版。虽然他明显受惠于康德，这可以被理解为他对康德世界公民法权思想的价值的含蓄认可，但他在《锁闭的商业国》中将表明，当他提出各种单边形式的经济依赖性问题时，他重新评价了早期对康德世界公民主义的接受；这个问题是康德没有认识到的，或者说，正如我所表明的，康德把这个问题非批判地接受为某种给定的东西。费希特对康德的反驳和含蓄地对他自己早期世界公民主义的反驳具有一种

---

[1] 赫费：《康德关于法律与和平的世界公民理论》，页 xvii。

非常极端的性质，因为他所提出的对各种单边形式的经济依赖性问题的解决方案是国家应该完全在经济上对其他国家锁闭起来。但这并不是说，费希特倡导的锁闭商业国理论代表他完全反对自己早期的世界公民主义和试图解释永久世界和平如何可能的努力。毋宁说，《锁闭的商业国》相当于这样的尝试，即解释永久的世界和平如何可能通过去除各国之间单边关系的经济依赖性加以实现，尽管这种尝试完全行不通。这个在相当程度上受到忽视的文本❶将被表明有助于解决康德《永久和平论》所引起的争论，［89］尤其是就它揭示了康德世界公民法权的局限而言。

3.1　费希特《自然法权基础》中的康德世界公民主义

在费希特《自然法权基础》关于世界公民法权的论述中，他主张一个国家的私人“可以为了他的事务（um ihrer Geschäfte willen）或单纯为了娱乐而造访另一个国家，假如两个国家彼此承认并保持友好的话”。❷ 这样的造访将按照自然法权学说第二附录的前面部分关于各国之间达成的契约条款来进行。但是，这种关于世界公民法权如何可能的解释提出了这样的问题，即当一个外国人进入一个国家的领土，而他作为公民所在的国家与他要进入的国家之间没有签订任何形式上的协议时，根据法权原则要

❶ 详细探讨这部著作的少数著作包括韦伯《费希特的社会主义及其与马克思学说的关系》；莱昂：《费希特〈锁闭的商业国〉中的社会主义思想》；巴夏《费希特政治哲学中的社会和国家》，页190及以下；菲尔查尔（Verzar）《自律的主体与理性国家》（*Das autonome Subjekt und der Vernunftstaat*）。但是，这些著作中没有一部想要将《锁闭的商业国》与康德的世界公民法权理论联系起来。

❷ 《费希特全集》第Ⅰ辑，第4卷，页163；《自然法权基础》，页332。

发生什么样的情况。费希特的世界公民法权理论就要试图回答这个问题。

对费希特而言，既然对某种东西的在一个特定的法律与政治共同体范围内得到承认的权利，只有以某种方式依赖于人们之间达成的协议才能够被认为合法，那么，一个进入他本身不是其公民的国家领土的外国人似乎就没有任何权利，只要在他作为公民所在的国家与他要进入的国家之间没有就他拥有的权利先前签订任何协议。但费希特主张，存在一种先于建立在人们之间达成的协议基础上的契约形式的实证权利的权利，因为这种权利本身是一切契约的可能性的条件。这种权利就是每个人都可以毫无例外地期待他人拥有的人的“原始”权利，即假定他是某个可能以相互同意为基础与其达成法权关系的人。费希特将这种权利描述为“可以获取各项权利的权利”,❶ 以至于产生这样的情况，即这种权利作为人的原始权利的地位源于它是所有其他权利的条件。说作为所有权利的可能性的东西本身就是一种权利，容易引起混淆，因为这无法［90］确立有条件者（亦即特定的权利）与它的条件之间清晰的概念区分，后者在这里就是与他人达成协议的可能性，以便确定一个人在与他人的关系中所拥有的权利的性质和程度。同时，费希特所阐发的可以获取各项权利的可能性的思想，给他受惠于康德的世界公民法权理论提供了牢靠的证据。

费希特认为，人的构成可以获取各项权利的可能性的原始权利暗含着更加具体的权利的存在，而后者似乎反过来在展现原始权利的特性，因为原始权利没有必要借助人们之间达成的契约加以确立。这就是“单纯世界公民的权利”（das Recht des bloβen Weltbürgers），这种权利是“自由地周游列国，申请与他人确立

❶ 《费希特全集》第Ⅰ辑，第4卷，页163；《自然法权基础》，页333。

法权关系”的权利。❶ 作为这种权利的承担者，一个人可以自由地进入异国的领土，尽管他自己的国家还没有就他在进入这个异国时必须拥有的实证权利与其确立任何形式上的协议。而且，他可以这样做，可以期待自己将被给予机会解释他进入这个国家的领土并想要与这个国家的公民进行沟通的理由，而他所进入的国家也拥有平等的权利拒绝他进入该国，如果它判定这些理由不令人满意的话。❷

如果接受如下主张，即康德的世界公民法权理论确认一个人有权与其他国家的公民结成各种自愿性关系而不能受到充满敌意的对待，同时也允许国家保留拒绝这个人进入的权利，以至于一个外国人可能拥有“造访者的普遍权利”，但没有“收获友好的权利”,❸ 那么，康德对费希特的影响在这里就明显可以被察觉出来。从术语上看，“造访者”的权利与“收获友好的权利”之间的区分稍微有些误导性，因为在《永久和平论》中康德将友好与“一个陌生人在进入他人的领域时不会被充满敌意地对待的权利”等同起来，这似乎契合造访者权利的观念，但康德也主张，一个陌生人可以被合法地打发走，只要这样做不会造成他的死亡。❹ 但这些陈述［91］仍表明，康德在《永久和平论》中关于世界公民法权的论述展现出与费希特在《自然法权基础》中的相关论述的形式上的一致性，也使这样的提法变得貌似正确，即费希特对康德论文的解读帮助了他塑造了关于这个主题的观点。然而，费希特的似乎从康德那里采纳而来的世界公民法权观念，虽然强调自愿性的协议，但并没有完全消除如下可能性，即有可能为那些被认为是强行地进入外国领土的一方采取的举措作

❶ 《费希特全集》第Ⅰ辑，第4卷，页164；《自然法权基础》，页333。

❷ 《费希特全集》第Ⅰ辑，第4卷，页164；《自然法权基础》，页333－334。

❸ 参见赫费：《康德关于法律和和平的世界公民理论》，页142。

❹ 康德：《永久和平论》，载《康德全集》（*Kant's gesammelte Schriften*），第8卷，页357－358；《政治论文集》（*Political Writings*），页105－106。

辩护，尽管拒绝想要进入外国领土的一个人或一些人进入该国的权利与康德对他所处时代的欧洲国家的殖民政策的“粗略评价”相关。❶

康德所作的陈述明确地表明他对自己所处时代的殖民政策的一种粗略估计，在《永久和平论》中，他谈到“我们大陆的文明国家的不友好行为，尤其是商业国家，它们在造访外国和外国民族时展示出的不公正（这种造访对它们而言无异于征服行动）”。❷ 虽然这种陈述表现出道德愤慨，但它本身并不等于充分论述了为什么恰恰一个国家有权拒外国人于国门之外以便保持自身的独立性，哪怕外国人的意图在表面上是和平的。事实上，康德强调收获友好的有效性，而很少注意到要说明各个国家的拒外国人于国门之外的平等权利。例如，在《伦理的形而上学》的世界公民法权部分，康德通过陈述地球上所有的国家

> 处于一个进行可能的有形交往的共同体中，亦即，处于一种每个国家都与所有其他国家彼此提供通商的充分关系中，每个国家都有权做出这种尝试而无须他国获得授权将它当作敌人对待，因为它已经做出这种尝试。❸

于是，康德将这种权利与世界公民权利本身等同起来。虽然他承认这种权利已被滥用，但他立即强调“这种可能的滥用不能废除［92］世界公民试图与所有公民建立共同体的权利，并推至极端，造访地球上的所有地区的权利”。❹

这本身并不与康德在其他地方谈论的收获友好的权利相矛盾，他也无可否认地指出，世界公民权利并不产生一种在另一个

---

❶ 赫费：《康德关于法律和和平的世界公民理论》，页 141。

❷ 康德：《永久和平论》，页 358；《政治论文集》，页 106。

❸ 康德：《伦理的形而上学》，载《康德全集》第 6 卷，页 352。

❹ 康德：《伦理的形而上学》，页 353。

国家的领土上不经其同意、即借助契约就定居下来的权利，尽管他的确允许不经同意就可定居下来，只要这种定居不会侵犯任何人对土地的“使用”。❶ 然而，这些限定含糊不清，因为它们没有足够确切地探讨诸如这样的问题，即如何能够恰当地认为契约是各民族自由地签订的，如果这些民族对达成按欧洲人的理智所理解的契约所意味的东西没有真正的概念；它们也没有足够确切地探讨如何确定一块土地在何种程度上被认为已经被人使用。如果我们还记得英国人和法国人既运用同意——不论是通过妥协还是通过购买——的思想，也运用开垦未被占有的土地的思想将他们对美洲的殖民化方式与西班牙人的方式区分开来，好像这种对其他国家进行殖民化的方式代表的是一种更少邪恶的殖民化形式，对这些问题提供更充分答案的需要就会变得很明显。❷

对此，有人或许会这样很好地作出回应，即康德认为基于欺骗或基于签订契约的一方无力理解同意契约条款的充分含义，从而获取土地权利的行为在道德上就不会比通过武力侵占土地的做法更正当；有人或许会设法用康德道德哲学的某些特征来为这种主张作辩护。然而，撇开这种路径在多大程度上有效的问题，正如我想要就费希特的《锁闭的商业国》所主张的，至少存在这样的方面，即康德没有认识到、要不然就是未加批判地接受了一个国家或它的代表对另一个国家施以间接强制的可能性。这就允许我们将康德的世界公民主义设想为潜在地可以被用于为他本人在其他地方所谴责的那类滥用作辩护。这种间接强制以经济力量的不平等关系为基础；康德没有对此提出质疑。之所以不能如此［93］轻易地用他的道德哲学来辩解，是因为就像我们在适当的时候将要看到的，他似乎将经济依赖性的不平等

❶ 康德：《伦理的形而上学》，页353。

❷ 参见帕格丹（Pagden）：《整个世界的领主》（*Lord of all the World*），页82及以下。

关系不仅看作某种给定的东西，而且看作某种道德上可以接受的东西，原因在于这种关系不会侵犯人的道德地位。相比之下，费希特在《锁闭的商业国》里论证了对这种间接形式的强制及其结果的可能性的更好理解，这导致他反对自己早期的康德世界公民主义。但为了说明他如何做到这一点，我们首先需要更加详细地研究康德所说的“商业”。

虽然这种商业可以包括异国公民之间的自愿性关系而不是纯粹的经济关系，例如文化交流的形式，但康德将各国之间经济关系的建立看作人类历史中的一个日益重要的因素。例如，在他的论文“世界公民观点下的一种普遍历史的观念”（Idee zu einer allgemeinen Geschichte in weltbürgerlicher Absicht）的第八个命题中，康德认为，随着整个人类的发展，不可能出现公民自由受到侵犯而不会对贸易、工业和商业产生消极影响的情况，而它们相应地又会导致国力的衰弱。[1] 因此，各个国家都被看作拥有强大的推动力促进这种公民自由，以便维护或提高在与他国的关系中的整体实力水平。于是，在《永久和平论》中，康德表明各国之间经济关系的发展在实现全球和平方面可能带来的好处，他提出了如下理论，即在培育和使用自然产品的技艺随着土地所有制的建立变得可能以后，各国的贸易也开始进行，正是以这种方式，“各个国家首先与其他的国家，达成和平关系，因而实现相互理解，实现利益与和平关系的共同体，甚至与它们的同盟国中最偏远的国家达成此种关系”。[2]

因此，虽然康德对各国之间的经济关系所声称的好处的强调并不意味着国家有绝对的义务提供给自身这些好处，但康德必须被看作是在强调各国之间商业关系的好处。这明确地意味着，他将这种关系的提升看作非常［94］值得拥有的，因为它

---

❶ 康德：“世界公民观点下的一种普遍历史的观念”，载《康德全集》第8卷，页27－28；《政治论文集》，页50。

❷ 康德：《永久和平论》，页363－364；《政治论文集》，页110－111。

会帮助在国内促进公民自由的传播，并且——他假定——在国际上也会促进各国之间和平关系的建立。康德在这里似乎在提倡其他启蒙思想家例如狄德罗和米拉波侯爵（the marquis de Mirabeau）所提出的那种商业理论，而不是征服理论。[1] 相比之下，费希特将被表明已认识到各国之间的商业关系事实上不能像这些启蒙思想家包括康德所设想的那样在本质上是自愿性的，虽然这些商业关系不能以直接的武力为基础，但它们仍包含有强制的成分。

在《锁闭的商业国》中，费希特采取的立场已远离康德关于商业会带来好处的观点，因为他认为各国之间的商业关系要完全避免。虽然费希特在这方面可以被看作放弃了他在《自然法权基础》中所采纳的世界公民法权模式，但我们将在下一节中表明，他对这种早期立场的重新评价指出了康德对各国之间得到提升的商业关系的好处抱有的乐观主义存在的特定问题。这就是在一个国家与另一个国家的关系方面单边形式的经济依赖性问题。费希特对这个问题的意识已在他针对《永久和平论》的书评中有所暗示，因为他认识到倘若达到了这样的阶段，即他自己所处时代的欧洲国家已经消耗完它们的国内生产能力所能提供的所有东西，“在贸易中对其他民族和其他大陆的压迫也就最终打开一个永不枯竭、富饶多产和可以应急的源泉”。[2] 但是，只有在《锁闭的商业国》中费希特才更充分地阐发了这种思想在世界公民法权主题和持久世界和平的可能性方面的含义，他也试图概述他对在康德论文的书评中所提及的事态作出的选择。

---

[1] 参见帕格丹：《整个世界的领主》，页 178 及以下。

[2] 《费希特全集》第 I 辑，第 3 卷，页 227；《评〈永久和平论〉》，页 320。

3.2 费希特对康德世界公民法权理论的批判

在《锁闭的商业国》中，费希特阐发了关于一个在经济和政治上都是独立的，因而处于确保每个公民都能靠［95］自己的劳动生存的状态——正如我们已经知道的，这是一项费希特认为在《自然法权基础》中已经作出辩护的要求——的国家理论。在该书中，费希特阐述了如果要保障所有人能够靠自己的劳动生存的权利就需要建立的各种基本的经济条件和关系。正如我们已经看到的，这些条件和关系包括国家公民要被划分成不同的阶层，每个阶层都涉及一种——就国家旨在满足国家公民的基本需要而言——对国家的运转来说必不可少的特殊类型的经济活动，也包括一种意在确保存在充足的商品供应以满足人们需要的计划经济。相应地，这种计划经济要求各个国家监督自己的公民。

既然与那些不像本国公民一样服从相同法律、因而不像他们一样服从相同限制的外国人的商业关系会造成不可预测和不可计算的因素，从而可能威胁到详细地加以规制的国家经济生活，因此这样的商业关系就必须加以禁止并使其不可能。因此，对国家提出的要求就是要它确保自身完全反对与外国的任何贸易，并从这时起成为一个孤立的商业实体（Handelskörper），就像它已经逐渐成为一个孤立的司法和政治实体一样。❶ 我们在这里遇到的东西似乎明确地反对费希特在《自然法权基础》中的康德世界公民主义和实现永久世界和平的提议，在该书中他提倡建立联邦国家，将其作为通向永久世界和平的初步阶段。在谈到这种提议时，康德对费希特的影响是需要加以阐明的，以便表明《锁闭的

❶ 《费希特全集》第Ⅰ辑，第7卷，页114。

商业国》的立场与他在《自然法权基础》中所采取的立场分道扬镳。

在《永久和平论》中，康德主张自由国家联邦或国际联盟（Völkerbund）的思想，理由在于，如果缺乏这样一种联邦，民族国家“就可以被判定为类似于一个处于自然状态的个体，独立于外在的法律”，以致每个国家为了维系自身“可以并且应该要求其他国家与它一道建立一套类似于公民宪法的宪法，在其中每个国家的权利［96］都能够得到保障”。[1] 在《自然法权基础》的国际法权部分，费希特持类似观点，他主张每个民族——只要它有某种形式的政府——都“有一种要求获得毗邻国家的承认的强制法权（ein Zwangsrecht）”。[2] 在其他方面彼此独立的各个国家所要求的相互承认的状况，表明了对国际联盟的需要，这种联邦是一种自愿形式的组织，在其中每个国家都承认其他成员国家的独立地位。但这种国际联盟本身不是目的，相反，它只是实现更高目的的手段，这就是永久和平（der ewige Friede）的建立。[3]康德在《永久和平论》中也主张，一个自愿地致力于确保和维系各自自由的国家联邦有潜在的能力逐步地扩展

---

[1] 康德：《永久和平论》，页 354；《政治论文集》，页 102。

[2] 《费希特全集》第 I 辑，第 4 卷，页 154；《自然法权基础》，页 323。康德在这个问题上比费希特探讨得要具体得多，费希特要求只要一个国家有某种类型的政府，就可以强制其他国家承认它。康德用自由国家具体地指称拥有一种建立在以下三个原则基础上的共和体制的国家：（1）所有社会成员由于其共同的人性而具有的自由，（2）每个人对唯一且共同的立法的依赖，（3）法律上的平等。康德将这种共和制与一种民主制加以对比，在这种民主制中立法权与行政权是不分离的，以致人民既制定他们所服从的法律，也行使这些法律。康德用共和主义指称这样的宪法，在这种宪法中，行政权与立法权是不分离的，同时行政权由人民代表而不由人民自身来行使。他主张共和制提供了实现永久世界和平的更好前景，因为共和制要求公民们必须对是否要宣布战争表示他们的同意，同时这样的同意不是轻易地给定的，或者像康德所断言的，因为公民们知道战争的悲惨，包括知道他们不得不自行筹备战争经费的事实。参见康德：《永久和平论》，页 356；《政治论文集》，页 104。

[3] 《费希特全集》第 I 辑，第 4 卷，页 162；《自然法权基础》，页 331 - 332。

开去，以至于涵盖所有国家并最终促成永久的世界和平。[1]

但我们仍可以注意到康德与费希特在强调建立独立国家组成联邦这一思想时的差别，因为在《自然法权基础》中费希特似乎主要关注各个国家必须履行承认彼此独立的消极义务，而康德建议各个国家也对相互确保彼此的独立具有积极义务。在后来的《锁闭的商业国》中，从费希特使一个国家的自我维系完全取决于这个国家本身，以至于他似乎对由其他国家赋予一个国家的独立地位的承认无论怎样都不抱信赖的意义上讲，费希特对国家需要维系自身独立地位的问题的关注［97］更加显著地不同于康德的立场。这导致费希特在第三本书、也是最后一本书《锁闭的商业国》中概述了一系列国家本身必须采取的维系自身独立地位的措施，这些措施在本质上意味着在经济上对其他国家保持封闭。[2] 在这种程度上，各个国家组成联邦的思想不再必要；相反，一个国家必须有责任确保自身的独立地位，这将要求使它自身在经济上和政治上保持独立。一个国家的这种联邦身份甚

---

[1] 康德：《永久和平论》，页356；《政治论文集》，页104。

[2] 在允许现存的国家逐步在经济上对其他国家保持封闭时，费希特提出的主要措施包括开发制造产品的手段，而这些产品在以前不得不靠进口，包括发现在一个特定国家找不到的原材料的替代品，也包括使这个国家的公民在缺乏这些措施所不能提供的产品的条件下也能过活，尤其是当这样的产品仅仅被用于满足人为的（artificial）、非本质的需要时。国家也必须确定它的“天然疆界”，以便获得它实现经济独立和自足的目标所必不可少的所有自然产品。国家必须实行的另一项根本措施是使它的公民与外国人之间的任何直接商业交易成为不可能，采取的措施是使必要的交易手段，即国际上认可的货币（Weltgeld），不再流通，用一种仅仅在锁闭商业国自身的范围内得到认可并仅仅在这个国家才有效的货币（Landesgeld）取代之。然后，当国家在经济上向世界其他地方保持关闭以后，国家仍会使用它拥有的国际上公认的货币，包括将国家公民所拥有的国际上公认的货币兑换成现在在国家范围内成为唯一有效货币的新货币，向其他国家购买产品，与此同时，也仍然要继续开发制造这些产品的手段或寻找其替代品，否则就要逐步使国家公民摆脱对这些产品的依赖。国家也用这种货币支持如下措施，这些措施接管了以前由本国公民和外国人之间进行的荣誉性的事务。而且，国家所拥有的国际上公认的货币可以被用于吸引外国专家前来为该国工作，并通过从国外购买机器来发展国家工业。最后，国家需要用这种货币帮助自身配备武器，以便在它保卫自身的天然疆界时可以抵御外国力量的攻击。

至可以被看作一种危险的东西，因为它可能在国家方面产生一种自满感，会使它忽视采取必要的举措来维系自身的独立。

虽然详细地讨论费希特所提出的具体措施不是我在此处的意图，但我确实想要表明他在《锁闭的商业国》的第二部分是如何成功地提出［98］了一个国家的经济独立性问题，而这又与一个国家的政治独立性具有某些内在关联。费希特对这个问题的提出允许我们将他设想为在对康德关于各国之间而不是个体之间经济关系的世界公民法权理论的一种批判性的重新评价。在这方面，虽然费希特提倡的经济孤立与康德赋予商业在历史进程中的作用，即商业使永久世界和平变得更加可能，是相对立的，但这实际上可以被看作代表对他以前几乎全盘肯定地在康德的影响下采取的世界公民法权理论出现的问题的回应，这就是单边形式的经济依赖性问题。

在《锁闭的商业国》的第二部分，费希特设法重建他认为属于他所处时代的各个欧洲国家之间经济关系的典型特征的经济无政府主义的起源。古代世界的国家明显是彼此分离的，将彼此看作敌人和蛮夷，而新近出现的欧洲基督教国家将自身看作由共同的血统统一起来的单一民族，这个民族起源于德意志森林和共享的宗教。对基督教的这种共有的忠诚的重要性意味着，即使非德意志血统的民族也能够通过逐步采取相同的德意志风俗与概念系统而成为这个单一民族的一部分。因此，费希特不是将他自己时代的欧洲国家看作是一定数量的独立个人的融合和统一，就像在他的《自然法权基础》国家契约论中可以料想到的，而是也将这些国家理解为大量的人群分离和分化的结果，这些人仅仅是通过他们所服从的有限形式的政治组织和权威脆弱地统一在一起的。这种分离和分化的过程借助的是罗马法的复兴和罗马的皇帝概念向近代国王的转变，因为这些发展促使各个不同的民族（Völkerschaften）由于各自不同的宪法而彼此区分开来。这个过程也借助了基督教的宗教改革带来的分化。

毫不奇怪，以此为基础，费希特继而主张，当前有些概念和制度应该预设［99］以前欧洲基督教国家的交互关联，并将这种关联看作好像仍然存在。他把在基督教欧洲统一时期形成的贸易体制从本质上直到当前仍在继续运转的情形援引为这种现象的具体事例。这种体制过去是这样的，在其中，庞大整体的各部分的成员培育和生产就各地的条件来说最适宜的产品，并且它们能在基督教欧洲的任何地方进行交易，而产品的价格是在交易过程中自行形成的。经济管制的缺失是缺乏共同首领的结果，这位首领可以在整个基督教欧洲采纳和实行经济管制。

但是，经济管制的缺乏在其最初的背景下并不是有害的，因为当时的生产力欠发达，人们的需求也是朴素和节俭的。然而，一旦基督教欧洲将自身根据各自的宪法划分为各个独立的民族，这种经济无政府主义状态的延续就变得非常有害，原因会在下文给出。费希特主张，业已发生的情形是基督教欧洲形成单一整体时各种经济关系所具有的无政府主义特征由于各个国家在经济上对其他国家保持关闭而被消除了，而同样地，政治无政府主义也由于各个独立的国家借助各自的宪法、立法和地方法治而被消除了。在此，我们可以指责他对于历史提供了一种带有倾向性的意在支持他关于国家应当在经济上对其他国家保持关闭的主张的论述，他借助的手段是指明这种措施是符合在由基督教欧洲先前形成的更大整体中各个个体性的、在政治上独立的民族的发展的。然而，他继而提出各国之间经济关系的一种倾向于证成他反对自己早期的康德世界公民主义立场的特征，因为它表明康德的世界公民法权理论并未充分考虑到单边形式的经济依赖性的问题是政治上独立的各个国家之间的关系的一种可能特征。

费希特将独立的中央集权国家——在这些国家里，缴税的公民逐步形成了一个可以用政府概念表示的统一实体，这种政府实体的目的是通过使用国家财富（National Vermögen）来维系和深化［100］这些公民的共同利益——的出现描述成源于这些公民缴纳的用以追求这种目的的税收。费希特提到具有自身国家财富的独立民族之间的可能关系，并提出三种这样的关系。首先，一个国家在出口产品的总价值等同于进口产品的总价值时可以实现贸易平衡。这种平衡就使得这样的国家维系它的国家财富而不必提高税收，尽管增加它的财富也不可能。第二类关系涉及的是一个国家能够生产可以满足其他国家的公民的需要、并且比这些国家自身所能生产的产品更多更好的产品。这就使得一个国家可以出口与它自身从外国进口的东西相比更多的产品，使它自身在这个过程中变得更加富有，只要它能够维持同样的生产水平，并且它向其出口自身产品的外国公民的需要维持不变。随着自身财富的增长，这种国家就能够从外国购买它的公民并非绝对需要的产品，而这些外国则被要求生产这些产品以便生存下来，因而被阻止生产那些旨在满足自己公民的基本需要的产品。简言之，这些国家被归结为是为另一个国家的快乐而劳作的。

第三类关系与当前的主题最相关，根本地讲，从另一个方面看就是第二类关系；因为从以上述方式依附于更加富有的国家的那个国家的角度看，这在本质上讲是同一种关系。这种在经济上较弱的民族的财富，由于它与其他国家从事贸易的不利因素而不断削弱，从而导致它的繁荣和国力的损失，导致人口减少，因为它的公民设法逃避由于它的繁荣和国力的损失而造成的贫困状况。费希特认为，一个国家甚至可以通过持续接受另一个国家的补贴而出卖自身的独立地位，他认为在这样做时，这个国家可以使自己小到成为另一个国家的省份，变成满足另一个国家的任意目的的手段。但是，费希特反对将他自己时代的重商主义采用的保护主义措施当作这种问题的解决之道，认为这些措施相当于试图根据自身的利益塑造现存的状况，这些措施可能导致由商业利益引起的并导致现实战争的贸易战。❶［101］在费希特看来，只有国家在所有经济活动方面锁闭起来，才能给因经济依赖性造成的问题提供解决之道，因为只有这项措施才能使一个国家真正独立和自足。即使我们反对费希特对他所提出的单边形式的经济依赖性带来的问题给出的解决方案，就他的历史处境而言，他对经济关系的分析——无论从现代的视角看可能多么粗糙——能提出这些问题，也代表一种巨大的成就。在我们比较费希特对单边形式的经济依赖性问题的意识与康德对这种依赖性形式之存在的单纯接受时，这种成就是明显的。

3.3 康德论经济依赖性

康德将异国公民之间的商业关系和隐含地将各个国家本身之间的商业关系看作本质上自愿的关系，因为它们不是或者至少不应当基于强力。相反，商业关系取决于双方的同意。虽然同意的观念对康德将世界公民权理解为收获友好的权利而言是核心，但基于同意的协议与基于强力的协议之间的区别据说并不那么准确，以至于无法公正地评判单边形式的经济依赖问题。因为虽然双方同意彼此达成商业关系，但事实上一方可能在与另一方的关系中处于不利的地位，以致一方可以在何种程度上真正可以说与另一方自由地达成商业关系就变成一个开放性的问题。这不是说康德不知道经济依赖性的单边形式的存在。的确，当前讨论的康德世界公民法权理论存在的问题可以被看作是因为他非批判地接受了这一依赖形式及其后果。但在这方面，康德对经济依赖性的

❶ 关于费希特时代的德意志重商主义，参见莱昂：《费希特〈锁闭的商业国〉中的社会主义思想》，页33－34。

单边形式问题——这个问题是费希特成功地提出的——的忽视，要根据康德政治哲学的基本特征，而不是根据他的单纯疏忽加以解释。

［102］康德接受单边形式的经济依赖性，这从他对积极公民权与消极公民权的区分看是显然的。康德将成为一个公民当成一个人适合投票的唯一资格。然而，他将投票权——他所指的投票权是对立法事务的投票权——局限于具有独立地位的积极公民。因此，拥有投票权要视一个人是否符合投票要求而定，这是康德根据独立的观念加以规定的。这里的独立在于做自己的主人（sein eigener Herr），这对康德来说相当于一个人拥有能够养活自己的财产。除土地之外，这样的财产就工匠而言可以包括劳动产品，或者就某个职业的成员而言可以包括技艺、交易、艺术或科学的获得。❶ 因此，康德所想的这类独立性必须被理解为主要是一种经济形式的独立性。相比之下，缺乏财产的人被视为依附于他人的，因而不符合投票要求。

但是，康德主张，这种对他人意志的依附及其在政治方面造成的不平等“绝不是反对他们作为人的自由和平等，他们共同构成一个民族”。❷ 这种做法的政治含义可以根据康德使公民国家建立在以下三个他认为全都建立在先天本性的原则基础之上的方面加以阐明：每个作为人的社会成员的自由；每个作为主体的社会成员与所有其他人的平等；共同体的每个作为公民的成员的独立性。❸ 虽然前两个原则，即自由和平等原则，都源自人作为目的本身的道德身份，意味着公民身份向所有（男性）成年的国家成员的扩展，但康德将积极公民权与经济依赖性思想等同起来

---

❶ 康德：“论通常的说法：这在理论上可能是正确的，但在实践上是行不通的”（Ueber den Gemeinspruch：Das mag in der Theorie richtig sein，taugt aber nicht für die Praxis），载《康德全集》第8卷，页295－296；《政治论文集》，页78。

❷ 康德：《道德形而上学》，页315。

❸ 康德：“论通常的说法”，页290；《政治论文集》，页74。

的做法限制了公民身份在其充分的意义上属于所有国家成员的程度。

事实上，康德赋予某些人以自由和平等，同时又否认他们有充分的独立性。但他的确给积极［103］公民可以为所有公民立法的规则施加了一种重要的限定，这就是“这些法律不得在配享自由的人们中间反对每个人的自由和平等的自然权利，即任何人都可以奋发图强从这种消极状态发展到一种积极状态”。[1] 换言之，每个公民都必须在原则上能够成为财产的拥有者，因而有资格成为积极公民。然而，有人可能会说在此康德低估了一个人奋发图强从一种消极状态发展到一种积极状态会遇到的诸多困难，不仅仅是因为政治决策明显对经济领域有所影响这一事实，这意味着被剥夺政治权利的消极公民将缺乏某些重要手段，以某种使他们成为财产拥有者的机会最大化的方式塑造现存经济关系；而积极公民可以很好地以他们的方式致力于现存经济关系的维系。虽然康德肯定会认为积极公民以这种方式追求和考虑自身的利益是不对的，但大量的现实问题由于他对积极公民权与消极公民权的区分而依然存在。这可以使我们认为，公正要求那些没有财产的人能有机会发出恰当的政治声音，而不是必须完全取决于他人作出的决定，哪怕这些决定声称代表的就是那些人和他们的最大利益。这种对他人的评判和公平的依赖本身，作为一种经济形式的依赖的结果，真的不会构成一种依赖吗？

在当前的背景下，息息相关的是康德在不是充分独立地具有积极公民资格的人们中间纳进了那些只有劳动力出卖的人（例如，“我雇用的在我的地盘劳动的伐木工”）和没有自己的土地耕耘的佃农。[2] 因为这两个特定的事例全都表明经济依赖性的形式，由此一个人的靠自己劳动生存的能力变成了对另一个人的意

---

[1] 康德：《伦理的形而上学》，页315。

[2] 康德：《伦理的形而上学》，页314－315。

志的依赖。在第一种情况下，是因为雇工与雇主的关系是这样一种关系，在其中雇主被理解为在双方都达成同意的一段特定时期占有雇工的劳动。而在第二种情况下，佃农的活动取决于［104］地主同意出租佃农所耕作的土地，这种同意又包括他们之间的一种契约关系，因而包括一种对康德来说基于同意的关系。

这些事例表明，康德已经清楚地认识到单边形式的经济依赖性的现实，并且他似乎将这些依赖性的形式看作可接受的，因为他允许由这些形式决定参与各方的政治地位。这种地位要么是有权对所有国家成员都要服从的法律进行投票的积极公民的地位，要么是没有这种权利，因而服从严格地讲不是他本人制定的法律，但仍拥有康德所认同的公民身份的其他属性——包括在与其他国家成员的关系中享有平等的法律地位——的消极公民的地位。这种单边形式的经济依赖性相应地就提出间接形式的强制的可能性，尽管康德所谈到的经济依赖性的各种关系的事例是要求基于同意的，例如同意在特定时间段出卖自己的劳动或出租一块土地。实际上，这种可能性可以参考康德有关积极公民与消极公民的区分的一种可能解释更加清楚地得到说明。这种解释关系到对影响共同体所有成员的立法问题的投票权问题，而这个问题是康德关心的唯一的投票问题。❶

虽然康德没有明确作此立论，但我仍要表明，他使对影响共同体所有成员的立法问题的投票权取决于一个人在经济上拥有独立地位的状况，因为这种独立性有助于保障一个人不会以某种方

---

❶　虽然康德提到的似乎只是直接关系到立法问题的投票权，而不是对代表人民制定法律的代表们投票的权利，但我要表明康德所指的问题也适用于对代表们进行投票的情况，因为它主要是担心缺乏真正独立地位的人将以某种方式在他们所依附的他人的胁迫下进行投票。

式在他在经济上依附的另一个人的胁迫下进行投票。[1] ［105］ 例如，一位雇主或地主可以被设想为处于这样的位置，即要以某种方式使投票成为雇佣一个人或出租给他所需要的土地的条件，以致相关人等为了养活自己，需要以一种并不必然地反映他们自己的观点和取向的方式进行投票。当然，这个问题似乎可以通过举行秘密投票加以解决。然而，秘密投票的观点显得与支撑康德的政治观点，并且我们可以设想，与支撑他关于政治程序——诸如对影响共同体所有成员的立法问题进行投票的程序——的性质的观点的一个基本设想相冲突。

这就是“公开性”（Publizität）的条件，这种条件要求任何影响到他人权利的提议都必须在不会妨碍它的目的的情况下获得公开化。换言之，提议必须属于这样一种类型，即它不需要保守秘密以获取成功，因为公开地宣布提议肯定会遭到受到影响的那些人的抵制。[2] 最重要的是在立法事务方面需要这样的公开性，因为在这里“每个人都同等地决定着所有人，并且所有人都同等地决定着每个人”。[3] 但是，除了要求使任何关于立法的提议公

---

[1] 关于康德对积极公民与消极公民所作的区分的另一种解释，以及它似乎会涉及康德的一种不连贯性的方面在于，康德对决定市民社会性质的法权概念和法权原则的先天建构变得与下面这种独立性相混淆，即已传统地被运用到在一种可以被追溯到亚里士多德的 societas civilis ［市民社会］ 理论——这种理论涉及一种将公民看作在经济和法律上都独立的自由人的观念——中的公民身上的独立性。在这方面，康德像早期传统的代表们一样，不再将现存的权力关系看作某种给定的东西。然而，就他而言，在先天的自由原则与后天的——尽管他仍称之为先天的——独立性原则之间会产生矛盾，这导致界定传统的自然法理论中所缺失的公民概念的种种困难。简言之，康德关于现代国家以之为基础建立起来的原则的论述包含有一些紧张关系，这些紧张关系是从他对法国革命以后决定现代国家的性质和公民身份的原则，亦即自由和平等的意识中产生出来的，也因为他无法完全突破传统的公民身份观念，尽管他将独立性与财产结合起来在某种程度上倾向于这样做。参见里德尔（Riedel）：“康德的社会契约论中统治与协商的困境”（Die Aporie von Herrschaft und Vereinbarung in Kants Idee des Sozialvertrags）。这种解释尽管非常重要和有说服力，但并不排除另外的一些解释，例如我针对投票及其与公开性观念的关系问题提供的解释。

[2] 康德：《永久和平论》，页 381；《政治论文集》，页 125－126。

[3] 康德：《伦理的形而上学》，页 314。

开化之外，还要求投票的程序本身具有公开的性质，以至于提议能够被人知晓，不论人们是否支持法律议案，因为他们在这样做时都有与公共利益相冲突的私人利益；而如果投票是秘密性的，私人利益就可能更容易被掩盖起来，以致就此而言，秘密投票的观点无法接受公众的检验。简言之，秘密投票可以被看作违背了公民宪政的精神，这种精神要求，［106］为他人和自己立法的行为构成完全透明的程序的一部分。

以此方式理解康德对积极公民与消极公民的区分，提供了这样一个例证：表明康德似乎认识到了单边形式的经济依赖性有导致间接形式的强制的潜在性，这种强制在这种情况下就在于一个人以特定的方式被要求进行投票。同时，康德将经济独立性看作投票权的一个条件——尽管投票在政治领域意在防止间接形式的强制——意味着他接受了单边形式的经济依赖性及其政治含义。可以认为，正是康德对这类关系的不加批判的接受，阻止了他思考给在对立法问题投票的过程中出现的问题提出一种更加符合支撑他的政治哲学的平等和独立性原则的解决方案。现在，我要表明这种对单边形式的经济依赖性的接受与康德的世界公民法权理论的一种相似性。

康德对单边形式的经济依赖性的接受，在运用到国际范围时，由于这些依赖性形式不影响个体的法律地位和他在与所有其他国家成员的关系中的地位，就产生了一个类似于他对消极公民与积极公民的区分所造成的问题的问题。这种区分，如上所述，似乎承认单边形式的经济依赖性有导致间接形式的强制的潜在性，由此较弱的一方就被迫按照较强一方的意愿去行动，而无需较强的一方行使任何形式的有形强制，这的确是对法权的侵犯，因而可以受到法律的惩罚，就像即使消极公民也拥有的平等的法律地位所要求的一样。将这种基于经济依赖性关系的间接形式的强制观念扩展到国际范围的可能性，可以参考康德的《永久和平论》得到说明，在其中我们遇到这样的要求，即任何国家都不能

“强制性地介入另一个国家的宪法和政府”，这是旨在建立各国之间法权关系和确立永久和平条件的主要条款之一。[1] 这种要求使经济上较弱的国家的法律地位和政治［107］独立性必须像经济上较强的国家的一样在国际法中和在国际联盟内得到保障，同样地，每个国家成员也必须被赋予消极公民的地位和他由于这种地位而必须被国家赋予的权利。然而，这种形式上的平等本身并没有消除以单边形式的经济依赖性为基础的间接形式的强制的可能性，即不用诉诸直接的军事武力而设法改变另一个国家的宪法或政府。在这方面，经济上的弱势国家可以拥有自身作为受国际法保障的自由国家的地位，这种地位表现为在与其他国家的关系中，同时在因免受其他经济上更加强势的国家可能施加的间接形式的强制而获得的独立性时，被赋予形式上的法律平等。

以我之见，康德在其世界公民法权理论中似乎没有充分认识到这种可能性。的确，正如上文表明的，他没有这种认识是因为他未加批判地接受了单边形式的经济依赖性。一方面，康德清楚地认识到，这些形式的经济依赖性能够产生间接形式的强制。另一方面，他似乎接受了下列情况，即这些关系的契约基础意味着它们是以同意为基础的，因而不能视为强制的结果，以致这些关系可以被视为合法关系。然而，这种观点可以这样加以反对，即每一方在达成任何契约之前具有的地位可能在经济上如此不平等，以致较弱的一方在何种程度上同意——在“同意”的任何有意义的意义上——与较强的一方达成契约非常成问题。

在这方面，当涉及经济上弱势的国家与经济上强势的国家之间的关系时，我们完全可以质疑它们之间的被认为具有真正自愿性质的“贸易”。相比之下，费希特认识到以经济力量为基础的间接形式的强制的可能性，这使得他在世界公民法权观念

---

[1] 康德：《永久和平论》，页 346；《政治论文集》，页 96。

方面采取一种更具批判性的立场，而且是一种相当于对他自己早期的世界公民法权理论进行重新评价的立场。这产生了下列的问题，即费希特的解决单边形式的经济依赖性问题的方案的锁闭商业国思想是否提供了一种替代康德世界公民主义的可行性选择。考虑到［108］他在《锁闭的商业国》中继续寻求解决他和康德都涉及的世界公民法权问题，即永久世界和平的可能性问题这一事实，接下来我将给出事例表明为什么费希特的方案是明确不可行的。

费希特将《锁闭的商业国》理解为不仅构成一种意在表明能够靠自己的劳动生存的不可让渡的权利如何能够得到保障的经济理论，而且有助于解决对康德《永久和平论》的出版所引起的世界公民主义和世界和平主题的争论；这种观念是通过费希特在这部著作中关于一个国家需要获得自身的天然疆界——无论是其领土的增加还是减少——的讨论得以表明的。❶ 费希特将这一措施设想为在实现作为一个国家能够在经济上向其他国家关闭起来的前提条件的自足目的方面是必要的。他认为，如果一个国家没有获得它的天然疆界，它就将展现进行征服战争的倾向，或者至少处于一种不断备战的状态，因为它意识到——尽管是模糊地——自身匮乏某种自己需要的东西，要么是一块富饶的疆土，要么是煤矿或盐矿。相比之下，一个在经济上向其他国家关闭起来的国家在获得自身的天然疆界以后，将没有任何东西是从设法

---

❶ 莱昂表明，法国革命的丹东（Georges Donton）是这种天然疆界思想的始作俑者。参见莱昂：《费希特〈锁闭的商业国〉中的社会主义思想》，页216。当法兰西共和国的军队跨界进入当时不是法国领土的地方时，各种呼声要求将它们并入法兰西共和国。这样的领土包括比利时，丹东1793年1月在被派往比利时军队时，作了以下陈述：“法国的领土是天然被划定的。我们将抵达这些领土的这四个地点：大西洋、莱茵河、阿尔卑斯山和比利牛斯山。”引自多伊尔（Doyle）：《牛津版法国革命史》（*The Oxford History of the French Revolution*），页200。

开疆扩土中获得的。❶ 假如国家没有进行征服战争的动因，或者像费希特所宣称的，放弃任何试图影响其他国家政治状况的企图——这相应地会减少它自身被其他国家攻击的预期——那么，一个锁闭的商业国只有在［109］对确保内部和平与秩序必不可少的程度上才需要一支常备军；而在一个国家不得不打一场保卫战这种不大可能的情况下，可以通过武装所有能够当兵打仗的公民这样做。❷ 这样的锁闭商业国是费希特所主张的，以满足康德在《永久和平论》中提出的永久世界和平的建立的前提条件之一：逐步废除常备军。❸

但是，费希特关于一个国家在从经济上向世界其他地区关闭起来以前必须获得自身的天然疆界的提议，似乎与建立永久世界和平的观念相冲突。因为，可以认为，这更有可能导致各国争夺资源的冲突，毕竟每个国家都企图将储藏某些自然资源的地区并入自己的领土，并以这些地区属于它们的天然疆界为由为自身行为作辩护。在这方面，费希特的提议容易招致各种形式的经济帝国主义，借此一个国家可以纯粹出于经济理由去侵略另一个国家；而费希特对康德世界公民主义的重新评价又给批判经济帝国主义提供了基础。费希特在国家和天然疆界思想与随后的欧洲历史事件之间建立起来的不祥关联，已在1900年被玛丽安娜·韦伯谈到；❹ 根据欧洲历史后来的事件，费希特的天然疆界思想在人们看来比以往更有可能成为进行征服战争的托词，而不是与实

---

❶ 《费希特全集》第Ⅰ辑，第7卷，页117及以下。但与外国断绝所有商业关系并不排除与外国公民产生能够培养世界公民身份的理念的其他关系的可能性。例如，费希特提倡建立负责引进外国经典文献并与国内经典文献进行交流的科学院（《费希特全集》第Ⅰ辑，第7卷，页141）。他也提倡交换一些在一个国家能够生产但在另一个国家却不能被生产出来的产品，条件是这种交换只能由国家来进行，并且只涉及产品本身的直接交换（《费希特全集》第Ⅰ辑，第7卷，页136）。

❷ 《费希特全集》第Ⅰ辑，第7卷，页138。

❸ 康德：《永久和平论》，页345；《政治论文集》，页94。

❹ 参见韦伯：《费希特的社会主义及其与马克思学说的关系》，页65。

现永久世界和平的手段联系起来。不可否认，他本人并非没有看到一个国家在试图获取自身的天然疆界时从事侵略行为的可能性。然而，他似乎将这样的侵略视为在实现永久世界和平的终极目标时的一种必要的恶，诚如下文所示：

> 自远古时代起，叹咏战争就成了哲学家的特权。作者的确比其他人更不喜欢战争，但他相信自己能够洞见到战争在当前事态下的不可避免性，他把哀怨不可避免的东西看作毫无用处的。要终结战争，就必须消除战争的原因。每个国家［110］都必须获得它想要借助战争获得并且能够唯一合乎情理地想要获得的东西：它们的天然疆界。❶

然而，事实仍然是，天然疆界思想如此含糊和易于滥用，以致它在表面上是要在理论中声称给永久世界和平的建立指明道路，但它的影响实际上使这个理论本身变得非常缺乏说服力。但这仍不能阻止我们将《锁闭的商业国》看作是对康德在《永久和平论》中阐发的、然后被费希特在《自然法权基础》中采纳的相关的世界公民法权思想的意义重大的重新评价。因为费希特能够通过指明单边形式的经济依赖性及其可能产生的问题，质疑康德对各国之间商业关系的互惠互利的相当乐观的假定。

在这方面，即使我们承认建立一种能够产生和维系永久世界和平的国际法律秩序，或者更加现实地讲也许是对这种秩序的渴望，因而将其视为某种我们应当争取实现的东西，这种世界法律秩序观念本身也可以被设想为揭示了各国之间紧张关系和不公正的另一个源头。紧张关系和不公正的这个源头就在于以不平等的经济力量为基础的单边关系的依赖性的存在使其成为可能的间接形式的强制。因此，任何试图发展声称包含在康德世界公民法权

---

❶ 《费希特全集》第Ⅰ辑，第7卷，页118。

理论中的潜在东西的尝试，都不得不探讨这个问题，或者在国际问题上就可以将康德对积极公民与消极公民所作的区分同国际联盟中在政治上独立、但在经济上较强和较弱的国家彼此之间的关系进行比较而言，冒险谅解康德理论对公民所作的上述区分。

费希特在警示我们康德的世界公民法权理论存在这样一个问题时，再次表明他自己已经意识到一种过分形式主义的路径所具有的危险。我们也可以在费希特有关下列问题的论述中察觉到一种试图避免单纯形式主义路径的尝试，这个问题就是，一个在其中存在人与人之间的法权关系的国家如何不仅能够自我维持，而且能够给一个潜在繁荣的人类社会提供基础；这就是我要在[111] 下一章参照德性概念揭示的内容，德性概念在费希特的社会与政治哲学中扮演着在很大程度上是隐蔽的、但至关重要的角色。为了理解费希特关于德性的论述——我所指的是一种社会或政治形式的德性——我们首先需要理解他对法权和道德所作的区分，并领会包含在这种区分中的洞见。

第四章　费希特耶拿时期的国家与社会理论中的法权与道德的关系

［112］费希特1794～1799年在耶拿大学担任教授期间的伦理与政治哲学的一个显著特征是，他将法权的法律与政治领域同道德区分开来。在1796/1797年的《自然法权基础》中，他认为通过将法权概念演绎为自我意识的一个条件，因而使它独立于道德法则或伦理法则，这种分离已经得到实现。[1] 这一路径的独创性可以通过比较费希特的立场与康德的其他追随者——他们的确是从道德法则推演出法权概念的——的立场加以阐明。他们是通过将道德法则变成在道德上被命令或禁止的东西的法则，然后通过将法权与一个人有权行使的可能行为的领域——这些行为在道德法则既不直接命令也不直接禁止它们的意义上，是无关乎道德的——等同起来这样做的。这就给

[1] 《费希特全集》第Ⅰ辑，第3卷，页359；《自然法权基础》，页50。

了每个个体以自由决定是否行使这些行为的余地，只要这些行为不会威胁到侵犯道德法则。[1] 在这里，法权是指一种许可性的法律，亦即一种说明哪些行为在道德法则设定的界限内是被许可的法律。费希特在 1793 年的《纠正公众对于法国革命的评论》中采用了这样一种法权观，在其中，他将法权描述为道德法则没有明确禁止一个人去做的任何事情，他主张只要道德法则保持沉默，个体的行为就可以随他自己的任意（Willkühr）行事。[2] 然而，费希特［113］在后来的《自然法权基础》中明确反对这种路径，认为很难看出一项许可性的法律如何能够从像道德法则一样绝对地发布命令的法则中推演出来。[3]

除一项许可性的法律如何能够从绝对地发布命令的法则中推演出来的问题之外，有人还针对费希特有关法权与道德关系问题的态度变化提出了另一种解释，这种解释涉及的是他承认不可能将法权的合理地位归结为法权与个体的道德自律的关系。相反，法权领域必须被看作拥有其自身的特有目的，这个目的就是个体性的培养，以至于在这方面法权与道德涉及的分别是两种在本质上不同形式的自我决定：行使自由选择的能力和行使道德自律的能力。[4] 这种关于费希特分离法权与道德的解释无论如何都是与声称不可能将一项许可性的法律从绝对地发布命令的法则中推演出来的观点相容的。因此，我们可以将费希特对法权与道德的分离设想为是由一系列的理由造成的。然而，这两种关于费希特对法权与道德的分离的解释，

---

[1] 参见克斯廷（Kersting）：“法权与道德的独立性”（Die Unabhängigkeit des Recht von der Moral）。

[2] 《费希特全集》第 I 辑，第 1 卷，页 220。费希特也把法权说成是如果没有的话，道德法则就不可能对我们起作用的东西。换言之，我们有权履行我们的义务，这种义务意味着没有人有权阻止另一个人履行他自己的义务。但在这样的情况下，就不存在不履行一个人的义务的相应权利，因为他有绝对的义务去做道德法则命令的事情。因此，只有道德法则对其保持沉默的行为，才构成任何契约的可能对象，因而属于法权的法律领域；既然一个人有权行使或不行使这些行为，它们就始终是由他的个人意志决定的东西。

[3] 《费希特全集》第 I 辑，第 3 卷，页 324；《自然法权基础》，页 14。

[4] 参见诺伊豪瑟：“费希特和法权与道德的关系”。

正如它们所表明的，似乎都接受这种分离是一种绝对的分离的观点；而接下来，我要表明，费希特指出在法权与道德之间存在一种重要的关联，并且它们各自有着自我决定的形式。

一旦我们根据费希特1798年的《伦理学体系》——在其中，费希特提供了道德法则作为自我意识的条件的演绎——研读《自然法权基础》，就会发现这种观点非常明显。我对这个问题的讨论将相应地使我在国家与社会——这种社会被理解为一种伦理性的、而不是法律和政治性的共同体——之间建立一种联系，并使我表明，费希特考虑到一种比我们在《自然法权基础》中遇到的以自我利益为基础的法律和政治秩序的国家更加宽泛的国家观念。这种更加宽泛的国家观念涉及一种统一的、［114］在自身集人类生活的经济、法律和伦理领域于一身的政治共同体。事实上，我认为可以将《自然法权基础》和《伦理学体系》设想为构成一个统一的国家与社会理论的两个部分，以至于费希特实际上要被看作在耶拿期间运用了两种国家观念：一种是无关道德的国家观念，它将国家专门与法权的法律和政治领域等同起来；另一种是更具伦理性的国家观念，它融合了道德领域，因而使法权与道德彼此产生关联。我是通过表明，虽然费希特认为法权与道德在本质上是彼此分离的，但当涉及一个以一种真正有效的方式履行职能并有繁荣的潜在性的国家的可能性问题时，他仍暗示两者之间存在一种关系，来这样做的。

但我认为，费希特对法权与道德所作的强烈的概念区分仍然有效，因为它承认并揭示了个体可能对国家的法律制度以及对他人抱有的不同取向。因此，在我看来，凭借以下理由批评费希特对法权与道德的区分是错误的，即对他来说体现法权特征的利己主义和不信任是与他使相互承认的关系变成法权的存在论基础相冲突的，因而表明由个体组成的联合体比借助他在《自然法权基础》中阐述的公民契约所实现的共同体形式更加根本。❶ 我对费希特有关法权与道德关系的论述的诠释表明，这种主张没有抓住要点，因而它没有公正地对待如下方面，即当涉及是什么动机真正激发人们将他人承认为合法的人并承认他们的财产权时，人们的取向有可能是不同的。

我也要表明，以下看法绝不是清楚的，即一个人应当在本质上根据道德来理解费希特在《自然法权基础》的法权概念演绎中所阐述的法权关系，尽管存在这样的主张，例如，一个对另一个主体提出要求的主体“在他的选择中，在他的自由范围内，已经考虑到我的自由选择，已经有目的和有意向地给我留下开放的范围”。❷ 上述主张的确没有阐明是什么动机真正激发［115］那个通过给另一个人的自由选择留下开放“范围”从而尊重这个人的自由的人按照他行动的方式去行动；而在《自然法权基础》的其他部分，费希特设法以明确的无关道德的方式解释这种动机的来源。在这方面，设法给法权奠定一种伦理关系的基础就有一种风险，即低估了费希特关于各个个体在社会中可能对国家的法律制度以及对他人抱有的不同取向的洞见。费希特在耶拿大学担任教授期间所阐发的国家与社会理论实际上是一个复杂的理论，这个理论对避免法权概念的任何道德化提出了众多理由，而不是消除法权概念与道德概念之间关系的可能性。的确，费希特指出了这种关系的可取之处，如果不是其必然性的话。

我要通过重新回到费希特在《自然法权基础》中提出的公民契约理论来开始这一章。这将使我更多地谈论——除分别对法权和道德作为自我意识的条件进行的演绎之外——费希特区分法权与道德的主要方面。我也要将费希特的法权理论与黑格尔关于“必然性的国家”（State of necessity）的论述关联起来，以便阐明无关道德性的国家观念以及我们在费希特的《自然法权基础》

---

❶ 参见威廉姆斯（Robert R. Williams）：“承认、法权与社会契约”，载布雷齐尔和洛克莫尔编《法权、身体与承认》。

❷ 《费希特全集》第Ⅰ辑，第3卷，页353；《自然法权基础》，页44。

中遇到的国家的相应取向。但不要将这种做法理解为一种要把费希特变成黑格尔的企图。毋宁说，黑格尔将被看作对费希特所阐发的那种国家契约论提供了一种有力的反对，我认为，这种反对通过表明费希特的公民契约思想可以隐喻地加以理解，更加具体地说，可以被理解为在强调一种各个个体可能对国家权威所抱有的取向而得到最好的应对。于是，费希特对任何将法权概念道德化的企图的回避结果都揭示了那种黑格尔使之与被理解为必然性的国家的市民社会联系起来的取向，而黑格尔关于必然性的国家的论述则有助于解释费希特的无关道德的国家观念。

最后，我将费希特的法权理论与他在《伦理学体系》中阐述的伦理义务理论关联起来——就这些义务源自一个人的职业而言——其目标在于揭示如下方面，即这种伦理义务理论意味着法权与道德之间的一种相互关系，尽管费希特在其他地方将二者分离开来。正是在这里，我要引入德性概念，这个概念在费希特的法权理论中具有一种在很大程度上是隐含的、但至关重要的作用，尽管这一点可能是我们不曾料到的，［116］假如承认他的无关道德的国家观念和下列事实，即德性概念显得在他的伦理理论中扮演着非常重要的角色的话。我所指的德性是一种社会或政治形式的德性，这种德性给更加准确地说明费希特社会与政治哲学中法权与道德之间可以被认为存在的关系提供了手段。但是，法权与道德的这种关系并不要求反对费希特对它们所作的分离，即使这种关系在某些方面指明了克服它们的分离的可取之处。

4.1　法权与道德的分离

正如我们已经看到的，费希特将法权关系描述为一种在其中人们相互限制自己自由的关系。每个人的这种自我限制的行为都意味着给他人留下了开放的范围以使他们可以行使自由的选择，因而意味着使每个人都通过自己在这个范围作出的不同选择而将自己与他人区分开来。在这方面，法权关系构成个体性的一个条件，而个体性本身对费希特而言就是自我意识的一个条件。因此，存在牢固的根据主张法权范围的目的是培养个体性，法权涉及的是一种不同形式的自我决定，即行使自由选择的能力。

我们也已经看到，费希特将法权看作自由且理性的人们之间关系的观点意味着对他而言人们只有在与他人组成的共同体中才有现实的权利。他在将拥有实定法的共同体作为能够运用强制权利的条件加以演绎时，具体说明了这种共同体的性质。在费希特看来，体现在这种共同体中的共同意志是通过公民契约建立起来的。这种契约通过更加清楚地阐明法权与道德之间的根本差别——就这些差别涉及的是，在关系到承认他人为法律中的人并承认他们的财产权时激发一个人的行为的各种原因而言——有助于给费希特的无关道德的国家观念提供一种更好的说法。

公民契约由不同的阶段构成，每个新的阶段都是运用前一个阶段的条件。首先，存在公民的财产契约，在其中，每个个体都与所有其他个体就每个人的财产权达成一项协议。正如我们所知，费希特采用的是一种宽泛的财产观念，［117］这种财产观念首先将财产理解为能使一个人靠自己的劳动生存的特定活动。既然财产契约的最根本的对象涉及一个人能靠自己劳动生存的权利，这种契约就要求人们在现实中受到保障有能够靠自己劳动生存的可能性。财产的保护相应地要求——如果必要的话——土地和物品的再分配，因为这样的对象可能是别人需要的，以便有些当前没有拥有它们的个体能够靠自己的劳动生存。根据这种财产观念，就会更加容易理解费希特的下列主张，即财产契约涉及所有人向其他人宣布他们打算怎样谋生，以至于“任何人都不是成为一般的公民，而是在他加入国家的同时就进入公民的某一阶层”。❶ 一个人在他进入国家的同时就进入公民的某一阶层的思想，将在我试图表明法权领域与道德领域之间关联——尽管费希特也将它们分离开来——的尝试中起到重要作用。不过，除了对法权和道德作为自我意识的条件分别加以演绎外，我还必须首先提到费希特将法权与道德分离开来的不同方式。

费希特的国家契约论说明他分离法权与道德的方式关系到国家的作用，国家运用和实施法律，保障人们不会依赖于他人的善良意志，而假如只有道德法则来决定一个人与他人的关系的话，就会使他们依赖于他人的善良意志。正如费希特所表述的：

> 每一方都希求，并且有权希求，对方发生的行动仅仅是在假定对方完全具有善良意志时才会发生的；至于是否真有这种意志，则不是他们关心的问题。每一方对对方都仅仅提出**合法性**的要求，却绝没有提出道德性的要求。❷

换言之，从法权的立场看，与从道德的立场看不同，在本质上起作用的是一个人的外在行为符合法权要求，而不考虑是什么实际激发这个人根据这些要求去行动。法权涉及的是外在行动，而道德或伦理涉及的是内在［118］行动的事实，已经构成了法权与道德的一个本质差别。❸ 因此，国家所扮演的一个重要角色就是

---

❶ 《费希特全集》第Ⅰ辑，第4卷，页23；《自然法权基础》，页187。

❷ 《费希特全集》第Ⅰ辑，第3卷，页425；《自然法权基础》，页125。

❸ 正如费希特本人所言，“法权概念只涉及在感性世界中表现出来的东西。凡在感性世界中没有因果性，而停留在内心的东西，都应放在另一个法庭，即道德法庭的面前”（《费希特全集》第Ⅰ辑，第3卷，页360；《自然法权基础》，页51）。然而，真的可能在一个行为背后的、费希特在此认为单独属于道德领域的意图与法权领域之间作出这样一种清楚的区分吗？例如，当外在行为需要在法律上加以评判时，这个过程的一部分将通过包括追问行动背后的意图是什么，从而决定应当受到惩罚的程度。费希特区分了由于想要获得私利或由于疏忽而造成的对权利的侵犯和由于形式上坏的意志而造成的对权利的侵犯，后者造成破坏不是为了获得某种好处，而是仅仅为了破坏本身。而且，费希特主张，在后者中至少一个人的观念（Gesinnung）必须被考虑进去，因为对权利的这种侵犯要求受到更为严厉的惩罚（《费希特全集》第Ⅰ辑，第4卷，页62－63；《自然法权基础》，页230）。

在可能缺乏道德动机的情况下确保人们的外在行为符合法权要求。

费希特在其国家契约论中表现出来的有关法权与道德的分离的另一个核心方面涉及对如下事实的强调，即法权单纯是一种具有逻辑连贯性的东西，以至于它不依赖于任何道德考量。这种逻辑连贯性涉及一种工具性的推理形式，在其中，对实现某个目的的恰当手段的希求成为思维连贯的标志。当涉及一个人签订公民契约时，思维连贯的行为就既要求他所服从的条件与他想要通过达成这种契约实现的目的一致，也要求这些条件平等地运用到他本人和他人身上。[1] 因此，一个人在没有获得绝对的保障使自己的财产相应地得到他人保护的情况下，就没有义务［119］保护他人的财产，因为这是与他希望通过签订公民契约实现的目的，即确保他自己财产的目的不相连贯的。正如费希特所言，“每个人都渴望公共安全，因为每个人都渴望他自身的安全”。[2]

---

[1] 一个人所服从的条件应当平等地运用于他人身上的思想是卢梭社会契约论的一个重要特征，卢梭的社会契约论在这里可能是影响费希特的主要来源。卢梭主张，社会契约产生人们之间的道德平等，因为每个个体都服从平等地运用到所有人身上的条件，以至于没有人有任何兴趣使公民状态变成他人的累赘，并且每个人“通过向全体奉献自己，就没有向任何人奉献自己”（卢梭：《社会契约论》，页 360 - 361）。这一主张背后的思想似乎在于，建立一套公正的法律将从公民状态中人们之间存在的各种关系中消除任何个人意志，在这种公民状态中，任何个体都平等地服从他们作为其成员的集体的法律，因为这些法律具有普遍的特性，因而平等地适用于所有人。这样做就消除了由于服从不平等的条件，亦即服从以牺牲另一些人为代价而惠及一些人的条件所导致的依赖性的可能性。因此，我认为卢梭主张，虽然一个个体使自己依赖于借助社会契约建立的道德性的和集体性的实体，但在这样做时，他避免了使自己依赖于任何特殊的个人或由个人组成的组织。这就是为什么卢梭主张公民在这一实体中的成员身份“保障他反对任何个人依赖性”（卢梭：《社会契约论》，页 364）。可见，公民自由要根据一个人的相对于他人的个人意志的独立性来理解，而不能被理解为绝对的独立性。

[2] 《费希特全集》第Ⅰ辑，第3卷，页436；《自然法权基础》，页137。

费希特所提到的逻辑连贯性（Consequenz）取决于作为“在普通逻辑中一般地提出来的”一般的思维规律。❶ 虽然他在属于其法权概念演绎的系理的同一段话中主张，“我们双方通过我们的实存而相互结合（gebunden）和相互约束（verbunden）”，❷ 但不要把这看作是在使用一种特别道德性的推理形式。因为这一主张可以在本质上无关道德地被诠释为意味着思维规律就是所有有限理性存在者服从的规律。根据这些思维规律进行思考和行动，就要求与他人达成各种协议，这些协议是当我们希望实现确保我们的生命和财产的目的时，我们相互结合和相互约束而遵守的。在这方面，就霍布斯主张存在某些自然法权而言，费希特与他的立场相似，这些自然法权中的每一个都是“建立在理性之上的普遍法则，用来禁止人们毁灭自身或放弃保存生命的手段，并用来教人认为保存生命是最好的”。❸ 撇开这些自然法权的具体内容问题不谈，它们在人类理性中的基础和它们最终想要实现的目的，即自我保全，展示出一种与费希特所提出的法权原则在形式上的一致。而且，对费希特和霍布斯来说，一个人设想自己可以指望他人承认和采用［120］指导他们与其他人达成契约以保全自己生命的理性原则，或者尊重任何协议——如果他们决定达成这些协议的话——终究是逻辑不连贯的。正如霍布斯生动地表述的，“不带剑的契约不过是一纸空文，它无力保障一个人的安全”。❹ 因此，保障一个人的生命和财产安全的目的要求建立国家权威，使它能够实行和维持人们在强制力量的威吓下必定向他人履行义务的法权状态，而这样的国家权威是通过能够逻辑连贯地思维的理性个体的同意建立起来的。

因此，公民契约的条款需要与思维连贯的要求相容。这就

---

❶ 《费希特全集》第Ⅰ辑，第3卷，页355；《自然法权基础》，页45。

❷ 《费希特全集》第Ⅰ辑，第3卷，页354；《自然法权基础》，页45。

❸ 霍布斯：《利维坦》，页91。

❹ 霍布斯：《利维坦》，页117。

是为什么费希特要给公民契约引入除财产契约之外的另外两个契约的原因。这两个契约就是保护契约和联合契约。保护契约在于每个人都要承诺保护其他人的财产以反对第三方对它的任何可能的侵犯。但是，由于不能保证其他人在一个人需要他们提供保护时会保护他的财产，费希特就引入了联合契约，这种契约在于建立一种能够迫使财产权得到承认的保护力量，而每个个体在进入国家时都同意为这一保护力量的维持作出贡献。这又要求逻辑连贯性，因为一个人必须接受这样的观点，即如果公民契约充当其手段的目的（也就是说，财产的保护）要加以实现，那么，他就必须像其他人一样，尊重他本人带着要保障其自身财产安全的意图而表示同意的契约条款或面临契约的法律约束。但某个人可能仍会觉得，保护他人的财产是他的道德义务，不论他人是否将在他需要他们的保护时保护他的财产。然而，就涉及外在行为而并不指望他人善良意志的存在的法权而言，如果一个人同意保护和承认他人的财产，却根本不能保证他人在他的财产需要他人提供保护时也同样这样做，那么，他的思维在保护他的财产安全的目的方面就是逻辑不连贯的。这个人的思维只有在他想要达到这一目的时，才是逻辑连贯的。

［121］这就使我对法权与道德作出另一种区分：道德的无条件性，即道德的绝对有效性，无论特定个体碰巧思考或希求什么东西；法权的有条件性。当费希特表述这样的观点时，即虽然一个人如果想要保护自己的财产安全就必须与他人达成公民契约，但没有任何东西能够阻止他放弃这个目的或放弃实现这个目的的必要手段，他所指的是法权具有一种单纯有条件的属性。对于这样一种人，只能说他在希求拥有和保障自己财产的目的而不是实现这个目的的手段时，所做的思考和行为是逻辑不连贯的。在完全放弃这个目的时，个体所做的思考就是逻辑上不连贯的，

因为拥有和保障财产的目的——这个目的对费希特来说在本质上意味着能够靠自己的劳动生存——就是所有有限理性存在者能够被期待会采纳的目的。

法权的有条件性在费希特的公民契约论中体现在他将签订这种公民契约的行为视为一种可选择的事，因而表明每个国家最终都建立在一种现实的契约，从而建立在每个国家成员已经现实地同意签订这种契约的基础之上。法权在每个个人仅仅在所有其他人根据法权要求行动的条件下才有义务根据法权要求行动的意义上也是有条件的。这就是为什么费希特将法权法则（das Rechtsgesetz）说成是指向每个人的，而无条件地发布命令的道德法则是指向我个人的。[1] 换言之，我遵守道德法则的义务不取决于他人做什么，因为我应当履行我的义务而不论他人是否可能这样做；而我根据法权原则行动的义务则取决于他人的行动，因为如果他人并不服从那些我所服从的相同条件，我就会没有理由或义务根据这些原则行动。

就涉及那些可能激发个体根据法权要求行动的原因而言，费希特借助法权与道德的分离向我们提供了一种基于自我利益和通过国家权威的保障建立起来的对他人法律人格和财产的承认形式。这并不是说，有些个体不会基于纯粹的伦理原因而承认其他个体为人［122］并尊重他们的财产权。然而，正如费希特现实地指出的，这不是某种可以合理地指望的东西。在下一节，我将表明以费希特对法权与道德的分离为基础的无关道德的国家观念也体现在黑格尔将现代市民社会描述为“Notstaat”（必然性的国

[1] 《费希特全集》第Ⅱ辑，第13卷，页206。

家）”的观点中。[1] 费希特本人使用术语“Notstaat”来指一种现存的国家，而这种国家构成了正义且理性的国家的发展条件，但它本身却不是这种正义且理性的国家；自此以后，Notstaat就被翻译为“临时国家”（makeshift state），这一翻译强调的是它的暂时性。[2] 但黑格尔的市民社会理论表明，Notstaat这个术语在《自然法权基础》中也可以被译为“必然性的国家”（state of necessity），因为他的市民社会观在诸多重要方面与这部著作中的无关道德的国家观相契合。

另一方面，黑格尔批判各种国家契约论，因为它们最终使个人的观点和任意（Wiukür）变成国家的基础。[3] 正如我要在下文指出的，这种批判路线已经在黑格尔的市民社会理论中得到阐发，而这个理论包含对费希特所提出的那类国家契约论的有力反对。然而，［123］面对这种有力反对——我认为这种反对事实

---

[1] 在黑格尔耶拿时期的某些作品中，他极力批评费希特的法权理论。参见黑格尔：“费希特与谢林哲学体系的差别”（Die Differenz des Fichte'schen und Schelling'schen Systems der Philosophie），载于《著作集》（*Werke*）第2卷和“关于自然法权的科学探讨方式、自然法权在实践哲学中的地位及其与实定法学的关系”（Ueber die wissenschaftlichen Behandlungsarten des Naturrechts，seine Stelle in der praktischen Philosophie und sein Verhältnis zu den positiven Rechtswissenschaften），载于《著作集》第2卷。但是，我们已经指出，黑格尔在耶拿时期的最后阶段和自此以后逐步将现代自然法权传统的一些核心方面融入他的法哲学中，这一变化部分地是他重新钻研费希特作品的结果。参见里德尔：《传统与革命之间》（*Between Tradition and Revolution*），页76及以下。黑格尔市民社会理论的一些重要特征，例如“必然性的国家”观念，就可以被看作这种重新钻研的结果。威廉姆斯注意到费希特的国家观与黑格尔的作为“必然性的国家”的市民社会观之间存在相似性。参见威廉姆斯：“费希特《自然法权基础》中强制对承认的取代”（The Displacement of Recognition by Coercion in *Fichte's Grundlage des Naturrechts*），页61。但他没有认可这种联系可以被认为具有一种积极的维度，因为他仅仅局限于黑格尔早期对费希特的批判，因此没有充分考虑到市民社会逐步构成黑格尔在其法哲学中所阐发的现代伦理生活理论的一种构成性的、因而是本质性的因素。

[2] 《费希特全集》第I辑，第5卷，页215；《伦理学体系》，页226。

[3] 黑格尔：《法哲学原理》（*Grundlinien der Philosophie des Rechts*），入《著作集》第7卷，§258附释。

上是令人信服的——我不是要设法为费希特的公民契约论辩护，而是要表明费希特的无关道德的国家理论可以通过基本无关契约的方式重新得到诠释，公民契约思想可以最终被归结为某种在费希特的政治哲学中具有一种单纯隐喻性和调节性作用的东西。但这种做法仍使国家契约论所特有的意志论和包含在法权与道德的分离中的见识得到保留。我对这些问题的探讨相应地促使我认为，法权与道德的一种积极关联可以在费希特耶拿时期所阐发的国家与社会理论中被发现。这种关联具体关系到上文引用的费希特的主张，即每个公民在进入国家的同时就进入某个公民阶层。因此，如上所述，费希特对法权与道德加以分离的不同方式，不应当误导我们认为他否认在这两个概念之间存在任何关系。相反，我认为，德性概念为费希特本人表明在法权与道德之间必定存在的一种关系提供了说明和理解的手段。

4.2 必然性的国家

黑格尔将家庭与政治国家之间的市民社会（die bürgerliche Gesellschaft）放在他的伦理（Sittlichkeit）理论中。他将市民社会描述为这样一种状态，在其中，自私的目的在其实现方面受普遍性制约，因为任何试图实现这些目的的尝试都将发生在相互依赖的、他称为需要体系的系统中。[1] 这是因为一方面每个个体都依赖于生产或供应满足其自然需要和人为需要的手段的他人，而另一方面他人也可能依赖于他，以满足他们的需要。既然人们都交织在这种相互依赖的状态中，我们就可以将他们说成是服从于必然性。正如我们将在下文看到的，正是“必然性的国家”的

[1] 黑格尔:《法哲学原理》，§§189－208。

这个方面构成黑格尔反对各种国家契约论的有力基础。

[124] 于是就产生了以体现市民社会特征的相互依赖状态为基础的一系列法律制度。这些法律制度旨在保障基本权利和确保社会有效运转并且符合每个人的利益。它们尤其争取保障人的身体和财产权的不可侵犯，也涉及国家公民的福利和诸如维护社会基础设施的任务。因此，黑格尔将市民社会描述为这样一种状态，在其中，个体的生计、福利和“合法的定在”（rechtliches Dasein）不可避免地与所有人的生计、福利和权利交织起来，并且只有在这种背景下才是现实的和安全的；正是这种形式的社会，他称之为“必然性的国家”或“外在”国家。[1] 在这个程度上，必然性的国家可以被认为与费希特《自然法权基础》中的无关道德的国家观紧密契合。因为这种国家观在本质上体现为一种其任务在于保护财产安全的保护力量，对费希特而言，这种力量最终意味着保障每个人都能靠自己的劳动获得生存，以至于国家的职能包括与个体的生计、福利以及合法定在有关的职能。正如我们已经看到的，这种保护力量是必要的，因为不能保证个体在彼此的关系中会根据道德要求来行动。费希特的无关道德的国家观，就国家的基本职能被认为在于体现一种保护力量而言，完全符合黑格尔的追随者之一甘斯（Eduard Gans）所提供的关于必然性国家的描述，他在黑格尔去世大约一年以后的1832/1833年开办的法哲学讲座中提道：

> 有些人说国家就是确保安全的国家，国家不一定要现实存在，只是人们很不道德，所以才有必然性的国家。他们把国家设想为无非就是市民社会，其任务在于保卫各个个体的独自利益。国家是对天然自由的一种限定。人们必须牺牲自

---

[1] 黑格尔：《法哲学原理》，§183。

> 己的部分自由和权力以便保全剩下的自由和权力。❶

国家的运转旨在保障个人的权利和福利，这有助于解释为什么黑格尔将国家称为［125］“外在”国家。因为这种国家观表明国家的存在是一种本质上偶然的事情，而国家的基础在于人们的所谓无关道德的本性，在于人们决定牺牲他们的部分天然自由以保全这种本性，采用的形式是他们在与他人和国家本身的关系中所享有的一系列权利。因此，国家对个体而言，在它并不被他们设想为与他们自己的意志处于一种本质的关系之中的意义上，是外在的；个体与国家的关系是一种以涉及人的本性和代表人自身的最大利益的观点为基础的关系。费希特的国家契约论体现了这种明显的偶然性因素，这是费希特本人在以下段落强调的，他主张与道德相关的绝对义务并不存在于法权之中：

> 现在在法权学说中谈的不是这种道德约束；每个人只是由任意的决定约束自己，与其他人生活在社会中。如果有人根本不愿意限制自己的任意，那么，除了他必须随即离开一切人类社会，大家在自然法权领域中就无法用其他手段反对他。❷

费希特进而主张：

> 对于任何一个人，他是否愿意生活在一个特定的国家中，在原初取决于他的自由任意，尽管在他仅仅想生活在人们当中时，他究竟是愿意进入某个国家，还是愿意仍然做他

---

❶ 甘斯：《自然法权与普通法权历史》（*Naturrecht und Universalrechtsgeschichte*），页94。

❷ 《费希特全集》第Ⅰ辑，第3卷，页322；《自然法权基础》，页11－12。

自己的法官，并不取决于他的任意。[1]

可见，费希特的立场似乎在于，一个人进入特定的国家在本质上是一件可选择的事情。但是，既然人们如果不服从第三方权威并委托它解决人们之间的争端和给它配备执行决定的权力的任务，就不可能和平共处，那么，如果一个人希望与他人生活在共同体中的话，他就别无选择，只能成为国家的一部分。然而，这并不意味着一个人在面临他成为其成员的特定国家时别无选择，也不意味着人们［126］实际上不能选择以这样一种人人都能够在彼此的关系中感到安全的方式与他人共同进入社会。

我们回到黑格尔对国家契约论的有力反对上来，上文引述的内容给黑格尔指责国家契约论将个人观点和任意意志变成国家的基础提供了绝好的例证。而且，黑格尔关于作为“必然性的国家”的市民社会的论述的一个重要方面，无论它在其他方面如何契合费希特的无关道德的国家观，都表明存在一种有力的理由主张国家契约论通过将国家建立在一种本质上虚幻的同意理论基础上曲解了国家的真正本性。黑格尔市民社会理论的这个方面涉及上文提到的市民社会的相互依赖状况，这种状况是通过各个个体力求满足自己的需要以一种基本无意识的方式产生的，这意味着个体实际上不可能生活在构成国家的经济和社会基础的需要体系之外。相反，这种构成一个自我复制的总体的需要体系必须被设想为先于各个在其试图满足自身需要时融入这个总体的特定个体而存在，以致这里的重点牢固地落在必然性观念，而不是自由观念上。在这方面，同意观念就显得不合时宜了，尤其是如果它被认为是国家借以存在的一种经验性行为的话。

至关重要的是，黑格尔认为费希特将国家仅仅理解为一种

---

[1] 《费希特全集》第Ⅰ辑，第3卷，页326；《自然法权基础》，页15。

“外在秩序”;❶ 因为如果把这与他将市民社会称作“外在”国家的方面结合起来，这一主张就表明黑格尔自己认为在费希特的国家理论与他自己的市民社会理论之间存在某种关联。而且，黑格尔承认，人们能够塑造那些根据自由观念加以改造、以需要体系为基础产生的法律制度；黑格尔认为这种情况已在人类历史过程中发生的一个具体方面表明，费希特国家观的意志论因素如何可能被保留下来，即便我们要摒弃他的市民契约理论中的激进意志论。在这方面，将费希特看作已经阐发了这样的国家观是可能的，这种国家观包括他洞见到通常［127］描述现代的反思性个体与国家及其法律制度之间关系特征的取向类型（type of disposition），而这种取向类型也体现在黑格尔的市民社会理论中。

虽然黑格尔最终反对我们在费希特法权理论中发现的“外在”国家的观念——黑格尔也认为这是现代市民社会的特征——但他承认与这种国家观念相关的取向的现实。以使人想起他将市民社会描述为“必然性的国家”的方式，黑格尔将这样的取向描述为个体在其中将自身设想为生活在一个仅仅作为必然性东西的国家中，❷ 选择遵守国家的法律仅仅因为他们实现了他们除此之外就不能实现自己目的的状况。❸ 个体可以将自身设想为生活在一个仅仅作为必然性东西的国家中，这意味着如果他们发现了实现他们目的的一些其他手段，或者如果他们放弃了使自己生活在一个国家里变得必然的目的，他们实际上就不需要生活在一个国家中，所有这些可能性都使人想起费希特对法权的有条件性和道德的无条件性的区分。虽然黑格尔关于需要体系是市民社会的基础的论述意味着这种观点在本质上是虚幻的，但他关于

❶ 黑格尔：《法权哲学：1819/1820 年讲座笔录》（*Philosophie des Rechts. Die Vorlesungen von 1819/1820 in einer Nachschrift*），页 190 – 191。

❷ 参见黑格尔：《法权哲学讲演录》（*Vorlesungen über Rechtsphilosophie*），第 4 卷，页 474。

❸ 参见黑格尔：《法权哲学讲演录》，第 4 卷，页 481。

个体可能对上文提到的国家权威抱有的态度的评价表明，他仍意识到了个体对国家法律制度抱有的态度可能具有的不同类型的取向，表明我们必须在这些取向中纳进这种本质上错误的取向。因此，在“必然性的国家”中出现的必然性的另一个方面可以被理解为一种主观形式的必然性：感知到个人需要生活在一个国家中，因为这样做代表实现某些其最终源头在于自我利益的目的的必要手段。虽然这种主观形式的必然性与无法认识到在需要体系中有其自身基础的客观形式的必然性相伴随，但它对于区分这两种形式的必然性，对于将主观形式的必然性视为至关重要的仍是有用的。

假如存在这种主观形式的必然性，费希特的公民契约理论就可能被赋予一种隐喻性的功能，这种功能是从这个理论用于说明这种主观［128］必然性和与之相关的推理类型的方式中推出来的。他的公民契约理论也可以被赋予一种调节性功能，属于康德赋予社会契约的那种功能类型，他主张，这是一种能够使我们追问何种法律可以从整个国家的统一意志中产生出来的理性观念。❶ 这是因为费希特在设法根据激发个体作出行动的动机来区分法权与道德的时候所提出的无关道德的原因，可以被看作他要尝试说明证成任何现实国家所需要的根据问题，即在国家公民——就他们被认为是理性的、利己的行为者，而不必然也是道德存在者而言——眼里如何才算作一个合法的国家。更重要的是，这些证成根据将要涉及国家行使保障个体能够靠自己劳动生存的权利的保护性力量的职责。为了进一步强调在费希特公民契约观中所发现的意志论，即便在这种契约的实际性被否认时，如

---

❶ 参见康德：“论通常的说法”，页297；《政治论文集》，页79。费希特本人提出过一种容易导致对公民契约进行假说性诠释的主张，他指出：“如果我是公正的，因而我完全应该具有权利，那么，如果我服从一个经过我检验和同意的法规，那么，我服从的就不是人的可以改变的任意，而是不可改变的、固定的意志”（《费希特全集》第I辑，第3卷，页398；《自然法权基础》，页95－96）。

何能够被保留下来，并且是以一种承认在黑格尔称为需要体系的东西中出现的客观形式的必然性的方式被保留下来的，我现在要转而探讨费希特的下列主张，即一个人在进入国家的同时，不是成为一个一般的公民，而是进入某个公民阶层。我认为，这种主张可以与黑格尔的下列主要尝试联系起来，即他试图表明，市民社会是通过人们设法在历史进程中实现他们的自由而被塑造出来的，尽管黑格尔又将历史进程建立在与需要体系相关联的客观形式的必要性基础之上。

对黑格尔而言，市民社会中相对于其必然性特征而存在的行使自由选择的可能性的一个主要方面，涉及个体所从事的劳动类型，因为在现代市民社会，人们可以自由选择从事特定的贸易或职业，即使个体的选择将受到诸如他的天然能力和教育水平因素的限制，以致必然性再次扮演着一个至关重要的角色。个体通过选择从事特定的贸易或职业，同时就选择了［129］进入某个阶层。❶ 黑格尔将这与柏拉图否定“主观特殊性”原则的权利采取的方式加以对比，认为柏拉图分派给国家统治者以替每个人选择他们所属阶层的任务。❷ 特定的贸易或职业在社会中被分派给特定的种姓或其他群体，成为否定主观特殊性的另一些事例；而其主观特殊性的权利以这种方式遭到否定的各种团体的存在，表明需要根据人是本质上自我决定的存在者的观念改造社会。这个调和以选择自己职业为形式的自由同被理解为需要体系的存在以及人在其中的地位的必然性的方面，与费希特关于财产属性和国家作用的观点相容，因为他将从事某种劳动的权利本身视为获得生存所需的财产，以至于国家的主要职能之一就是确保这样一个体系的存在，这个体系能保障每个人都能靠自己劳动获得生存。的确，一个人的能够靠自己劳动生存的绝对的和不可让渡的权利构

❶ 黑格尔《法哲学原理》，§206。

❷ 黑格尔《法哲学原理》，§206 附释。

成财产契约的主要对象。虽然在《锁闭的商业国》中费希特给从事一个人自己所选择的职业的权利设置了某些限制，但他并没有完全消除自由选择的可能性。事实上，他在主张个体“通过公共地和公开地献身于某个特定职业”而同意达成财产契约时，就表明从事某个职业的行为无法取代在他的公民契约理论中所包含的意志论因素。❶

费希特在《锁闭的商业国》的第一编追索了这种思想，这种思想更加详细地阐发了业已包含在《自然法权基础》第二部分中的某些观点。他在这里谈到了两个阶层的成员，这两个阶层是他根据人们在维持生活和使生活更加舒适的目的方面所从事的不同活动来划分的。他们是通过同意将自身限定在各自的活动领域之内，然后，更加积极地讲，［130］通过同意交换各自的产品这样做的，以便保障每个人都有靠自己劳动生存并尽可能获得使生活舒适的手段。费希特将这两个阶层与拥有专门的权利交换生产者和工匠的自然产品和成品的商人阶层之间的关系也视为建立在一系列契约基础上。他关于各个阶层彼此关系的理论，就产品的供给而言，表明尽管存在他描述这些关系的契约条款，但他仍然意识到人们为了满足自身需要而彼此依赖，所以国家经济生活就具有必然性的特征。既然监督生产和交换的整个过程的国家必须不仅确保他们尊重彼此业已达成的协议，而且要确保有足够的自然产品和成品来满足所有国家成员的需要，那么，如上所述，国家的经济规划就部分地在于确保每个阶层总是存在适当数量的成员。为此，费希特主张想要从事某个职业的人必须让他的意图被政府知晓，然后，政府将要么允许、要么拒绝他从事自身选择的职业的权利，以至于“在一个国家里，没有国家的允许就不能有任何职业”。❷

---

❶ 《费希特全集》第Ⅰ辑，第4卷，页9；《自然法权基础》，页170。

❷ 《费希特全集》第Ⅰ辑，第4卷，页23；《自然法权基础》，页187。

但是，这并不意味着国家要给每个人指派他们在国家中的位置和角色，而这正是黑格尔认为柏拉图所倡导的举措。因为虽然费希特赋予国家的监督角色涉及给个体将能够选择他要从事的职业的范围施加限制，但他并没有完全排除自由选择的可能性，因为一个人想要从事某个职业或行业的要求事实上是可以得到批准的。而且，即使这种要求被拒绝，他仍可以要求从事另一门职业或行业。无论如何，国家保障每个人都能够靠自己劳动获得生存，这一角色可想而知要比费希特本人所制定的方案更少计划性。相反，国家行使这种角色可以被看作相当于下列措施，包括保障有充足的工作岗位可提供，个人有资格胜任他们［131］想要从事的职业或贸易；相当于确保每个人都有最大可能的机会选择自身所从事的劳动类型，而这就要求诸如给予人们平等的教育和培训机会的措施。鉴于能力差异和某些工种的有限提供，这其中仍涉及一种必然性因素。然而，关于个体在国家中的具体位置，仍存在某种程度的自由选择，因而在充分承认黑格尔市民社会理论中的客观必然性的同时，费希特公民契约理论中的意志论也允许部分地加以保留。

在下一节，我要表明，这种对个体在国家中从事的职业类型的强调十分符合费希特在《伦理学体系》第三部分给出的伦理义务学说，这一学说涉及的是伦理（Sittlichkeit）概念的系统运用。这种伦理义务学说将相应地被表明开启了如下可能性，即以不同的方式理解费希特在耶拿大学担任教授期间阐发的国家与社会理论，因为它暗示他已经意识到法权与道德必须被认为彼此处于一种本质的关系中。这里的法权与道德的关系与费希特本人明确提出的关系不同，对此我也将有所提及。但法权与道德的这两种关系无论如何都不会损及费希特关于下列事实的观点，即个体可以在国家的法律制度方面展现各种不同的取向，以至于费希特对法权与道德的分离仍是有效的。

4.3 费希特的伦理义务学说

在《伦理学体系》中，费希特关注的自由形式具有根据道德法则行动的典型特征。这种自由形式就是自律，自律要求一个人服从源于他自己理性本性的法则。道德自律体现形式自由，这种形式自由构成根据自由选择来决定一个人自己活动的单纯能力，作为道德自律得以可能的一个条件。这是因为根据道德而行动预设了一个人事实上能够以不同于他实际做出的行动来行动。正如我们已经看到的，费希特认为这种形式自由在［132］感性世界借助法权关系而成为可能。但是，法权所保障的形式自由不会具体说明，就一个人的外在行动而言，他应当在尊重他人自由的范围之外实现某些特殊的目的。因此，一个人为自己设定的目的可以被认为具有一种本质上偶然的性质。相比之下，道德法则制定无条件有效的行动法则；因此，正如费希特本人所说，它要求"一种应当纯粹和简单地发生的行动，因为它应当发生"。[1]但是，虽然道德法则制定每个人应当遵守的法则，但它是每个人并不必然地遵守的法则，因为假如他们有行使自由选择的能力，他们事实上就可以选择不服从道德法则。

正如本章开头提到的，道德涉及一种不同于法权所保障的那种自由的自由形式，这个方面已被我们看作代表费希特对法权与道德加以区分的背后的主要原因之一。法权与道德的这种区分让人感觉又呈现在费希特《伦理学体系》对承认他人财产和尊重他们身体的不可侵犯的特定义务的演绎之中，在其中，这些义务

---

[1] 《费希特全集》第 I 辑，第 5 卷，页 66；《伦理学体系》，页 57－58。

被认为构成一个人变成道德法则的有效工具的条件，[1] 在《自然法权基础》中则构成使一个人自己身体的不可侵犯得到他人尊重的权利和财产权利的条件。[2] 针对那些承担着承认他人财产和将他们的身体看作不可侵犯的义务的人所提出的尊重财产权和个体身体的不可侵犯的要求，费希特给出了各种不同的辩护，这些辩护符合他在《自然法权基础》中提出的主张，即是否道德法则可能为法权概念提供一种新的认可，这个问题本身并不是自然法权学说的一部分，而属于“一门实在的道德学说”（eine reele Moral）。[3] 这似乎确认了费希特是提倡法权与道德的绝对分离的，以下思想同样如此，即每个人都在感性世界享受自由行为主体性的各种状况，以至于能够决定自己是［133］一个个体，法权在这种原始权利中有其最终基础，而就道德来说，正是由于“他的整个个体性的消失与毁灭，每个人才成为道德法则在感性世界中的纯粹体现”。[4] 根据法权与道德的绝对分离的思想，费希特在以下段落中对与道德义务相关的取向同法权的利己主义特征作出了明确区分：

> 道德取向是为了义务而热爱义务，反之，政治取向则是为了自身而热爱自身，是对自己的人身和财产安全的操心；国家不能不作任何考虑，就把“为了你自己，你要爱你自己甚过爱任何东西和你的同胞”当作它的基本法律。[5]

至关重要的是，在这一段话中正是通过区分与法权和道德相

---

[1] 《费希特全集》第Ⅰ辑，第5卷，页247及以下，页259及以下；《伦理学体系》，页264及以下，页278及以下。

[2] 《费希特全集》第Ⅰ辑，第3卷，页405及以下；《自然法权基础》，页103及以下。

[3] 《费希特全集》第Ⅰ辑，第3卷，页359；《自然法权基础》，页50。

[4] 《费希特全集》第Ⅰ辑，第5卷，页231；《伦理学体系》，页245。

[5] 《费希特全集》第Ⅰ辑，第3卷，页69；《自然法权基础》，页237。

关的两类取向，费希特才设法强调它们的分离，同时，与法权相关的取向契合黑格尔所认为的构成市民社会成员——就他们按照“必然性的国家”来理解社会而言——的典型特征的那种取向。但是，费希特在《伦理学体系》中阐述的伦理义务学说仍表明法权与道德彼此处于某种关系中，而且理想地看，道德取向应当取代或者至少补充他将之与法权的法律和政治领域联系起来的利己主义。这在费希特论述特定职业的人的义务时，是很明显的。

费希特关于特定职业中产生的伦理义务的论述是以他的如下主张为基础的，即道德要求个体作为实现理性的一种手段而行动。❶ 正如我们将看到的，在当前背景下，这种对“理性目的”的诉求可以简单地等同于这样一种伦理的、法律的和政治的共同体的思想，这种共同体设法在最充分的可能程度上实现自身，并在这样做时，从形式上、也从道德自律上实现成员的自由。费希特主张，理性目的的实现要求劳动分工，由此不同的个体就需要完成的不同任务以实现这种目的；也要求一种包括明确各个不同阶层的［134］制度安排。正如我们已经知道的，这些阶层要么以天然关系、要么以人为关系为基础。前一种关系类型是家庭成员的关系具有的特征，而费希特使用术语“职业”意指第二种阶层，这种阶层的关系以“意志的一种偶然的和自由的规定”为基础。❷ 在上一节涉及黑格尔论述“必然性的国家”部分，我们碰到过费希特为描述各门职业的成员身份找到的一个很好理由，即这在某种程度上是一种自由选择的问题，或者至少应当是这样。❸ 但是，问题仍然涉及他对以下观点的准确感知，即职业成员通过自身行动有助于实现理性的目的。

我们已经看到，职业本身分为那些能够直接作用于理性存在

---

❶ 《费希特全集》第Ⅰ辑，第5卷，页230－231；《伦理学体系》，页245。

❷ 《费希特全集》第Ⅰ辑，第5卷，页287；《伦理学体系》，页310。

❸ 费希特承认，人们应当能够选择他们所属的阶层这一思想，比现实具有更多的道德要求（《费希特全集》第Ⅰ辑，第5卷，页244；《伦理学体系》，页260）。

者组成的共同体的职业和那些能够为了这个共同体而作用于自然的职业。第一类职业由学者、教士、优秀艺术家和国家公职人员构成，第二类职业由那些职业涉及要么指导自然，要么采集或照料产品，塑造自然所提供的原材料，或者有利于需要物品的交换的人构成。虽然这种关于低级职业的论述与在费希特《锁闭的商业国》中出现的劳动分工之间在形式上的一致是明显的，但我们不可模糊一方面从法权的立场看和另一方面从道德的立场看这种劳动分工具有的各种关系特征之间的根本差异。因为，就法权而言，一个人在特定阶层的成员身份和各个阶层彼此的关系都以自我利益为基础；而就道德而言，它们是以一种义务感为基础的。因此，费希特在《伦理学体系》中没有诉诸各个阶层之间的契约观念，因而表明他是将契约论看作单独属于法权领域的。

法权与道德的分离也反映在费希特对社会分为各个阶层给出的不同理由。这是因为就法权而言，这种分工［135］旨在确保一种每个人在其中都能够靠自己劳动生存的经济体制的存在，以至于有一种外在理由是为从事一门职业而存在的，这就是使从事一门职业变成单纯实现目的的手段，而这个目的则是自我保全的目的，它构成一个有限理性存在者在感性世界自由且有效行动的能力的最终条件。相比之下，在《伦理学体系》中这种分工的理由在于，它要保障一个人不会从事另一个人业已从事的任务，由此不会妨碍第二个人的旨在推进理性目的的活动。❶ 而且，从道德的立场看也存在自我保全的义务，只是范围要限定在这样做关系到一个人作为道德法则的工具的身份。因此，自我保全不能被理解为行动的最终目的，相反，它仅仅是实现更高的道德目的

❶ 《费希特全集》第Ⅰ辑，第5卷，页243；《伦理学体系》，页259－260。费希特似乎假定了目的王国的可能性，在目的王国中，每个成员提出的道德目的都是完美地与其他成员提出的道德目的相融洽的；因为他断言，道德法则要求一个人的东西绝不可能与它要求另一个人的东西相冲突（《费希特全集》第Ⅱ辑，第13卷，页213－214）。

的手段，这种道德目的可想而知可能在未来的某个时间点要求一个人不是保全他的生命，而是为了这种更高目的牺牲自己。[1]

虽然费希特称第一类职业为高级职业，称第二类职业为低级职业，但他主张，就理性目的而言，任何一门职业都不会比另一门职业更加根本。的确，每门行业都“关系到道德存在者的维持生存和自由活动，因而像最高级的行业一样神圣”。[2] 将低级职业的成员当作个体如何通过他们的行动有助于实现理性目的的事例，我们就可能想到黑格尔关于“必然性的国家”的论述如何表明由各种法律制度构成的法权体系是以与需要体系相关的相互依赖状态为基础产生的；而在这种相互依赖状态中，每个人都可以选择从事一种贸易、职业或其他行业，以至于在这种程度上自由和必然性的思想能够得到调和。虽然费希特［136］关于公民契约的阐述容易导致模糊这种相互依赖因素和必然性，但它有助于说明他的下列主张，即在“理性的目的在每个阶层都得到推进，它始于从土地中索取果实的阶层，这个阶层是我们人类在感性世界维持生存的一个条件”的意义上，低级职业像其他阶层一样根本。[3] 因为这一主张表明，对社会的存在而言，低级职业像高级职业一样根本，因为这些职业的成员都在从事关系到这些产品的供给活动，这些产品对于满足人们的基本需要是根本性的，而这些需要的满足使得生活更加舒适。

在这方面，低级职业在保障所有人，包括高级职业的成员，在世界中自由且有目的地行动的可能性方面起着重要的作用，因为这种可能性首先取决于他们自己身体的持续存在。在无关道德的“必然性的国家”里起着这样一种作用时，低级职业有助于使道德共同体的现实存在变得可能，因为道德法则的实现取决于

---

[1] 《费希特全集》第Ⅰ辑，第5卷，页233及以下；《伦理学体系》，页248及以下。

[2] 《费希特全集》第Ⅰ辑，第5卷，页301；《伦理学体系》，页326。

[3] 《费希特全集》第Ⅰ辑，第5卷，页244；《伦理学体系》，页261。

个体不仅有自由形成道德目的，而且有自由在感性世界根据他们的目的而行动；像在感性世界任何目的的实现一样，这将要求他们自己身体的持续存在以及诸如饥饿感觉的缺失，而这些状况可能导致他们根据机械必然性行动。费希特似乎在1812的《法权学说》中表明了同样的观点，他主张：

> 无论如何，自然赐予我们的作为更高目的的条件的外在目的，都是我们的维持生存和我们的安全。因此，在道德法则可以普遍地显现以前，它们都必须得到实现，而且普遍地得到实现。❶

道德法则的实现预设了法权状态的建立，这有助于解释费希特的如下主张：尽管人类“使自身脱离市民阶层，以期用绝对的自由把自己提高到道德境界；但是，只有个人经过国家阶段，人类才能达到这个境界。”❷ 费希特实际上强烈地主张，道德在缺乏法权状态的情况下根本就是不可能的。[137] 这可以通过如下陈述，即“在国家被建立起来以前，任何行动都是根本不可能的”，❸ 也可以通过下列主张得到表明：

> 如果人们应该相互影响，那么，他们的法律关系必须首先予以保障。这是一切社会得以存在的条件。完成这项工作的设施叫作国家。❹

最后的这个主张关系到职业方面的伦理义务；因此，我们可以将它诠释为意味着由各种职业构成的社会所代表的伦理状况的

❶ 《费希特全集》第Ⅱ辑，第13卷，页214。
❷ 《费希特全集》第Ⅰ辑，第4卷，页17；《自然法权基础》，页178－179。
❸ 《费希特全集》第Ⅰ辑，第5卷，页215；《伦理学体系》，页226。
❹ 《费希特全集》第Ⅰ辑，第5卷，页301；《伦理学体系》，页326。

可能性，每个职业都有自身的伦理义务，依赖先前建立的法权状态，在这种法权状态中，我们也遇到社会被分为各个阶层的分工，尽管这一次分工以自我利益为基础。但是，这并不意味着法权状态的建立将自动地导致一种伦理的、而不是法律和政治的共同体形式的建立，因为这种转变最终取决于人的意志。可见，法权被看作道德的一个必要条件，而不是充分条件。

法权在感性世界构成道德行为者的一个条件，这一点表明这两个领域之间的另一种重要联系。因为它表明费希特在《自然法权基础》中阐发的法权理论构成一种更加普遍的社会理论的一部分，在一个这样的社会，道德自律就构成了法权的终极目的。可能有人由于反对将法权理解为具有其自身的特有目的而反对费希特法权理论的这个目的论方面，这个方面相当于将法权归结为保障构成道德自律的一个条件的形式自由的手段。的确，费希特法权理论的这个目的论方面呈现出诺伊豪瑟对费希特政治哲学提供的那种自由主义诠释的另一个困难，诺伊豪瑟将他的主张，即费希特把法权看作在培养个体性方面具有自身的特有目的，特地与一种自由主义的社会秩序思想关联起来。这是因为费希特将法权归结为实现道德的一种手段，这一点表明他在试图提倡一种特定的、排他性的良善生活观；但就这里的情况来说，这种生活观是以将社会分为各个阶层的分工为基础的，每个阶层在社会中有自身的特定［138］伦理职能，这恰恰是自由主义政治理论在传统中试图避免的做法。

费希特法权理论的目的论方面表明法权与道德之间的另一层重要关系，尽管他并没有明确提到这层关系。因为这种目的论招致这样的问题，例如，为什么我们不能平等地将法权设想为目的，而将道德设想为手段，并避免将道德归结为单纯手段。我现在要主张，费希特有很好的理由认为道德本身是法权的一个条件，并在这样的意义上代表实现法权的一种手段，以至于法权与道德可以被看作处于一种彼此的相互关系中，其中每一方与另一方的关系既是手段，也是目的。在这方面，费希特法权理论的目的论方面可以以这样的方式加以诠释，即法权帮助实现的目的不是外在于法权自身的，因为通过使道德自律成为可能，法权就变得是在确保自身的可能性的条件；反过来，在帮助产生法权状态的条件时，道德就在确保自身的可能性的条件。就此而言，法权和道德都不能被归结为单纯实现某一目的的手段。

虽然可以设想，一种法权状态可以通过人们单纯从自我利益的角度作出行动而得到维持，并且黑格尔关于必然性的国家在一种相互依赖的状态中有其自身基础的论述似乎表明这是可能的，但一个在各个个体之间存在法权关系的国家的真正有效的运转，可以被认为要求至少某些个体在国家中有义务感和责任感行使他们的社会或政治角色。这些品格可以被认为具有一种特别的道德性，而义务感和责任感——它对一个人要求的东西可能要比他自己的自我利益所规定的东西更多——似乎很难根据费希特法权理论的基础，即“普遍利己主义”的方法论假设来解释。❶ 当费希特将德性（Tugend）说成在本质上具有一种社会性质的时候，他本人提到至少有些个体需要展现国家的某些道德品格，以至于一个人不是“通过遁世修行、离群索居、［139］崇高想象与思辨工作，履行自己的职责，……而只有通过行动，只有通过在社会中和为了社会的行动”来履行自己义务。❷

无可否认，费希特没有阐发他自己的全面的德性理论。的确，他关于这种道德概念的论述并没有扩展到《伦理学体系》的零散评论以外，并且当他确实提及这一点时，他所指的似乎并不总是一种社会形式的德性。费希特曾谈到“德性天赋”（Genie zur Tugend），他所指的是一种将自己提升到自然法则之上的杰出能力，也就是说，虽然外在环境可能提供刺激，但仍取决于作为

---

❶ 《费希特全集》第Ⅰ辑，第3卷，页433-434；《自然法权基础》，页134。
❷ 《费希特全集》第Ⅰ辑，第5卷，页213；《伦理学体系》，页223。

自由行动者的人来对这一刺激做出决定。❶ 道德行动者在与自然——包括他自己就是一个单纯的自然存在者——的关系中享有的自由，彰显出他超拔于自然之上的自由的和超感性的存在者地位，相应地，德性被认为是“我们自己的自由以能动性获得的产物，……迥然不同的事物秩序的升华”，❷ 这告诉我们，德性不是某种给定的东西；相反，它是某种必须由个体通过他自己的自由产生的东西，以便实现他的作为超拔于自然之上的超感性存在者的使命。

但是，对德性的这种教诲式的描述并不表明一种无论如何都超出被认为脱离任何社会或政治背景的道德行动者之外的德性形式。另一方面，费希特在论述教会的作用及其在人的道德教化过程中的象征或教义时，指出所有有德性的人都必然将力求在他们中间实现自身的实践信念与源于实践信念的行动之间的普遍一致。❸ 这种思想可以从较大群体的教会及其普遍的象征或教义被转移到较小群体的阶层，更小地讲，转移到社会中的一门职业中，而职业构成费希特伦理义务理论的本质因素。于是，我们可以将这些阶层和职业的成员设想为有德性的，因为他们力图在自身中实现这样两者的一致，即他们在自身所属的阶层和职业中的特定角色与他们的角色所要求的具体行动，［140］而这些具体行动又应当与同一阶层和职业的其他成员的行动协调一致。而且，费希特谈到德性必须在一个人身上施行教化，并且当他提到树立好榜样的义务时，进而表明他人将在这个过程中扮演重要的角色。这意味着仿效自己尊敬的他人的愿望将在一个人的德性教化中起到一种根本的作用。❹ 可见，费希特的德性观终究变得含有一种主体间性的因素，变得表明一种社会形式的德性的存在，

❶ 《费希特全集》第Ⅰ辑，第5卷，页171；《伦理学体系》，页175。

❷ 《费希特全集》第Ⅰ辑，第5卷，页186；《伦理学体系》，页193。

❸ 《费希特全集》第Ⅰ辑，第5卷，页213；《伦理学体系》，页224。

❹ 《费希特全集》第Ⅰ辑，第5卷，页279；《伦理学体系》，页301。

这种德性就其关系到费希特的伦理义务——它们源自一个人在一个阶层或一个职业中的成员身份——理论而言，可以参照黑格尔在其法哲学中关于德性的论述进一步加以阐述。

黑格尔将德性与一个人的自然品性结合起来，他主张，当德性“仅仅代表个体简单地适合他对其所属的环境（Verhältnisse）应尽的义务时，就是正直（Rechtschaffenheit）”。❶ 可见，他所指的似乎是一种具体的德性。这种德性有一种强烈的社会维度，尽管存在这样的事实，即它关系到个体的自然品性。这从下列方面看是很明显的，即黑格尔将被理解为正直的德性与古人如何将德性归于赫拉克勒斯（Hercules）这样的英雄人物加以比较。就后者而言，德性等同于“个体特有的自然天赋”。❷ 这种古代德性观背后的思想在于，在远古状态下，一种源自个体和国家的法律制度的充分发达的伦理义务与规范体系仍有待演进。相应地，这意味着伦理行为的行使在过去取决于一个人具有正直的品性，也就是说，有能力知道在特定环境下做什么是恰当的事情并且能够做到。于是，效仿诸如赫拉克勒斯——在上文所述的意义上他被认为是有德性的——的英雄人物的行为的愿望，就成了社会伦理规范的来源。在一个具有比较［141］发达的法律制度的国家，情况则不同，因为这里在涉及决定应当做什么的时候，将不需要依赖个体的品性。相反，一个人必须根据那些源自他与这些法律制度的关系的规范作出行动，以至于在黑格尔看来，“一个人必须做些什么，应该尽些什么义务才能成为有德性的人，这是很容易说出的。他只须做在他的环境中（in seinen Verhältnisse）已规定的、明确的和他所熟知的事就行了”。❸

结果，在现代国家某些卓越个体将很少有余地行使特有的自然伦理天赋，这尤其是因为符合伦理地行动将大致相当于像其他

❶ 黑格尔：《法哲学原理》，§150。

❷ 黑格尔：《法哲学原理》，§150 附释。

❸ 黑格尔：《法哲学原理》，§150 附释。

行使相同社会角色的人一样特别好地作出行动，而不是以卓越的方式作出行动以使自己与他人区分开来。事实上，黑格尔认为，在人类历史过程中已经有了远离古代形式的德性而偏向更加现代形式的正直的做法。因此，他主张，真正德性的时代已经过去，而我们所处的时代是正直的时代，[1] 这种正直在于以一种普遍的方式行动，而不是想要使自己与他人区分开来。[2]

但黑格尔仍将德性本身描述为“伦理东西的特殊运用”。[3] 这种将伦理东西运用到特定情形中的观念招致了如下问题，即就黑格尔称之为正直的现代形式的德性而言，伦理规范的运用相当于一种单纯机械的过程。与这种观点相反，当涉及弄清在一个人所处的特定环境中什么是做正确的事情时，可以认为一种社会角色的履行有时候要求行使诸如良好的判断以及义务感和责任感这样的能力和品格，因为可用的伦理规范不会提供诸如一个人应该如何行动的完整指导。在某些例外的环境中，情况尤其是这样；黑格尔承认，在某些特别的环境中，“本来意义上的”德性（亦即，个体知道在［142］各种环境中什么是正确的事情并且能够做到的自然能力）将在现代伦理生活中起作用。[4] 在这方面，我们可以将现代的个人所要求的那种德性设想为随不同的环境而变的。这里所要求的德性，就其对象和结果而言，仍具有一种社会性质。

黑格尔对德性概念的分析，就其涉及在诸多方面源自个人的职业义务而言，可以与费希特的伦理义务理论联系起来。首先，认为德性在其属于个人品性的一部分的意义上是自然性的观点，并不必然地与费希特的德性——作为将人提升到自然之上的人类自由的一种产物——观不相容。这是因为一个人的职业身份将取

[1] 黑格尔：《法权哲学：1819/1820 年讲座笔录》，页 125。

[2] 黑格尔：《法权哲学讲演录》第 4 卷，页 404。

[3] 黑格尔：《法哲学原理》，§150 附释。

[4] 黑格尔：《法哲学原理》，§150 附释。

决于拥有某些自然能力和资质，尽管它也取决于相关个体发展他们天生具有的这些能力和资质，以至于在这方面自由仍具有一种重要的作用。其次，费希特将某些特定的义务与涉及一个个体在较大的社会整体中的成员身份的规范联系起来，这表明他所指的东西非常像黑格尔称之为“正直”的现代形式的德性。而且，德性在于根据这些规范而行动的事实表明，个体需要效仿相同阶层和职业的那些被公认为最佳典范的成员的行动。这很好地符合费希特自己的说法，即效仿自己所尊敬的他人在个人的道德教化中起着根本的作用。但是，除非一个人想将伦理行动归结为单纯的机械过程——而这肯定是费希特不愿做的事情，至少在耶拿时期是如此——否则似乎也会给费希特所提到的“德性天赋”留下余地，也就是说，在特别的环境中个体可能需要亲自完全弄清什么是正确的事情并且能够做到。

如果国家要以一种真正有效的方式运行的话，能够在费希特的伦理义务理论和关于德性的零散评论中察觉到的社会形式的德性，可以说至少是有些人所要求的；而如果社会要想繁荣，则肯定需要这种德性。[143] 因此，我们根据费希特关于与一个人的职业相关的伦理义务的论述来看待他的法权理论时所形成的社会理论，较之我们在他的法权理论被看作孤立于他的伦理义务理论时所获得的社会理论，似乎可以被看作他在阐述一种更加确切的社会的各种状况。简言之，费希特关于法权的目的论论述可以被理解为揭示了一个有效运转的国家和一种潜在繁荣的社会形式的进一步状况。事实上，他自己的法权理论就可以被用于说明这一点，尽管他有关法权与道德的分离意味着德性思想在涉及与法权概念相关的法律和政治形式的共同体时，是不相干的。这是因为费希特的国家宪法理论给德性的行使开启了一些空间，甚至似乎要求一些在国家范围内行使某些重要政治职能的个体也践履德性。而且，我对这个问题的探讨仍使我得以在费希特社会与政治哲学同法国革命的激进阶段之间建立另一种关联。

4.4 德性在费希特法权理论中的作用

在费希特《自然法权基础》第16节阐述的国家宪法理论中，他反对要求全体民众行使行政权的民主宪政思想，因为当涉及正义的落实时，民众会成为自己的法官。这种情形本身就会构成一种不正义，会造成不稳定和恐怖，“人们不仅像处在国家以外那样，经常害怕一切人的暴力行动，而且也偶尔害怕情绪激昂的、以法律的名义干着不合法行径的群氓的盲目愤怒”。❶ 通过将这些问题等同于一种直接形式的民主制，费希特认为自己已经对共同体需要代议制作了一种演绎。简言之，民众摆脱了行使行政权的任务，由此变得服从他们已经授权其行使这种权力的组织作出的决定。

费希特也反对权力分立的思想，而赞成一种使国家的司法职能与行政职能成为民众代表——［144］可能是一个人，也可能是多个人——之责任的宪法。但是，他甚至更进一步，主张民众的代表必须负责决定法律内容。所有的特定法律都被费希特理解为本质上是一部基本法的运用，这部基本法说到“这些特定的人应该正当地生活在一起”。❷ 因此，人民代表将负责更加准确地说明公民契约的内容及其产生的共同意志。可见，行政权“包括公共权力的各个部分”。❸

但是，费希特承认，所有权力都集中到一群人或一个人手里可能是件危险的事情，以致被授予行政权的人必须以某种方式对民众负责，否则导致的结果就是专制。这种情况产生诸如这样的

❶ 《费希特全集》第Ⅰ辑，第3卷，页439；《自然法权基础》，页140。

❷ 《费希特全集》第Ⅰ辑，第3卷，页441；《自然法权基础》，页142。

❸ 《费希特全集》第Ⅰ辑，第3卷，页441；《自然法权基础》，页142－143。

义务如何得到确保的问题；正是费希特对这个问题的回答，不仅给他的法权理论中德性的践履留下余地，而且表明需要那种可以在他的伦理义务理论和关于德性的零散评论中察觉到的社会类型的德性。既然这里的问题是人民的代表在国家根据保障所有人权利的目的而有效运转方面承担义务的问题，同时相关的问题是如何产生一种正义的法律、社会和政治秩序，那么，以下要点的重要性就可以被认为是扩展到费希特国家宪法理论之外的，而有人可能想要反对这一理论的诸多细节。

要解决人民的代表如何对民众承担义务的问题，费希特采纳了这样一种机构，其任务在于监督行政权并判定公共权力是否由把持这种权力的特定人物恰当地加以执行。他将这种机构称为民选监察院（das Ephorat）。这种机构的成员必须由民众选举出来，以便确保这些成员相对于行政的独立地位。监察院本身没有行政权，因为它的任务仅仅在于调查和决定行使行政权的成员是否是作为由公民契约产生的可靠的共同意志的解释者和保障者而行动的。因此，民选监察官［145］在任何特定的情况下都不能否决政府作出的判断或发布任何判决。但是，如果他们确信行政权没有得到恰当的执行，他们就可以和应当通过费希特所称的国家禁令（das Staatsinterdikt）中止公共权力的行使，并要求民众团结成一个整体，即团结成人民（das Volk）。于是，人民的法庭就必须产生出来。在这一法庭上，结集的人民必须考察民选监察官和政府成员双方就行政权没有得到恰当执行的说法提供的证据，并决定哪一方正确，而犯错的一方要被判以严重的叛国罪。

人民作为一个整体团结起来并使自己的决定被人知晓的过程，仍然是晦暗不明的。费希特只陈述了如下内容，即虽然在小型国家，尤其是在共和国，宪法可以规定人民定期在特定时间集会，以便行政长官能够向他们解释国家是如何得到管理的，但在大型国家这种制度安排可能行不通，因此民众只有在绝对必要的时候才应当被召集起来。他也表明，不是整个民众在一个地点集合起来，相反，对涉及由民选监察院发布的国家禁令的问题作出的调查和讨论可以在共同体的每个城市和乡村进行。但他的民选监察院理论仍提出了真正体现人民主权和明确的民主因素的可能性，而这些是他的国家宪法理论在其他地方所缺乏的，在他的民选监察院理论中，通过主张什么政府机构最适合于特定国家这个问题取决于“在什么样的政体下，民选监察机构可以发挥最大的效力”,❶ 从而贬低了如下问题，即民众是否并在什么程度上必须将他们的代表推举到政治领域而不是哲学领域。的确，虽然费希特基于直接民主制所固有的不公正和危险而主张需要代议制，但他仍以引入一种极其类似于直接形式的民主制的东西而告终，他主张，全体人民必须决定民选监察院或行政权力的成员的诉求是否正当。而且，［146］为了使这种制度安排能够起到作用，人民需要处于中心地位以确保他们的意志得到认可；并且，费希特主张，对这个问题的解决意味着要满足以下要求：“人民的权力必须超出行政官员掌握的权力”。❷ 换言之，政府不应当拥有合法使用强制的垄断权。毋宁说，人民必须比政府拥有更多可以自由处置的强制手段。

就德性概念而言，费希特有关民选监察院在行政权方面的职能的理论对罗伯斯庇尔的如下问题提供了明确回答，这个问题是罗伯斯庇尔在 1794 年 2 月 5 日的国民会议上就政治道德这一主题提出来的，即如果代表人民的机构不具备德性，又有什么东西能够抑制这个机构?❸ 因为显然，在费希特看来，代表机构自身的德性在这方面并不充分，因此需要民选监察机构提供额外的防备。然而，费希特可以被指责在不同的层面提出了同样的问题，因为可以追问何种保障能使民选监察院的成员在国家中恰如其分地履行他们的职责。费希特对这个问题的探讨实际上意味着他承

---

❶ 《费希特全集》第 I 辑，第 3 卷，页 442；《自然法权基础》，页 144。

❷ 《费希特全集》第 I 辑，第 3 卷，页 453；《自然法权基础》，页 156。

❸ 罗伯斯庇尔：《论反叛》（Sur les subsistances），第 10 卷，页 356。

认罗伯斯庇尔在关于政治道德性的同一次演说中谈到的德性的重要性，罗伯斯庇尔在这次演说中主张 la vertu publique［公共德性］是民主政府或人民政府的根本原则，而把这种德性描述为对 patrie［祖国］及其法律的爱，这种爱将公共利益的首要性置于一切特殊利益之上。[1] 因此，罗伯斯庇尔也谈到用道德取代利己主义。[2] 这一要求似乎很难与费希特的法权理论联系起来，因为费希特法权理论的基础在于一种“普遍的利己主义”，以至于私人利益、而不是公共利益似乎是国家公民的唯一目的。但是，我想要指出费希特本人已表明，如果一种法权状态［147］要得到维持，甚至这样一种状态最初要得到采纳，有些个体至少需要具备罗伯斯庇尔提到的那种德性。

这种德性必须被认为是一种在相当特别的环境中得到运用的社会或政治形式的德性。但它仍可以被看作我们在费希特伦理义务理论中看到的由个体在社会中的某个职业的成员身份产生的各种义务所要求的那种德性的提升形式，因为它涉及一个人在社会中的具体角色。这种德性就其本身而言，大概介于黑格尔称之为正直的德性与古人赋予赫拉克勒斯这样的英雄人物的德性之间。它是一种基于要有意识地履行一个人的社会或政治角色的要求和为了所有社会成员的共同利益，而不是以单纯利己的方式行动的德性。这就要求，一个人在知道自己的特殊利益或他人的利益与共同利益不相容的时候，不会被前者所动摇。然而，对任何个人意志所要求的东西取决于特定的环境，以至于要具体说明这种德性的运用准确地包括什么内容是不可能的。但是，费希特设法给我们提供了这种德性的运用可能涵括的东西的一些范例，他确认如果人民的权利要得到保障，某些个体就将需要拥有和展示某种德性，而这种德性终究是法权的终极目标。

---

[1] 罗伯斯庇尔：《论反叛》，页 353。

[2] 罗伯斯庇尔：《论反叛》，页 353。

德性概念在费希特法权理论中的政治意义在他关于民选监察院的论述中已经十分明显，面对可能导致行政权想要压迫人民的特定利益，民选监察院的成员需要拥有和展示对全体民众利益的关切。在提出在国家的政治机构的有效运作方面对德性的需要时，费希特以诉诸某种在他看来无法设想现代的个人拥有的东西的必然性而告终。在这方面，诸如权力分立的措施可能被认为可取，因为这有助于防止权力被集中到部分人手中。在没有考量这样的选择时，费希特似乎强烈地依赖在国家中至少一些人所拥有和运用的德性。他关于如何防止堕入专制的论述而产生的、并且只能借助突兀地诉诸人民的权威终止的无穷倒退，可以用来说明这一点。

[148] 之所以产生这种无穷倒退，是因为费希特承认民选监察院的成员可能缺乏德性，他采用了一种最糟的假想情境，在其中，一个民族变得如此腐化，以致那些普遍被承认是人民之中最优秀的人、因而被认为非常适合主持民选监察官的工作的人一旦走马上任就会变得腐化，为了欺压人民而与行政官员同流合污。[1] 这种可能性导致费希特提出了反叛权的思想，尽管在民选监察院没有腐化并继续恰当地行使确保民众不会受到压迫的职能时，反叛是不必要的，并且往往是对法权的侵犯。

费希特是通过考量将民众召集起来并鼓励他们反抗行政权所要求代表的共同意志的一个人或更多人的反叛行为，开始他关于反叛权的探讨的。虽然他认为煽动这种反叛行为的个体要被称为叛乱者，而作为仅仅对上帝负责的最高权力的全体人民决不可能被指控为叛乱，但他确实承认，这些叛乱者由于已经鼓动民众构成人民，后来可能被人民评判为作出了一种反抗行政权的合法号召，结果这些个人的意志被确认为真正的共同意志。在这些情况下，这样的个体鉴于“他们的心灵和德性”，就要被视为“民族

---

[1] 《费希特全集》第I辑，第3卷，页456；《自然法权基础》，页159。

的拯救者和民族的原本的、天然的监察官”。❶ 换言之，这些个体结果变成共同意志的真正解释者并行使着民选监察机构本来应当履行、但由于其成员缺乏德性而没有履行的职能。

对费希特来说，这意味着在任何合法地组建起来的国家里都需要某些有德性的个体，这些个体的行为是由公共之善的观念、而不是由私人利益决定的，他们设法确保公共之善的推行。同时，根据费希特对他的法权理论必须假定其存在的这种取向的认同，这种对德性的需要的承认并没有消除如下可能性，即民众据以决定某些个体［149］在反对行政权的行动中实际上是否正当的根据，仅仅以自我利益为基础。的确，费希特本人有力地揭示了这样一种可能性，他指出，“因为只要没有保障的情况和恶劣的行政管理不是压在所有人的身上，不是普遍有害的，每个人就都只关心自己，力求尽自己的所能，继续生活下去”。❷ 可见，他表明，人民将决定赞同叛乱者，只要他们判定这样做能够代表他们的最大利益，因为当前的局势对他们和他人都已变得无法忍受。因此，他似乎用这种特殊情况下的人民指称一群只要局势对他们来说还没有变得不可忍受，就不在乎他人遭受压迫的利己主义的个体。这种假想很难解释为什么某人都想要冒极大的风险伸张人民的权利和维护公共之善的观念。但费希特这里的立场仍与他在其他地方说出的东西相容，因为正如我们已经看到的，根据道德而行动对他来说就要求做正确的事情，仅仅因为根据道德行动就是做正确的事情，不论它给自己带来什么样的结果。

关于全体人民在被鼓动起来反抗行政权可能遭到失败的情况，除了他们还没有使所有人发现局势无法忍受外，费希特给出了另一种解释。这一失败涉及这样的可能性，即：

---

❶ 《费希特全集》第Ⅰ辑，第3卷，页457；《自然法权基础》，页161。

❷ 《费希特全集》第Ⅰ辑，第3卷，页457；《自然法权基础》，页160。

> 人民还没有觉醒，还不想得到自由和认识自己的权利，人民还不能胜任那种委托给他们裁决的重要法律诉讼任务，也就是说，人民本来就不会被号召起来。❶

结果，他们的反叛行为最终证明是不成功的，那些鼓动人民集合起来反抗行政权的个体可能被认为犯了错，因为他们没有认识到人民的不成熟。但他们仍可以被看作遵循自身良知的“法权的殉道者”。❷ 换言之，当从道德的立场看待这些个体时，他们的行为可以被视为正当的，而从法权的立场看，假如这些行为在感性世界缺乏实效性，［150］就是不正当的。接下来，我要表明这种关于为什么全体人民反抗行政权可能遭到失败的理解可以与费希特关于国家官员义务的论述联系起来，这种论述明确表明了一种与罗伯斯庇尔在关于政治道德性的演说中谈到的公共德性有共同之处的德性思想。相应地，这将为法权领域与道德领域可以彼此发生关联，即道德产生和维持法权，提供另一种范例。

费希特将国家官员看作参与立法并且其决定不能遭到起诉的国家高级官员之一。简言之，国家官员是掌握行政权的成员，并且就其本身而言，他被费希特看作仅仅是共同意志的管理者。既然宪法是这种共同意志的明确表达，国家官员就没有权利修改它。这容易产生下列问题，即国家官员在实定的规则（即宪法规定的东西）与理性所要求的东西相冲突，因而将他置于必须执行他自己认为不正义的措施的时候要怎么做的问题。费希特认为，在这样的情况下，根据现存的宪法行事是国家官员的义务，尽管按照他自己的良知，它并不符合他自己所认识到的纯粹理性的宪法。费希特持这一主张的主要理由在于，社会本身及其作为手段

❶ 《费希特全集》第Ⅰ辑，第3卷，页458；《自然法权基础》，页161。
❷ 《费希特全集》第Ⅰ辑，第3卷，页458；《自然法权基础》，页161。

趋向的目的，即理性存在者组成的共同体的逐渐建立，只有当存在一种业已通过每个人的同意确立的宪法的情况下才能实现。❶

似乎可以说，费希特在这方面将国家官员的义务归结为简单地接受和遵守现存的宪法，只要这部宪法已经获得了同意，而不论其真正本性是什么。例如，一部给定的宪法可能不像1793年"雅各宾派"宪法那样包括维护生存权的条款，而费希特对作为所有权利中最基本权利的能够靠自己劳动生存的权利的维护表明，这样一部宪法必须被裁定为偏离了在他看来国家官员［151］应当意识到的理想的、纯粹理性的宪法。❷ 但公职官员仍必须执行这种存有缺陷的宪法，尽管它不能保障从理性的角度看，什么是所有权利中最基本的权利。可见，德性的存在似乎可以被归结为认真地执行现存国家的宪法，不论这种宪法的真正本性是什么，甚至当它碰巧与理性的目的相冲突的时候。可以说，在费希特的辩护中，他将国家官员的角色局限于民众业已表示同意的现存宪法的执行者，可能有助于保护人民反对行政权的随意性行为。但是，更加仔细地研究费希特关于国家官员角色的论述，表明德性存在的范围要比他本人最初赋予它的范围更大。

首先，负责行政权的成员被费希特委以阐释特定法律的任务这一事实，与他分派给国家官员的下列角色密切相关：

> 行政权的掌管者是规定国家中的各个个体之间相互关系的共同意志的理所当然的解释者；这种共同意志恰恰不是各个个体本来具有的意志，而是他们要彼此并存就必须具有的意志。有时还可以设想，甚至实际上没有任何单个的人会具有那种共同意志。❸

---

❶《费希特全集》第Ⅰ辑，第5卷，页310；《伦理学体系》，页337。

❷《费希特全集》第Ⅰ辑，第5卷，页310－311；《伦理学体系》，页337。

❸《费希特全集》第Ⅰ辑，第3卷，页328；《自然法权基础》，页16。

需要行政权的掌管者加以解释的共同意志是各个个体本身必须拥有的意志——如果他们要彼此并存的话，尽管这些个体实际上可能在任何时候都没有这种意志——这一主张可以在强化或弱化的意义上来理解。在弱化的意义上，这一主张可以被理解为表现了下列思想，即共同意志体现在任何满足能使人们和平共处的最低条件的宪法中，尽管这种宪法在其他方面可能是不公正的。而在强化的意义上，这一主张可以被看作表现了下列思想，即只有共同意志才能恰当地认可费希特在《自然法权基础》中提出的并在《锁闭的商业国》中从经济含义方面阐发的法权状况。在这种情况下，如果一个［152］国家的宪法要被归为真正正当的宪法，就必须首当其冲保障人们能够靠自己劳动生存的权利。

费希特关于国家官员所承担的义务的论述表明，国家官员可以在较强的意义上知晓共同意志，而在较弱的意义上用好的良知根据共同意志进行治理。但他仍给较弱意义上的被认为正当的宪法施加了明确的限定，主张唯一完全违法的宪法就是旨在维持一切现状的宪法。❶ 换言之，每部宪法都应当是可修改的，以便能够接近理想的、纯粹理性的宪法。假如存在这种对被认为是合法宪法的较弱意义上的宪法的限定和下列事实，即费希特将支持启蒙的任务看作被委以行政权的人的良知的事情，❷ 那就可以认为国家官员应当做他的权力范围内的一切事情以使现存的宪法符合理想的、纯粹理性的宪法，尽管他做这些事的能力会受到他作为其掌管者的现存宪法的限制。例如，国家官员在其立法角色中应当阐明和贯彻不直接与现存宪法相冲突的开明法律。因为生活在这样的法律之下，民众自身可以变得越发开明，因而更加意识到他们曾经同意的宪法的不充分性，然后可以用一种更好的、更理

❶ 《费希特全集》第Ⅰ辑，第5卷，页314；《伦理学体系》，页341。

❷ 《费希特全集》第Ⅰ辑，第5卷，页313；《伦理学体系》，页340。

性的宪法取代之。实际上，费希特认为修改一部不符合真正正当的、理性的宪法的标准宪法是一项义务，只要真正正当的、理性的宪法的概念是可提供的并且一个民族能够意识到这个概念。[1]虽然他没有特别提到国家官员的这种义务，但只要他想要解释国家官员履行其支持启蒙的义务是何以可能的，他就明显需要承认这种义务的可能性。

费希特也在现存法律方面提出下列主张：

> ［153］如果出现普遍且公开的抗议，反对一项本身不公正的、只有在一致同意的前提下才可能公正的法律，那么，放弃这项法律就是统治者的绝对义务，尽管那些借助不公正的法律获得利益的人们会对违反契约大喊大叫。[2]

在这种情况下，国家官员修改法律是正当的，这不仅是因为他本人知道这是不公正的，而且因为这种法律再也不能被认为拥有普遍的同意。如果情况是这样，在与费希特的伦理义务理论和他关于德性的一些零散评论保持一致的方面，国家官员似乎就有其他机会行使一种社会或政治形式的德性。

首先，除了废除法律，国家官员采用他知道是正确的并且已经是某些民众所要求的法律，例如旨在保障每个人能够靠自己劳动生存的权利的法律，也是正当的，即使另一部分民众，尤其是那些从现存的宪法使之可能的不公正现象中获益的人，将这些法律的采用视为对国家赖以存在的契约的违反，视为对他们自身利益的威胁。另一种可能性是国家官员采用他知道是正义的法律或废除他知道是不正义的法律，然后观望是否存在对他所采取的措

---

[1] 《费希特全集》第Ⅰ辑，第3卷，页459；《自然法权基础》，页162。

[2] 《费希特全集》第Ⅰ辑，第5卷，页311；《伦理学体系》，页338。

施的普遍公开反对，没有这样的公开反对就表示人民的默许。❶在这方面，我们可以再次看到费希特是如何更好地以纯粹假设的方式构想公民契约的，就像康德那样主张社会契约是理性的理念，它能够使我们追问什么样的法律可以从整个民族的统一意志中发展出来。于是，理想的、纯粹理性的宪法以及行政权阐释的具体法律可以被理解为在陈述共同生活在同一法律和政治共同体中的所有个体能够合理地期待服从的各种条件，无论他们自身碰巧在特定时间希求什么。国家官员需要牢记这种理想的宪法，以便能够［154］根据理性的目的改造现存的宪法，尽管有些从现存宪法的不公正中获利的人会针对他的行动提出反对意见。但国家官员仍有义务根据已考虑到的国家发展水平修订宪法和法律体系，以便给予理性的目的在感性世界得到实现的真正机会。这就是为什么费希特承认国家官员必须熟悉整个人类，尤其是他自己的人民为了参与到理想的宪法中必须采取的方式的原因。❷

这意味着如果国家官员认为各项条件足够有利，他作为个人甚至可以鼓动人民起来反抗他自己就是其中一员的行政权，鼓舞人民用他已经知晓的理想宪法取代现存宪法。可见，国家官员会变成那些因其“心灵和德性”以及其对共同意志更加确切的理解而成为民族救星的个体中的一员。此外，国家官员也可以局限于行政权的范围鼓动某些措施得到采纳和实行，以便实现理想的宪法和纯粹理性的法律体系的理念，局限于主张他是比其他行政官员更好的共同意志的解释者。费希特关于国家官员的义务的论述和反叛权的观点，在这里表明他的社会与政治哲学同法国革命的激进阶段，尤其是同法国革命的诸如宗派主义问题和革命政府

❶ 虽然费希特谈到了这样的默许，但他也承认，在现实中之所以没有抗议可能是处于劣势的社会成员缺乏对自身权利的认知的结果（《费希特全集》第Ⅰ辑，第5卷，页215，页313；《伦理学体系》，页226，页340）。

❷ 《费希特全集》第Ⅰ辑，第5卷，页311；《伦理学体系》，页338。

观念——革命政府的任务，根据罗伯斯庇尔的观点，要求由公共利益指导的特别行动和措施，以便保卫公共权力而反对其内部和外部的敌人，并将人民提升到权利和命运的层面——的特征有直接关系。[1] 但是，费希特似乎设想行政权将不会受到任何内部分工的影响，这大概是因为他认为行政权将仅仅反映借助社会契约产生的一致同意；而正如我们已经看到的，他赞同革命行动的渐进主义。在这［155］方面，哲学理论与现实历史有巨大分歧。

但费希特关于国家官员义务的论述仍表明，德性思想——它构成法国革命激进阶段的修辞语“共和”的本质因素——将在政治生活中起到重要作用，尽管他承认是自我利益、而不是德性将继续激发众多的社会成员。对费希特而言，尤其是人民代表需要展示一种政治形式的德性，这种德性通过设法确保一种法权状况的盛行和向理想宪法和纯粹理性的法律体系的进步，从而相对于私人利益尝试提升公共利益。可以认为情况就是这样，即众多其他社会成员——社会和国家的有效运转就取决于他们的行动——也需要有这种类型的德性的社会等价物，尽管可能是在次要的程度上。

因此，要把道德理解为法权状况的一个主要方面关系到下列思想，即当涉及个体在社会和国家中扮演的角色时，他们需要从义务感和自我利益出发而行动，以便使法权和道德都在感性世界中发挥效用。这种行动方式本身就是法权状况使之变得可能的，因为法权保障个体的形式自由，而形式自由是他们以道德自律的方式行动所要求的。在这方面，法权和道德必须被设想为处于彼此的相互关系中，因而表明法权与道德具有一种积极的关系，而这层关系可能是我们从费希特《自然法权基础》之所以分离两

[1] 罗伯斯庇尔：“论革命政府的原理”（Rapport sur les principes du Gouvernement révolutionnaire），载《罗伯斯庇尔全集》（*Œuvres de Maximilien Robespierre*），第 10 卷，页 273 及以下。

者的原因里所不曾料到的。这就产生了下列问题，即道德行为在其主要条件之一，亦即符合法权原则的宪法的建立，尚有待确立时，何以能够发生；正是在这里，费希特提出了关于某些例外的、有德性的个体例如开明的国家官员的思想，他们能够以道德自律的方式行动，哪怕这样做的条件还没有充分显现出来。但是，费希特法权理论的非历史性特点和他关于法权与道德的关系的明显的概念性论述阻碍了他更加详尽地考虑这个问题。假如费希特这样做了，德性概念可能就会在他在耶拿大学担任教授期间阐发的国家与社会理论中显现出更加显著的地位。

［156］上文所述的法权与道德的关系问题似乎与费希特的如下主张背道而驰，即根据义务而行动，意味着仅仅遵从义务感而绝不是遵从偏好而行动。那种认为这种义务观可以与他关于源于个人职业的伦理义务的论述相调和的观点，并不是直接明显的，因为那些其义务是维持法权状况的人也将典型地设法保障自己在感性世界有效行动的可能性，包括作为最基本条件的自我保全。于是，说个体维持法权状况既有动因也有义务，也许会更好。这种解释既有利于承认法权和道德彼此处于一种本质的关系之中，也与费希特关于无关道德的动因同道德法则的关系的一些主张相容，这表明他所指的是一种使无关道德的动因从属于道德动因的意志形式，而不是全然脱离道德动因的行动。例如，费希特在讨论对幸福的欲求时——他将这种欲求描述为是基于“自然欲求”的——主张道德法则要求我完全使自然欲求从属于“高级冲动”。❶ 这可以被解释为意味着能够允许以对幸福的欲求来激发行动，但只能局限于这种欲求与道德法则保持一致的范围。在这方面，提升法权状态的存在的偏好——它可以被认为源自对个人自身福利的关切，因而与对幸福的欲求相关联——与做同样事情的道德义务，就不需要被看作是彼此排斥的。自我利益与德

❶ 《费希特全集》第Ⅰ辑，第5卷，页277；《伦理学体系》，页299。

性的这种相容体现出一种相当温和的立场，这种立场将一种对私人权利尤其是对能够靠自己劳动生存的权利的关切与一种对公共之善的关切结合起来。正如我在下一章所主张的，这种温和的立场要比关于全然脱离义务感的行动的思想更加可取，这在我们转而研究费希特在《对德意志民族的演讲》中试图说明一种似乎的确在于全然脱离义务感而行动的德性形式的可能性的做法时，会变得很明显。

但是，也需要强调的是，根据费希特对法权与道德的分离，上文所述的法权与道德的相互关系必须被看作是一种最终偶然性的［157］关系。这是因为可以设想，一个在其中人们之间存在法权关系的特定国家，即使完全基于自我利益，亦即基于我们在《自然法权基础》中费希特试图根据激发人行动的动机解释法权与道德的分离的尝试中遇到的推理类型，也可能维持下去。这种类型的状态是一种在其中法律、社会和政治关系仅仅由确保一个人的自我保全和追求私人目标的目的决定的状态。生活在一个诸如与一个人的社会角色相关的义务感和责任感的道德品质以及对公共之善的关切都完全缺乏的国家里的可取之处可能会遭到否认。然而，这并不是说，这种国家就不能以其成员的纯粹自我利益的行动为基础维持下去。

可见，费希特对法权与道德的分离，在同他关于源自一个人的职业的伦理义务的理论结合起来时，就给我们提供了一种由两个对立极组成的社会与国家观念，每一极都有其对应的取向。一极是仅仅以“普遍的利己主义”为基础的国家，另一极包括建立一种充分伦理性的共同体的思想，在这种共同体中，各个成员的道德取向意味着法权变得不再必要，以至于国家“作为一种立法和强制的权力逐渐消失”。❶ 我已经表明，当把《自然法权基础》和《伦理学体系》彼此参照加以研读时，费希特的理想国

❶ 《费希特全集》第Ⅰ辑，第5卷，页227；《伦理学体系》，页241。

家似乎可以被认为居于这两极之间，因为它涉及这样一种社会观，在其中，伦理德性在使法权状态有效发挥职能并给予社会以繁荣的可能性时起到了重要作用，而相应地，法权状态通过保障诸如能够靠自己劳动生存的权利的个人权利，能够使个体在世界中自律地行动。而且，这种社会与国家观持这样的观念，在其中，个体就他们每个人都在维持和提升自身作为其成员的社会与政治整体时扮演一种角色而言，被认为具有平等的价值。因此，他们能够将自己设想为在从事一项共同的事业。这种社会与国家观念似乎克服了费希特法权理论遇到的一个特定问题。

［158］这个问题就是一个人与另一个人在他们的生产活动方面的异化问题。这个问题源于法权在一个人的财产与另一个人的财产之间，亦即在一个人在社会中的活动及其产品与另一个人在社会中的活动及其产品之间，确立固定界限的方式。[1] 根据我们在上文说过的内容，可以想象两种可能的剧情：一种是人们纯粹根据能够确保生活资料的目的，行使他们所属职业所要求的行动，同时在个体之间仅仅存在契约关系；另一种是人们根据对他们所属职业中的其他成员和对整个社会的义务感，行使同样的行动。第一种剧情代表上文所描述的异化，而第二种剧情代表对这种异化的可能克服。无可否认，我们在这里面临下列问题，即费希特的由农民、工匠、商人、高层国家官员、教士和哲学家组成的世界给我们提供了一种传统的社会观，这种社会观将各个阶层的人们彼此所处的关系和他们与社会的关系理解为一个有机整体，每个成员都有助于维持他作为其中一部分的整体。对社会的这种理解从《伦理学体系》的以下段落看是明显的："高等阶层是人类这个巨大整体的精神，低等阶层是这个整体的四肢，前者

---

[1] 费尔威恩：《费希特社会学说中的法权和道德》，页123。

是思考者和谋划者，后者是执行者”。[1] 虽然完全可以［159］怀疑这种社会模式随着历史的变化——这些变化，例如日益增长的劳动的机械化，导致一种以人们被划分为各个特定阶层为基础的分工的有机模式的消解——能够得到实现的程度，但这本身并不意味着我们在费希特耶拿时期的社会与政治哲学中发现的法权与道德的概念性关联不是有效的。

但是，我们不应该将法权与道德的这些概念性关联——这些关联就其适用于感性世界的各种状况而言，具有偶然的性质——看做容易产生法权的彻底道德化。通过提出法权与道德的某些根本差异，也通过揭示两者的某些重要关联，费希特成功地给我们提供了一系列剧情，这一系列剧情始于无关道德的“必然性的国家”，止于废除国家的乌托邦想象。在这两极之间，我们获得这样的社会与国家观，在其中，法权与道德变得彼此相对和谐，由此使一种更加繁荣的人类社会形式成为可能，可以认为，这种可能性是纯粹无关道德的国家观所不能解释的。这套想法既取决于法权与道德的分离，也取决于两者仍能被理解为处于彼此的相互关系之中。可见，费希特有关法权与道德的分离仍是有效

[1] 《费希特全集》第Ⅰ辑，第5卷，页316；《伦理学体系》，页344。事实上，费希特也是在以下意义上，即国家通过将个体联合起来，尽管仅仅是借助自我利益的纽带，构成一种共同体，这种共同体充当着一种趋向于道德旨在产生的更加完满的共同体的临时性阶段，将法权看作在为道德铺平道路。正如费希特本人表达的，“自然在国家中把自己在创造众多个体时分割开的东西重新组合起来。……人类曾经被分割为许多互相独立的环节；现在，国家的自然体制暂时消除了这种独立性，并把各个群体融合为一个整体，以至于道德把整个人类转变为一个整体”（《费希特全集》第Ⅰ辑，第4卷，页14；《自然法权基础》，页176）。于是，他进而将国家比作自然的一种有机产物，他所指的这种产物是一种必须从目的论而不是从机械论方面加以理解的东西，因为它展现出一种内在的意图，它的各个部分都用作产生整体，而这个整体本身就是各个成员为之被联合起来的目的。但是，费希特在《自然法权基础》的这一章节从有机论的角度描述国家是否正当是另一回事，因为这种描述似乎与他的国家契约论的个体主义前提相冲突。参见费尔威恩：《费希特社会学说中的法权和道德》，页112－113。或许，可以说在这里遇到了费希特社会与政治哲学的比较现代的方面同比较传统的方面之间的某种紧张关系。

的，因为它有助于使我们意识到这些不同剧情的可能性和它们与某种取向关联起来的方式，以至于费希特设法将注意力转移到个体与他所属的社会和政治世界的关系的主观维度上。假如我们设法将法权和道德归于一个共同的基础，而且采取这样的方式，即省去费希特所提出的两者之间的差别，那么，包含在他关于法权与道德关系的论述的这个方面中的洞见就会被掩盖起来。

相比之下，费希特在其《对德意志民族的演讲》中阐发了关于如何能够产生一种完全伦理性的共同体的论述，以便克服他在《自然法权基础》中阐发的无关道德的国家观。在《对德意志民族的演讲》中，费希特也试图实现他关于［160］学者在社会中的作用的思想，而这种作用是他已经在其伦理义务理论中提到的。在这方面，《对德意志民族的演讲》并不代表与费希特耶拿时期努力探讨的一些核心问题的彻底割裂，毋宁说，代表的是在不同的历史环境中阐发他的某些早期思想的尝试。在这种程度上，本章和前面几章给出的关于费希特耶拿时期国家与社会理论的诠释和讨论就开启了在以下两个交互关联的问题上更好理解《对德意志民族的演讲》的道路：学者的道德使命问题，这种使命本身在费希特看来就是指履行与某种职业的成员身份相关的社会义务的典型；如何能实现一种完全伦理性的共同体的问题。

通过表明费希特试图如何解决《对德意志民族的演讲》中的这些问题，我要论证他赋予学者在社会中的作用和产生一种完全道德形式的共同体的手段都非常成问题，因此，费希特耶拿时期的立场及其对法权与道德的分离就更加可取。从历史的视角看，任何对一种完全伦理性的共同体思想的诉求都是存有疑问的，这种立场不会使我们感到吃惊，因为政治的道德化——在其中，德性语言起着本质的作用——可以被认为是导致法国革命堕入国家恐怖主义的主要因素之一。❶ 费希特试图解释社会的彻底道德化和暗示政治领域的彻底道德化的尝试，同样将被表明包含着其自身的张力和意味着某些难如人意的［161］后果。虽然这些张力和后果是发生在哲学理论层面的，但《对德意志民族的演讲》出版时的历史环境和费希特写作此书时相信自己正在实现的学者的道德使命都表明他当时的意图是，这些张力和后果也会发生在现实政治层面。

---

❶ 参见海格耐特：《德性之外的善》，页127及以下和页240及以下。至于德性语言与法国革命的恐怖时期的关系问题，一些雅各宾派曾很高兴承认在某些环境中德性与恐怖的关系的必然性，罗伯斯庇尔的主张就很明显："如果人民政府在和平时期的主发条是德性，那么，人民政府在革命时期的主发条就是德性和恐怖：恐怖缺乏德性就是致命的；德性缺乏恐怖就是无力的"（罗伯斯庇尔，"论革命政府的原理"，页357）。在这里，我之所以提到德性语言可能在法国革命堕入国家恐怖主义中起到过至关重要的作用，不是要表明费希特在《对德意志民族的演讲》中对德性语言的使用可能是旨在促进——更不用提曾导致——国家恐怖主义的产生。但我们将看到，费希特关于爱国之情所说的某些东西包含有极端暴力的暗示，因为它意味着战争有利于稳定物价。

第五章 《对德意志民族的演讲》中德性的作用

[162] 如果说《对德意志民族的演讲》是民族主义政治思想的一个基础文本，那么，令人吃惊的是，在关于费希特这部著作的讨论中，重点居然没有倾向于强调这个文本中出现的民族主义问题，尤其是没有强调它究竟是包括一种基于血统的人种民族主义，还是包括一种根据语言和文化的差异界定国籍的文化民族主义，抑或是一种包括这两种民族主义的混合物。[1]虽然《对德意志民族的演讲》明确构成了费希特塑造德意志民族身份的努力，但接下来我仍要集

---

[1] 关于这些问题的讨论，见阿比扎德（Abizadeh）："费希特是人种民族主义者吗？论文化民族主义及其替身"（Was Fichte an Ethnic Nationalist? On Cultural Nationalism and its Double）。该作者认为最后一种混合形式的民族主义可以在《对德意志民族的演讲》中找到。关于费希特民族主义的另一篇较早的论文，见科恩（Kohn）："费希特民族主义的悖论"（The Paradox of Fichte's Nationalism），这篇文章强调这种民族主义与费希特早期观点的差异，而我表明两者之间存在某些重要的连续性。

中研究这种努力与费希特关于学者在社会中的道德使命的思想的关系问题，集中研究他用以实现塑造德意志民族身份这一目的的手段。通过这样做，我专注于必须被认为费希特在耶拿大学担任教授期间与其《对德意志民族的演讲》——这部讲稿宣讲并出版于 1807 ~ 1808 年，即拿破仑战胜而普鲁士战败之后，费希特当时住在柏林，没有担任教职工作，他是在 1799 年无神论事件中失去耶拿大学教职以后迁往柏林的——之间存在的连续性具有的至少两个因素。这两个因素［163］就是：其一，费希特指派给学者在社会中的重要作用，我们已经在他的伦理义务理论中接触过这一点；其二，在前一章讨论的对一种社会或政治形式的德性的需要。鉴于德意志民族面临法兰西霸权所表现出的屈辱和不安，这种需要在这里就具有特别的紧迫性。在《对德意志民族的演讲》中，费希特不再像在《锁闭的商业国》中那样根据使一个国家自足的需要来界定它的天然疆界。相反，他从语言上界定国家的天然疆界，他主张：

> 各个国家最初的、原始的和真正天然的疆界，毫无疑问是它们的内在疆界。讲同一种语言的人们早已在一切人为技巧以前，通过单纯的天性，靠许多不可见的纽带联结在一起了；……它们休戚相关，自然而然地是一个整体，一个不可分割的整体。❶

我们将在下面看到，费希特是如何根据一种共享的语言来准确界定德意志民族的；而他对国家与民族的等同以及他根据共享的语言对国家天然疆界的界定都将表明是在为政治的彻底道德化铺平

❶ 《费希特全集》第 I 辑，第 1 卷，页 267；《对德意志民族的演讲》，页 166。

道路，❶ 这与他早期将法权的法律和政治领域同伦理领域分离开来的做法形成了对照。

至于学者的使命问题，可以认为费希特在哲学家中间关于知识分子在社会中的作用阐发了一种最有自觉意识的论述。早在1794年，即他在耶拿大学被初次任命为教授以后不久，就作了一系列后来以《关于学者使命的若干演讲》（*Einige Vorlesungen über die Bestimmung des Gelehrten*）为书名出版的演讲。在这些演讲中，费希特阐述了他对自身学术活动以及一般学者的学术活动的重要地位［164］和社会功能的理解。我要比较费希特在这些演讲中阐发的有关学者使命的观念与他在《对德意志民族的演讲》中设想自己所起的作用。我要表明，《对德意志民族的演讲》代表费希特在契合、因而实现他已在耶拿时期的演讲中阐发的有关学者使命的观念方面干预历史的一种尝试。在这方面，《对德意志民族的演讲》对属于特定阶层和职业的社会成员、例如学者如何展示他在《伦理学体系》的伦理义务理论中提出的社会形式的德性提供了一个范例。但是，这种试图干预人类历史进程的做法将被表明会在费希特论述学者的历史知识在履行学者道德使命的任务中所起到的作用方面产生一些问题。事实上，费希特将被表明是以一种可以被认为无关道德的方式使用历史的，尽管他坚持学者使命的道德本性。这一点将通过比较他在《对德意志民族的演讲》中对历史的使用与尼采关于历史应该被用于满足生活和行动的需要的主张——他还谈到一种“纪念”形式的

---

❶ 我所指的“政治的道德化”不是“我们”对“你们”的思想类型和从道德上表现这种对立——例如，以“善”与“恶”对立的方式，我们已经说过这种方式体现了传统欧洲政治党派通过强调一种后政治的自由主义民主同意的思想，对右翼民粹派的兴起抱有的态度——的趋势。参见莫弗（Mouffe）：《论政治》（*On the Political*），页72及以下。因为这种从道德上阐述政治敌对的趋势并不意味着政治本身已经变得更加道德，尽管正如我们将看到的，在要培养总是根据其所属的社会与政治整体的利益行动的有德性公民的意义上，费希特的政治道德化涉及的是使政治更加道德的问题。

历史如何能够被用于满足这个目的——而得到说明。

费希特在《对德意志民族的演讲》中对历史的使用可以被看作构成历史的一种工具化，而我要继续研究他希望通过将历史简单地当做实现目的的手段，去实现的直接目的，即实行德意志民族教育（deutsche National Erziehung）。这种教育体制旨在培养可以在费希特耶拿时期伦理义务理论中察觉出来的展现社会形式的德性的公民，因而其终极目标可以被描述为培养一种真正伦理性的共同体。可见，虽然费希特能够给那种很难根据其法权理论——因此，这种理论被批评为无法阐发在他的法权概念的演绎中起重要作用的主体间性和相互承认观念的含义——加以解释的道德共同体的可能性提供一种说明，但我认为他阐发这种共同体思想的做法表明一种真正伦理性的共同体就其在感性世界的实现而言，并不必然是某种受到欢迎的东西。

5.1 费希特论学者的使命

[165] 费希特通过强调学者使命的社会性质来开始他在耶拿时期关于学者的使命这个主题的系列演讲。他是通过表明以下事实，即当一个人谈到学者时，他总是将之与在社会中从事其他活动的其他人相对照加以谈论，来这样做的。因此，学者的使命被说成只有在社会中才是可想象的。❶ 但学者并不简单地是一种社会成员，他也是社会的一个特定阶层、即学者阶层的成员。❷ 因为与其最终目的也是通过提升所有人的文化而使人类变得高尚的其他职能相比，学者在社会中致力于行使一种特定的职能。费

❶ 《费希特全集》第 I 辑，第 3 卷，页 27；《费希特早期著作集》（*Fichte: Early Philosophical Writings*），页 146。

❷ 《费希特全集》第 I 辑，第 3 卷，页 42；《费希特早期著作集》，页 161。

希特赋予学者在这个过程中以头等重要的位置，将学者阶层的使命描述为“高度注视人类一般的实际发展进程，并经常促进这种发展进程”。[1] 费希特也体现出源于作为学者阶层的一员对共同身份和共同意图的意识，将真理视为学者活动的主要对象，在他具体探讨学者在社会中的使命的第四讲的开头，他这样对耶拿大学的学子们讲道：

> 我作为一个学者应该同初当学者的人们谈谈学者的使命。我应当深入地研究这个题目，并且尽我的所能去解决它：我应当毫无差错地阐述真理。[2]

既然他将真理概念视为学者活动的首要对象，以至于学者促进人类的作用是与真理概念密切相关的，因此，他在同一讲的后面部分以下列方式描述自己：

> 我是真理的献身者；我为它服务：我必须为它承做一切，敢说敢做，忍受痛苦。[166] 要是我为真理而受到迫害，遭到仇视，要是我为真理而死于职守，我这样做又有什么特别的呢，我所做的不是我完全应当做的吗？[3]

费希特描述他自己作为学者的使命的充满激情的方式表现出殉道的思想和像耶稣一样的宗教宗师的命运，他也暗示学者的使命就是要沿着一种平心静气的、客观的路径发现真理，他提出他的演讲对象需要冷静地进行考察，例如来自一个完全陌生世界的概念，就好像它与他自己和他的听众没有任何关系一样。[4] 那么，

---

[1] 《费希特全集》第Ⅰ辑，第3卷，页54；《费希特早期著作集》，页172。
[2] 《费希特全集》第Ⅰ辑，第3卷，页50；《费希特早期著作集》，页169。
[3] 《费希特全集》第Ⅰ辑，第3卷，页58；《费希特早期著作集》，页176。
[4] 《费希特全集》第Ⅰ辑，第3卷，页51；《费希特早期著作集》，页169。

学者怎样借助一种客观的调研方法服务于真理事业和人类进步呢?

首先，学者必须培养自己对于获得关于整个人类的全面知识，亦即人类本质上是什么的知识的素质。学者也必须力求形成一门研究培养人类素质和满足人类需要的手段的科学。第一种知识是以纯粹理性给出的原则为基础的，而第二种知识涉及发现培养人类能力和满足人类需要的手段这种更加实践的任务，部分地以经验为基础，将经验变成一种历史—哲学形式的知识。历史因素来源于如下事实，即为了运用自己关于人在本质上是什么的知识，而这种知识要求知晓人们必定经历的旅途以便培养和实现他们的能力，学者必须知晓他本人作为其中一员的社会当前处于文化发展的什么水准。因为只有以这种方式，他才能设身处地地知晓这个社会可以发展到的文化水准是什么和该怎样做。而至于人类文化本身的各个阶段，费希特提出了一个令人难以置信的主张，即单纯以理性的根据为基础，亦即以普遍的经验为前提但又独立于任何特定的经验，评估人类的运动过程并提出它必将跨越的各个阶段是可能的。因此，除了源于纯粹理性原则的知识，学者还被要求拥有一种作为“单纯历史性”知识的知识形式。相应地，这就既要求考察过去的事件，尽管是从一种［167］借助哲学加以澄清的立场进行的，也要求观察学者的同时代人。❶

可见，学者拥有上文提到的所有知识形式将被理解成通过表明如何能够在人类自我完善的历史任务中将学者所处的社会从当前阶段推进到下一阶段，使他发展人类的文化。假如学者在社会中有其职能，也可以说获取所有这些知识形式是他的义务。费希特主张，学者有一项特定的义务，即在自身中将两种主要的社会才能：敏感性和传授技能，发展到可能的最高程度。❷ 就学者而

---

❶ 《费希特全集》第Ⅰ辑，第3卷，页53；《费希特早期著作集》，页171－172。

❷ 《费希特全集》第Ⅰ辑，第3卷，页55；《费希特早期著作集》，页173。

言，敏感性能力要求他熟知自身领域的所有以往知识，包括获得上文提到的那种充分的经验知识；而传授能力则要求能够传授他的知识和发现，这是学者必须做的事情，如果他要通过协助推进人类文化从而有益于社会的话。在费希特关于学者使命的第四篇演讲的最后，他表明他正在努力履行这些演讲中提到的最后这种义务，他清楚阐明了这些演讲背后的实践意图，具体地讲，阐明了他想要培养听众的某种气质的愿望：

> 我完全坦率地承认，我正是要从天意安排我去的这个地方开始，作出某种贡献，在讲德语的地方，向一切方面传播一种大丈夫的思维方式，一种对崇高和尊严的强烈感受，一种不怕任何艰险而完成自己使命的炽烈热忱，而只要我能够，我就继续这样做下去。❶

在这段话中，费希特明确将他的演讲所具有的实践影响的可能性与他向听众演讲所使用的德语关联起来。他在后来的《对德意志民族的演讲》中也是这样做的，他指出，这些演讲不仅旨在直接面向听众，而且希望听众成员将包含在这些演讲中的信息传播给所有能够理解这一信息的人，“直到传播给所有使用德 [168] 语的人”。❷ 费希特有意识地接受这样的事实，即他的学术活动的实践意图在更广的世界中产生的影响取决于其结果被传播给公众所采用的媒介，这已经表明他在耶拿时期关于学者使命的演讲与后来的《对德意志民族的演讲》之间的某种连续性。接下来我要指出，这些涉及各个方面的演讲构成了费希特想要实现他的学者使命观的一种努力，就像他在早期关于这个主题的演讲所阐发的思想一样。相应地，这就产生了他在《对德意志民族的演

❶ 《费希特全集》第I辑，第3卷，页59；《费希特早期著作集》，页176－177。

❷ 《费希特全集》第Ⅰ辑，第10卷，页285；《对德意志民族的演讲》，页183。

讲》中所运用的“真理”观的准确性质的问题，因为它关系到学者在他看来应当具有的“单纯”历史形式的知识，以便能够履行其推进人类文化的社会义务。

5.2 费希特对历史的使用（误用）

正如费希特在其第一讲的开头明确阐述的，《对德意志民族的演讲》代表了他1804～1805年冬天在柏林科学院的同一地点所作的系列演讲《现时代的根本特点》（*Die Grundzüge des gegenwärtigen Zeitalters*）的一种延续。在这些演讲中，费希特阐发了一种被称为“世界蓝图”（Weltplan）的思辨的历史理论，地球上人类生活的所有主要时期都可能从这个世界蓝图中演绎出来，每个时期都是由它自身特有的原则统领的。[1] 这些时期包括：（1）人类无辜的状态，在其中理性仅仅以本能的形式发挥效用；（2）恶行开始的状态，在其中理性已被转变为一种外在的统治权威，例如基督教的教义和机构；（3）恶贯满盈的状态，在其中人类已从任何外在的权威中解放出来，它作为一个单独的时期，可以等同于启蒙时期及其结果；（4）说理开始的状态，在其中真理逐步被视为所有事情中的最高东西；（5）说理完善和圣洁完满的状态，在其中人类［169］通过的努力，将自身塑造成理性的一种确切的和合适的形象。[2]

在费希特作这些演讲的时候，他主张自身所处的时代属于第三个时期，即恶贯满盈的状态。因此，他在这些演讲中试图通过表明当前时代的科学、道德、政治和宗教现象都指向这个方向来

[1] 《费希特全集》第Ⅰ辑，第8卷，页197；《现时代的根本特点》，页4。

[2] 《费希特全集》第Ⅰ辑，第8卷，页201；《现时代的根本特点》，页9－10。

说服他的听众，情况就是这样。他按以下方式描述这个时代：它仅仅将某种它能够理解的东西接受为必须遵守的。❶ 费希特将这种对在他看来与一种不会获得关于真理的真正知识的经验主义结合在一起的见解的要求和当前时代对权威的必然摈弃，看作导致了一种道德堕落的状态，在这种状态中对自我保全和个人福祉的渴望是激发人的行动的唯一动机。❷ 可见，根据激发人的行动的动机，很难不将当前时代设想为一个在其法律和政治安排以及其成员的取向方面都密切符合费希特耶拿时期法权理论的时代。

既然当前的时代仅仅属于全部人类历史的第三个时期，还有两个时期必须被认为存在于未来。这本身就表明费希特的世界蓝图思想是如何构成一种独立于经验的知识形式的，因为一个还没有产生的时代怎么能够被描述为仅仅以经验为基础呢？的确，在《现时代的根本特点》的演讲中，费希特主张哲学家必须能够先天地描述整个时间及其所有的可能时期。❸ 因为只有以这种方式才能获得一种真正哲学的立场，这种立场能够将经验提供的多方面的现象，我们可以假设，包括特殊的历史事件，还原为具有唯一共同原则的统一体，即世界蓝图的思想。相应地，这种将各种经验现象还原为一个共同原则的做法取决于能够根据这一原则“演绎和完全解释”这些经验现象的可能性。❹ 无论我们怎样推断这样冒失的主张，［170］费希特的由五个时期组成的世界蓝图思想都清晰地表明，他提出了一种对人类运动过程的更加充分地得到阐述的理论，并且表明了在他耶拿时期关于学者使命的演讲中得到暗示的人类文化进程的各个阶段。于是，这种假定一种

---

❶ 《费希特全集》第Ⅰ辑，第8卷，页208－209；《现时代的根本特点》，页20。

❷ 《费希特全集》第Ⅰ辑，第8卷，页212－213；《现时代的根本特点》，页25。

❸ 《费希特全集》第Ⅰ辑，第8卷，页196；《现时代的根本特点》，页3。

❹ 《费希特全集》第Ⅰ辑，第8卷，页196；《现时代的根本特点》，页2。

先天的历史知识的可能性的世界蓝图思想在《对德意志民族的演讲》中就是预设的。然而，在这些演讲与《现时代的根本特点》之间仍存在一种重要的差别，这种差别赋予《对德意志民族的演讲》一种实践的意图，而这在费希特早期更具沉思性的系列演讲中是很不明显的。这种实践的意图再次表明这些演讲与费希特耶拿时期关于学者使命的演讲——在这些演讲中学者在社会中被赋予一种实践的角色——之间的关联。

这一差别涉及下列事实，即费希特在发表《对德意志民族的演讲》之前已经开始看到当前时期向下一时期的过渡，前一时期“以单纯喜欢感性享受的自我利益为其一切活跃行为的动力”❶，而在后一时期，真理逐步被看作所有事情中最高的东西，被看作已经处在实现之中。根据《现时代的根本特点》与《对德意志民族的演讲》之间的这种差别，可以设想费希特在《对德意志民族的演讲》中在设法向他的听众论证这种过渡实际上已经在发生，可以设想他在通过自己的学术活动帮助实现这种过渡。假如费希特的世界蓝图思想意味着在历史中有某种必然性在起作用，并且他所提出的所有五个时期都必将适时地在某个时期显现出来的话，那么这一点就可能会显得有些奇怪。这样一种思想是费希特本人提出来的，他主张人类生活“不取决于盲目的机遇”，而是“迈着阔步，按照固定的蓝图不断前进，这幅蓝图必定是靠必然性得到实现的，因而肯定会得到实现”。❷ 但仍存在一些原因认为费希特想要调和必然性的思想和人的自由在这个过程中起作用的思想，尽管这种自由可能仅仅相当于较早而不是较晚地产生那些最终无论如何都必将发生的变化。因为他主张，世界蓝图包括人类将自身“用自由”塑造和培养成理性的一种［171］纯粹且直接的形象。❸ 而且，我要在下文表明，《对德意志民族的演

❶ 《费希特全集》第Ⅰ辑，第10卷，页104；《对德意志民族的演讲》，页9。
❷ 《费希特全集》第Ⅰ辑，第8卷，页206；《现时代的根本特点》，页16。
❸ 《费希特全集》第Ⅰ辑，第8卷，页206；《现时代的根本特点》，页16。

讲》通过使学者承担起鼓励人类完成他本人已经知晓的历史进程，表现出人的自由在历史进程中可能起作用的方面。这将导致关于费希特在《对德意志民族的演讲》中对历史的使用的讨论，而我不想详细地考察他的思辨的历史哲学可能具有的优点或缺点。❶

费希特看到他称之为恶贯满盈状态的时期正在向下一个在其中真理被看作所有事情中最高的东西、被看作已经在实现之中的时期过渡，因为就德意志民族而言，历史事件已经由于自我利益的充分发展而导致自我利益原则的瓦解。正如他在第一讲中说明的，这意味着假如德意志民族完全臣服于一种外在的力量，即入侵的法国，德意志人就要臣服于这种外在力量的目的，因而不再拥有自己的意志，以致自私“失去了自身，失去了独立设定自己目的的能力”。❷ 但正是利己主义，首先削弱了德意志民族，使另一个民族让它屈服成为可能；正是在这个方面，自我利益原则可以被说成通过自身的充分发展而毁灭了自身。

在这种历史局势当中，费希特设法表明下一个在其中真理被看作所有事情中的最高东西的时期可以借助德意志的民族教育充分加以实现，这种教育旨在“把德意志人培养为一个整体，这个整体的一切单个成员都受到同一件事情的激励，都是由同一件事情赋予生气的”。❸ 因此，《对德意志民族的演讲》并不像有的人认为的，代表唤起德意志民族武力反抗法兰西侵略者的一种直接努力，相反地，它代表［172］一种试图通过民族教育体制为从道德上复兴德意志民族指明道路的努力，一种新的民族性自我的

---

❶ 为费希特历史哲学所作的一种辩护，见哈马赫尔（Hammacher）：《评费希特的历史观》（*Comment Fichte accède à l'hisroire*）；相对于某种认为这种思辨的历史理论不能将历史理解为活生生的现实的反对观点——因为活生生的现实无法借助理智的建构得到体现——这种辩护基于如下主张，即在涉及理解历史与思想之间的关系问题时，存在各种丰富的可能性。

❷ 《费希特全集》第Ⅰ辑，第10卷，页109；《对德意志民族的演讲》，页13。

❸ 《费希特全集》第Ⅰ辑，第10卷，页114；《对德意志民族的演讲》，页19。

培养将开辟一个新纪元的可能性，在这个新纪元，对自我利益的盲目追求将被对集体利益的有意识的意愿取代。费希特相信，这相应地最终将使德意志民族重获它的独立地位。换言之，斗争已经变成一种相对于武力的涉及道德原则的斗争。正如他本人所表述的，“用武器进行的斗争已经结束了；如我们所希望的，哲学原则、道德风尚和民族性格的新斗争兴起了”。❶

在这方面，根据费希特在耶拿时期业已概述的学者使命的观念，他可以被看作将自己理解为通过自身关于人类历史必将经历的过程的特权知识，通过按照这种知识对当代世界的沉思而获得的知识，最终通过他传播自己知晓的东西的能力，在承担推进人类进步的任务。❷ 一旦这两种知识形式获得接受，我们就得到了一种历史—哲学形式的知识，这种知识能使学者——这种学者恰好就是费希特本人——通过向听众表明社会如何能够在世界历史中从它当前所处的阶段向更高的阶段发展来履行自己推进人类文化的义务。假如这种任务涉及学者使命的道德方面，那么，费希特《对德意志民族的演讲》的出版就必须被看作是一种道德行为，而不是政治行为。

费希特要根据自身关于学者使命的思想承担起这样一种任务，就需要表明在促进人类历史的第三个时期向第四个时期的充分过渡中，为什么唯有德意志民族适合于贯彻这种将不仅为德意志民族自身、而且——费希特希望它作为范例——为其他人种带来道德复兴的新教育体制。[173] 这促使费希特提出德意志民

❶ 《费希特全集》第Ⅰ辑，第10卷，页275；《对德意志民族的演讲》，页174。

❷ 因此，费希特在《对德意志民族的演讲》中将学者的使命描述为“按照清晰的概念，用深思熟虑的技艺”带领人类继续前进，这意味着学者“必须用自己的概念永远超越现时代，抓住未来，并有能力为了未来的发展，把未来培植于现时代。为此，就需要对迄今为止的世界状况有清晰的概括了解，需要在纯粹的、独立于现象的思考中有自由的、熟练的能力，而且为了能够传播自己的观点，还需要掌握语言，深入理解语言的生动的和具有独创性的根源”（《费希特全集》第Ⅰ辑，第10卷，页238－239；《对德意志民族的演讲》，页139）。

族根本不同于其他民族并显著适合于履行带来世界历史新纪元的历史任务的各种特征。正是在这里，他诉诸各种不同的历史事实，尽管他贬损作为一门学科的历史，因为历史的地位不过是“单纯的经验”，也就是说，历史的地位无非是事实的集合和一套以事实为基础的主张。❶ 但是，费希特对“单纯”历史东西的使用，在涉及学者在公共生活中的作用时，将被表明会产生“真理”观的问题。为了表明它如何产生这些问题，我首先需要概述费希特在论证德意志民族的独特性和它继而对他希望分派给它的历史任务的适合性方面所做的努力。

费希特在第四讲中根据语言说明了德意志民族与其他民族之间的本质差别。德意志人被说成已经获得和发展了一种可以追溯到德意志人种的最早时期的“原初”语言，而其他民族则在某个时期采纳了一门它们后来逐步加以修改的外国语言。他在这里指的是罗曼语系在某些方面起源于拉丁语。于是，这种本质的语言差别被认为已经造成某些根本的文化差别和不同结果。费希特将他的说法建立在一种非常紧密地与西欧历史联系起来的语言理论之上，这显然限制了他论证德意志民族与他称之为讲“新拉丁”语言的民族之间差别的可能有效性。

这种语言理论否认表述一个概念的声音纯粹是一种习惯问题，在其中某个概念与某个声音之间的关联是任意的。相反地，概念与声音之间的关系由一种必然法则决定，对象在语言中由特定的声音表现，这类似于对象如何在一个个体的感官中被必然地表现为拥有特定的表象。最初，语言实际上仅仅是“直接感性知觉对象的指称”❷。假如存在决定声音与声音所代表的对象之间关系的必然法则，存在声音为对象提供［174］这个对象由以得到指称的概念的必然法则，那么，费希特主张，在本质上仅

---

❶ 《费希特全集》第Ⅰ辑，第8卷，页301；《现时代的根本特点》，页150。

❷ 《费希特全集》第Ⅰ辑，第10卷，页147；《对德意志民族的演讲》，页51。

仅存在一种语言。但这种原初的语言由于受到诸如气候的影响而被特殊化，尽管在这里语言可以被说成是根据一种法则获得发展的，即原初语言在受到地域条件的影响下必定是以某种方式发展的。

虽然费希特根据通过感官所知觉到的对象的指称来解释语言的起源，但他也谈到一个将自身从感性知觉阶段提升上来把握超感性世界的民族。这就产生对一种超感性感官的认同，这种超感性感官就是作为不同于有形身体的灵魂或心灵，并且由于指称那些并非来源于感官经验的概念的语词的采用，促使语言储备得到相应增长。但费希特主张，这种超感性感官的对象

> 在语言中只能这样加以指称：据说，超感性世界与把握它的感官的特定关系犹如特定的感性对象与感性器官的关系，在这种关系中，可以将一种特定的超感性东西与特定的感性东西进行比较，通过这种比较，可以用语言暗示超感性东西在超感性感官中的位置。❶

换言之，人类只有通过诸如类比和隐喻的方式才能用语言表达这些超感性对象，因此，基于感性知觉的语言必须被用来刺激那个想要达到超感性对象本身的人，从而“开动”那种他借此能够把握这样一种对象的精神器官。

既然指称超感性对象的象征方式最终是与特定民族所说的基于感性知觉的语言联系起来的，费希特就继续主张这种象征方式必须符合这个民族的感性认知能力所达到的发展阶段。可见，精神的发展是与基于感官经验的知识的发展协调进行的。作为他所指的这个过程的一个范例，费希特给出了通过清晰的知识产生的某种东西有别于模糊感觉的象征性表现。这种超感性对象在希腊

❶ 《费希特全集》第Ⅰ辑，第10卷，页147；《对德意志民族的演讲》，页51。

语和德语中都是用词汇［175］“理念”（Idee）来指称的，并且费希特大致主张，这个词汇相当于德意志人用词汇“观点”（Gesicht）指称的东西，就像路德在其圣经译本中的使用那样。❶在感性意义上，“idea”和“vision”是指某种只能通过肉眼、而不能通过其他感官察觉的东西。这使得这两个词被赋予某种只能通过心灵的眼睛而绝不能通过身体把握的东西的超感性意义。但是，这种类比能力只能被这样的民族培养出来，这种民族已经达到知晓事物可能向所有感官或有些感官，或者就当前而言，仅仅向某个感官，即视觉感官，显现出来的阶段，同时也意识到视觉形象是指称这样的概念的最合适的手段。

既然超感性对象的象征性表现以特定民族获得的感性知识的程度为基础，前者与后者之间的关系就存在某种必然性。简言之，被用于表现超感性对象的象征物是一种借助其与体现在原初语言中的感性知识的关系而容易得到理解的东西。因此，象征物与它表现的东西之间的关系也不是一种任意的关系。超感性对象的语言根植于来源于直接感性经验的语言，这种语言对任何讲一门在费希特看来具有超感性对象的象征性表现——这种象征性表现又符合一个民族在其感性知识方面所获得的发展水平——的特征的语言的人，例如德意志人而言，都是可理解的。

当一个民族对超感性对象的象征性表现与它的基于感官经验的知识发展和体现这种知识的语言协调进行时，这个民族的语言在整体上就可以被说成是借助天然的进步得到发展的。这使得费希特将这种语言描述为：

> 从它发出第一个声音的时候就继续在一个人群或民族的实际共同体中得到发展；一个语言组成部分如果不表现一个

❶ 《费希特全集》第Ⅰ辑，第10卷，页148；《对德意志民族的演讲》，页51－52。

人群真正经历过的直观，不表现与这个人群的所有其他直观有全面交互联系的直观，就从来都没有进入这种语言。❶

[176] 但是，当一个民族采用一门外国语言，并且包含在这门被采用的语言中的对超感性对象的象征性表现不符合基于这个民族早已获得的感官经验所达到的知识阶段时，这种天然的进步就会中断。在此情况下，这个民族就缺乏所需要的直观以理解超感性对象的象征性表现，尽管这个民族的成员可以使象征物及其精神含义得到解释，但他们这样获得的“只是外来文化的平淡的、僵死的历史”。❷ 鉴于这些原因，费希特主张，就语言的超感性部分而言，这样一种民族将会说一种可能“显得有一丝生机”的语言，但事实上在本质上“由于进入新的直观范围，由于与旧的直观范围相分离成为死的语言和被切断活生生的根”。❸

可见，德意志民族与其他民族的根本差别被认为取决于如下事实，即“德意志人说的是一种最初由天然首次迸发出来的时候起就一直活生生的语言，其余日耳曼部族说的则是一种只在表面有活力、在根部却僵死的语言”。❹ 就这些日耳曼部族而言，它们所讲的语言的天然的、有机的发展由于它们采用了一种包含并不符合它们业已获得的和曾经体现在它们的原初语言中的感性知识阶段的对超感性对象的象征性表象而被中断。我们马上就将看到为什么费希特具体地谈到其他日耳曼部族，但我首先需要提到的是他认为这些部族所讲的语言的发展与日耳曼人所讲的语言之间的差别在文化方面已经产生了某些结果，从而导致德意志民族与其他民族之间一系列更进一步的差别。费希特在第四讲的结尾

❶ 《费希特全集》第 I 辑，第 10 卷，页 150；《对德意志民族的演讲》，页 53。

❷ 《费希特全集》第 I 辑，第 10 卷，页 150 – 151；《对德意志民族的演讲》，页 54。

❸ 《费希特全集》第 I 辑，第 10 卷，页 151；《对德意志民族的演讲》，页 55。

❹ 《费希特全集》第 I 辑，第 10 卷，页 154；《对德意志民族的演讲》，页 58。

列出了这些结果，然后在第五讲中比较详细地对此进行了讨论。这些结果包括德意志人的生命与精神生活的持续统一和其他民族的生命与精神生活的分离；德意志人的认真态度和勤劳与其他民族的作风懒散和随遇而安；由于这最后两个差别，［177］德意志民族的广大民众都是可教育的，而且教育者愿意承担教育人民的任务，而其他民族的有教养阶层与人民分离开来，把民众视为“实现他们计划的盲目工具”。❶

既然上文提到的结果被认为来自费希特以他的语言理论为基础确立的德意志民族与其他民族之间的分离，质疑他赋予德意志民族相对于其他民族所具有的本质特征的一个方面就是批评他的语言的起源和发展理论。没有证据表明费希特赋予了这个理论以关于语言如何产生和发展的单纯假说的地位，倒不如说他赋予这个理论以关于语言如何现实地产生和发展的地位。的确，他的语言理论在《对德意志民族的演讲》中起到的本质作用表明，费希特认为这个理论具有一种客观的地位，而关于语言的起源和发展的单纯假说缺乏他的全局战略所要求的论证力量，这个全局战略就是使他的听众接受德意志民族教育的需要，相信德意志民族在发展和实施这样一种教育体制方面具有独特命运。

有趣的是，虽然赋予费希特的语言理论远甚于假说的地位似乎违背了他对历史解释——这种解释毕竟是他的语言理论本身所包含的一种解释形式，因为它是根据语言的起源和语言所经历的某些发展解释语言的——的局限性所作的谴责，但他所认为的各种发展在不同的民族是不同的，并且历史地看，关系到这些民族所经历的某些经验。因为在《现时代的根本特点》中，他否认历史有权解释人类语言的起源，因为语言作为普遍经验的条件之一，是历史本身的可能性的一个条件，以至于历史本身必须预设

---

❶ 《费希特全集》第Ⅰ辑，第10卷，页156；《对德意志民族的演讲》，页59。

语言的存在，因而不能解释语言。❶ 或许这是一个有效的论点，但它提出了如下问题，即是什么能使哲学解释人类语言的起源[178] 而历史就不能，哲学是在什么时候预设语言的存在的？就我看来，费希特甚至没有试图回答这个问题。

费希特似乎也没有特别关注要在讲“新拉丁”语的人们采用外国语言的事实之外通过至少提供一些历史证据，证实他关于德意志民族与其他日耳曼部族所讲的语言之间存在差别的主张。就德语而言，关于这门语言发展的更好知识可能已经使费希特认识到，这门语言事实上没有他认为的那样“原初”。因为不论表面如何，德语本身都可以被看作包含某些从外国语言中借来的、具有“新造的外来词汇”形式的东西，这些外来词虽然是由最初作为德语的词汇构成的，但假如没有它们以之为基础的外来模式，可能就绝不会被新造出来，或者就会获得它们的现代意义。❷ 外国语言对德语的这种弥漫性的、但微妙的影响——或许不足为怪，费希特似乎没有意识到这个问题——意味着，我们可以将德意志人设想为在讲一种根据费希特自己关于语言的论述没有一种历史解释就无法理解的语言，而在他看来只有一门“僵死的”语言才需要这类历史解释。但我将在下文表明，这种需要在德语中提出“外来”词汇的详细历史知识无论如何都不是在费希特看来学者有义务获得的知识，因为它对学者的主要意图来说是多余的。

我们也可以追问，费希特从他的语言的起源和发展理论推导出来的结果是否真的来自这个理论的前提。但我并不打算赞同这个论点。相反，我要表明费希特必须被看作是在有意识地采取一种事实上并不取决于对他所提出的主张作充分论证和辩护的策略，

---

❶ 《费希特全集》第 I 辑，第 10 卷，页 298；《现时代的根本特点》，页 146。

❷ 有关这个问题的一种说明性讨论，见马丁（Martyn）：“借来的祖国：费希特《对德意志民族的演讲》中的民族主义和语言纯粹主义”（Borrowed Fatherland：Nationalism and Language Purism in *Fichte's Address to the German Nation*）。

尽管这种策略也招致这样的怀疑，即他试图掩盖自己所缺乏的真正的论证和辩护。如果我们更加仔细地研究费希特在《对德意志民族的演讲》中关于历史事实的使用，就会发现这种情况是明显的。我们已经看到，费希特在耶拿时期主张获得历史知识乃是学者的一项主要义务，因为这种［179］知识能使学者履行帮助推进人类文化的任务。费希特在《对德意志民族的演讲》中对历史知识的使用提供了关于他自己如何承担这种任务的一个范例。

费希特在第四讲的开头主张德意志民族和讲新拉丁语的民族最初都有同样的起源，并且它们本身都是日耳曼血统时，诉诸的是历史事实。然而，德意志人始终待在他们原初的故国，而其他民族却迁徙到其他领土，它们在这些领土上以不同的方式吸纳了外国语言。费希特将领土的这种变迁看作本身不是特别重要的，因为他主张自然习性并不构成民族特性，相反，民族特性凌驾于自然习性之上并根据自身的形象改变自然习性。简言之，最重要的是语言决定着民族特性，以至于正是领土的变迁造成的语言的变化，而不是领土变迁本身，具有根本的重要性。如果为了论证，我们接受费希特的语言理论，下列观点就是对的，即关于领土变迁的思想对他的论证而言不是本质性的，因为即使讲新拉丁语的民族不是起源于日耳曼，也仍然可以设想主张它们在某个时期采用了外国语言并接受这个事件带来的所有结果。然而，令人不安的是读到费希特就领土的这种变迁主张它是“一目了然和无可争议的”事实，❶ 而不试图对这一主张提供进一步的辩护。

重要的是，费希特在《对德意志民族的演讲》的某些地方努力强调他在提出据说来源于他对德意志民族所讲的原初语言与其他民族所讲的“僵死”语言所作的区分的结果时运用的方法的逻辑严密性。例如，在第五讲中，他谈到推演出这些结果，“仅仅关注这种推演是正确无误的”，而诸如“按这种推演应当

❶ 《费希特全集》第Ⅰ辑，第10卷，页143；《对德意志民族的演讲》，页48。

存在的各种现象是否真的会在经验中遇到”的问题，则要留给听众和其他观察者去判断。[1] 费希特对词组“应当存在”的使用意味着推演本身的正确性是不容置疑的，以至于一方面德意志人和另一方面讲新拉丁语的各个民族所展示的不同特征［180］“应当”存在或本应当存在，亦即本应当在人类历史的进程中展现出来，哪怕它们事实上还不存在。

费希特在第六讲中仍设法表明，德意志人事实上已经将自己展示在源自德意志人所讲的“原初”语言与其他民族所讲的“僵死”语言的区分的结果带来的各个方面。他是通过援引德意志的一些历史时期，例如路德及其发起的宗教改革运动带来的精神复兴这样做的。于是，这就被描述为“德意志人的认真和气质的一个证明”，而在德意志民族对宗教改革运动的积极反应中，我们看到“德意志民族的独特性的证明”。[2] 费希特还援引了德意志自由帝国城市的成就作为德意志民族的独特性的范例。然而，假如我们缺乏他为支持他给其听众呈现的德意志历史观——这种历史观主要由关于他所提到的历史事件的重要性和伟大性的价值判断构成——提供的历史证据，那么，费希特对历史的使用就呈现出一种非常有倾向性的现象，历史事实成为符合一套关于德意志民族的原初性和独特性的主张，而这些特性的真实性据说业已被确立下来。正如我们已经看到的，这套主张是以一种就其涉及的历史证据而言，其本身所依赖的根基完全动摇不定的语言理论为基础的。

但是，在与以前他关于学者使命的早期讲座相关、并涉及这些演讲所主要关注的“真理”的《对德意志民族的演讲》中，费希特对历史事实的使用有一种相当简单的解释。当他在《对德意志民族的演讲》中谈到真理时，可以认为他所指的是构成这些

---

[1] 《费希特全集》第Ⅰ辑，第10卷，页157；《对德意志民族的演讲》，页60。

[2] 《费希特全集》第Ⅰ辑，第10卷，页173－174；《对德意志民族的演讲》，页76。

演讲背景的更高真理。这就是关于德意志民族开创新时代的历史任务的真理，这个新时代是紧接着在其中自我利益是指导原则的时代而来的，即一个在其中真理被视为一切事物中的最高东西的时代。正如我们已经看到的，在这方面，《对德意志民族的演讲》构成了实现费希特在［181］耶拿时期关于学者使命的演讲中所概述的这一思想的努力。因此，我们可以将他给学者设定的任务设想为要把历史细节归结为实现目的的一种手段，在这里这种目的就是使德意志人启用将促进德意志民族的道德复兴的教育体制，而且这种教育体制在费希特看来表明了德意志民族摆脱外国统治和迈进一个在其中真理被视为一切事物中的最高东西的新时代的唯一现实的机会。结果，当他提到现实的历史事件时，他专注于宗教改革运动带来的精神复兴，自由帝国城市、包括北德意志汉萨同盟城市的荣光，某些德意志部族对入侵罗马人的成功抵御，因而他在面对主要是北德意志新教徒的听众、而不是根据拥有共同语言来界定的整个德意志民族时所使用的历史事件就是他们所能认同的那种类型，因为这类历史事件适合于构成他们自己的德意志伟大性观念的一部分。❶ 于是，这种策略的最终目的要被理解为费希特想使他的听众接受他关于采用德意志民族教育——这构成其他一些演讲的内容——提出的建议。

这种将历史事实归结为实现目的的一种手段的做法就不会要求费希特作出任何努力，以在他所提出的历史主张方面使之尽可能客观些，尽管他倾向于采用诸如意味着逻辑严密性的“推演”和“证明”这些术语来掩盖客观性的缺失。但历史的这种工具化仍是与费希特早期关于学者义务的理论相容的。因为虽然历史知识的获得被认为是学者的主要义务之一，但它只有在拥有这样

❶ 这种趋势在费希特总结第四讲时特别明显，他以“祖先”的名义呼吁整个德意志民族，他将祖先视为那些抵抗罗马入侵者的德意志部族和那些为宗教自由——这显然指的是宗教改革运动——而斗争的德意志人（《费希特全集》第Ⅰ辑，第10卷，页295－296；《对德意志民族的演讲》，页193－194）。

的知识对推进人类文化的任务——这代表学者的最高义务使命——是必要的范围内才是义务。另外，当涉及费希特使用他［182］宣称是历史事实的东西时，尤其是当有人可能质疑他所指的更高哲学真理的有效性时，他关于历史的用途就产生了知识分子的责任感的问题。毕竟，一个人在历史提供给我们的证据方面尽可能做到客观的努力本身，可以被看作“真理”观念施加给学者的一种义务。在含蓄地否认这种义务存在时，费希特提前想到了尼采在其论文《历史对人生的利弊》（*Vom Nutzen und Nachtheil der Historie für das Leben*）中关于历史的用途的观点。的确，《对德意志民族的演讲》的路径将被表明可以说明尼采关于历史的用途是“为了生活和行动”的主要思想，❶ 而费希特可以被看作在尝试通过自己的学术活动将这些思想付诸实践。

尼采关于我们为了生活和行动而需要历史的主张表达了对历史主义及其纯粹客观性的自负的一种反动，这种历史主义在尼采写作论文《历史对人生的利弊》——出版于1874 年，构成论文集《不合时宜的沉思》的一部分——之前的德意志已成蔓延之势。重要的是，费希特在《对德意志民族的演讲》中也热心于强调理智活动应该关乎生活和行动。例如，他主张，他为所有德意志人设想的民族教育必须产生“将必然地直接干预生活”的知识。❷ 在这里，知识就是做某种他必定认为已经在自己的哲学中做过的事情，因为他的哲学使用的是德语，德语作为一门原初的语言，运用一种以体现在日常语言中的感性知识为基础而天然地得到发展的超感性知识，因此“有力量直接干预生活并激发生活”。❸ 一个讲这种语言的民族的精神文化就能够以这种方式影

❶ 尼采：《不合时宜的沉思》（*Unzeitgemässe Betrachtungen*），页 241。
❷ 《费希特全集》第 I 辑，第 10 卷，页 134；《对德意志民族的演讲》，页 38。
❸ 《费希特全集》第 I 辑，第 10 卷，页 149；《对德意志民族的演讲》，页 53。

响生活。[1] 事实上，精神文化与生活之间的关系如此密切，以至于精神文化不会对生活发生影响，反而它“自身就是这种如此思想的思维者的生活”[2]。

于是，就德意志人而言，知识与生活不是彼此反对的，而是统一在它们构成其组成要素的唯一的、［183］不可见的经验中。费希特的《对德意志民族的演讲》对此提供了一个范例。这是因为知识，更加具体地说是历史知识，就其已经构成德意志民族或者至少是德意志民族的新教徒的共享经验的一个必要组成部分而言，已深深埋在费希特心里，他也希望能将之深深埋在他的听众心里，连同整个德意志民族的命运。有更详细地说明这里所说的历史的用途的方面吗？显然，这种历史的用途不是一种详细关注历史事实并设法使自身建立在牢靠的历史证据之上的历史形式。因此，它似乎与作为尼采在《历史对人生的利弊》中的批判对象的历史主义没有多少共同之处。另一方面，尼采关于历史如何能够被用于生活和行动的需要的思想对这个问题提供了一种可能的回答。

尼采提出可以用于生活和行动的需要的三种历史类型：纪念形式的历史、古物形式的历史和批判形式的历史。批判形式的历史在于分析和细心检验过去，这就产生了每个过去都值得谴责的意识。这种形式的历史对生活和行动是有用的，因为它在这方面能使人抛却过去的负担。[3] 使用这样一种对过去的批判路径，显然在费希特试图借助诉诸他的听众视之为德意志民族历史中的伟大时刻的东西来鼓舞他们的努力方面会证明产生不良后果，以致我们不能设想他在《对德意志民族的演讲》中会使用一种批判形式的历史。相比之下，古物形式的历史关系到对历史的维护和

---

[1] 《费希特全集》第Ⅰ辑，第10卷，页157－158；《对德意志民族的演讲》，页61。

[2] 《费希特全集》第Ⅰ辑，第10卷，页161；《对德意志民族的演讲》，页64。

[3] 尼采：《不合时宜的沉思》，页265－266。

敬畏，这种维护和敬畏有助于使人们同意当前的状况，无论它在事实上可能多么糟糕。❶ 通过诉诸过去来使人们同意当前状况，很难说是费希特所指的东西。的确，他在第一讲中明确谴责了任何试图使德意志人赞同他们当前屈辱处境的企图。结果，虽然费希特没有明确表明这一点，但我们可以设想任何求助于光荣的过去作为慰藉的源泉，而不是行动的激励的做法都要加以谴责。我们还剩下纪念形式的历史。

[184] 纪念形式的历史涉及的是对过去的、一个人的同时代人所缺乏的模式的诉求，其目标是鼓舞他自己和其他人，驱散退却的情绪，代之以一种实现某个目标——例如一个民族或整个人类的幸福——所需要的态度。❷ 在这种程度上，纪念形式的历史与费希特在《对德意志民族的演讲》中对历史的使用密切契合，在其中他运用德意志历史的各种事例来使听众相信德意志民族的独特命运。正如我们已经看到的，这种命运在于采用和实施一种将及时地带来德意志民族自身的道德复兴并潜在地带来其他人类的道德复兴的教育体制。然而，正如尼采指出的，纪念形式的历史为了变得有效，“将不会使用……绝对的真实性：它将总是不得不采用近似的和大概的东西”，❸ 结果，“过去本身遭到戕害：过去的所有片断被人遗忘，……只有个别修饰性的事实像孤岛一般从过去中冒出来”。❹ 对我而言，这是对费希特在《对德意志民族的演讲》中有关历史的用途的一种公正描述，尽管这不是说尼采所指的就是费希特。毋宁说，关于可以被用于描述费希特的路径的对历史的使用，尼采提出了一种普遍的趋势。在接下来的一段话中，费希特本人也承认，哲学家、因而他自己对历史的使用是非常有选择性的，取决于它被用于满足的目的：

---

❶ 尼采：《不合时宜的沉思》，页 261 及以下。
❷ 尼采：《不合时宜的沉思》，页 245 及以下。
❸ 尼采：《不合时宜的沉思》，页 257。
❹ 尼采：《不合时宜的沉思》，页 258。

> 他运用历史，绝不是为了用它证明某个东西，因为他的原则早已不依赖于任何历史而得到了证明，而只是为了在活生生的生活中历史地说明和陈述不用任何历史也照样清楚的东西。因此，在整个时间之流中，他只寻找这种东西，诉诸这样一个时刻，在这个时刻人类确实在向自己的目的迈进，并且他只重视这个时刻，而把其他一切都置诸脑后；他从事历史研究，不想首先从历史上证明人类必须走这条道路，而是老早就从哲学上证明了这个事实；他只想附带解释，这是在何种情况下见之于历史的。❶

[185] 关于历史应该被用于满足生活和行动的目的的思想，以及关于这可能要求压制任何试图为所提供的历史证据给予一种客观论述和评价的努力的思想，是与被典型地归于尼采的无关道德的立场相容的，而就费希特而言，假如他将学者的使命首要地理解为一种道德性的使命并将这种使命的作用指定为真理，这些思想似乎就构成了一种相当不协调的因素。费希特在《对德意志民族的演讲》中对历史的使用无疑非常有选择性，他明显不关心确立他所提到的历史事件的准确性。虽然这种路径可以被看作一种疏漏，而不是对“单纯”历史东西的一种蓄意扭曲，❷但我认为，它的确表明费希特对历史的误用，因为历史事实被他简单地归结为实现目的的一种手段，而不是本身被他赋予任何价值，就后者

❶ 《费希特全集》第Ⅰ辑，第10卷，页304；《现时代的根本特点》，页154－155。

❷ 尼采承认纪念形式的历史具有潜在的欺骗性，并指出它的某些可能后果，他主张：“纪念形式的历史通过类比进行欺骗：通过诱人的相似性，它鼓动勇敢者达至愚勇，鼓动热情者达至狂热。”（尼采：《不合时宜的沉思》，页258。）

而言，要求对历史细节和证据的一种更加细致的关注。[1] 因此，我们可以将费希特在其耶拿时期关于学者使命的演讲中所提及的学者要研究历史的义务设想为仅仅是要获得一种可以被用于追求推进人类文化和道德的更高目的的历史知识。在这方面，尼采关于历史研究提出的以下主张似乎是费希特本来可以提出的主张：

> 历史研究仅仅作为一种强大的、新的生活趋势的侍者，例如作为一种发展性文化的侍者，也就是说，当历史研究被一种更高的力量所统领和指导，而不是它本身进行统领和指导时，才对未来是某种有益的和富有成效的东西。[2]

[186] 当我们想到费希特对某些历史事件及其结果的诠释伴随着对诸如“推演”这样的术语的使用，而这些术语似乎意在赋予他所说的内容以逻辑严格性和真理性——这是任何理性存在者都不可能否认的某种东西，因为它遵循的是必然性——的表象时，他对历史的工具化就显得更加危险。因为相对而言很容易设想，对历史的这种使用，在与诸如“真理”这样听起来很崇高的术语结合起来时，可能被用于说服人民去追求某种可能关系到整个民族的道德堕落的险恶目的的需要。在这方面，我们宁可选择“单纯”历史的路径去追求比较适度的目标，因为这种路径在针对过去提出某些主张时，专注于提供和评价历史证据。

不过，或许费希特已经意识到在他关于学者使命的观念中潜藏的无关道德的立场。在《伦理学体系》阐述的伦理义务理

---

[1] 费希特本人主张哲学家如果断言一个从未发生过的事实，就理应受到指责，但他接下来区分了某种东西发生的事实和某种东西发生的方式，这意味着许多其他的事实可以留给“经验的”历史学家（《费希特全集》第Ⅰ辑，第10卷，页305；《现时代的根本特点》，页156）。然而，他提出的这种区分究竟是指什么呢？例如，难道它允许哲学家有义务在他所提到的一般事实方面是正确的，而没有义务在一般事实发生的方式方面细心考量，而无论发生的方式究竟意味着什么？

[2] 尼采：《不合时宜的沉思》，页253。

论——我们在其中遇到关于学者阶层在社会中有其自身特有职能的思想——中，他提出学者的固有德性是“严肃热爱真理”。[1] 然而，在同一部著作中，费希特就他视为学者的基本权利之一的东西提出下列主张：“凡是每个人认为自己已经确信的东西，不管看起来多么危险可怕和不可救药，都必须允许加以陈述。”[2] 我们可以将费希特对历史的使用——在其中，历史事实仅仅充当实现他认为是更高目的的手段——视为给学者如何可能利用这种所谓的权利及其隐藏的危险提供了一个范例。

在这里，具有讽刺意味的是手段与目的的关系问题。因为正如我们已经看到的，费希特在《对德意志民族的演讲》中设法干预历史过程以便帮助实现向人类历史下一时期的过渡，这个时期就是在其中真理被看作所有事物中的最高东西的时期。然而，当谈到他实现这种过渡的手段时，就真理涉及历史事实和历史证据而言，费希特似乎没有将真理视为所有事物中最高的东西。当然，他将真理看作在不同情况下具有不同含义［187］和价值：在一种情况下，存在一种较高的、哲学的真理；在另一种情况下，存在一种较低的、单纯经验性的真理。但将这些对更高真理的诉求视为可疑的并且会导致滥用，难道不是可能的吗？在费希特对历史的使用或误用方面，对这个问题的更充分的考虑要求更仔细地研究他在《对德意志民族的演讲》中对历史的使用所抱有的目的。正如我们所知，这就是说服他的听众接受德意志民族教育的必要的目的，这种教育体制，正如我们将看到的，意在培养有德性的公民，因而产生一种真正伦理形式的共同体。但是，我要表明，创造这种共同体是要付出高昂代价的。

---

[1] 《费希特全集》第Ⅰ辑，第5卷，页303；《伦理学体系》，页328。

[2] 《费希特全集》第Ⅰ辑，第5卷，页225；《伦理学体系》，页239。

5.3 培养德性

费希特谈论德意志的民族教育，因为他所提出的新教育体制是所有德意志人民、而不只是某个阶层的成员将要参与其中的体制。[1] 正如前文所述，这种教育体制的目标是要将德意志民族塑造为一个总体，它的所有成员都要受同一种利益、即整个德意志民族的利益的驱使和激励。简言之，德意志民族教育的目标是要培养根据整个民族的利益，而不是根据各自的私人利益思考和行动的有德性的人。虽然费希特在耶拿时期所阐发的伦理义务理论也突显出了对德性的需要，但我在下一节要表明，他的确给一种德性观念留下了余地，这种德性观念涉及使个人利益从属于道德要求，尤其是从属于个人所属的社会整体的福利，但它并不等于要彻底废除个人利益。相反，费希特可以被看作在阐发这样一种社会理论，这种理论认为为了社会整体而行动与根据自我保全——它被视为有限理性存在者在世界上自由且有效地行动的能力的最终条件——的目的而行动相容，这种自我保全的目的在他看来可以根据如下方式获得保证，这种方式符合［188］通过保障所有人有权利能够靠自己的劳动生存来使他们进行自我决定的观念。这就产生了如下问题，即费希特所指的德意志民族教育，就其旨在培养有德性的公民而言，在什么程度上与这种早期立场相容。我在下文表明，两者是不相容的，因为前者的目标是培养那些不要希求不符合道德要求的东西的人，这导致了对人的自由的压制而不是人的自由的实现。

---

[1] 《费希特全集》第Ⅰ辑，第10卷，页114；《对德意志民族的演讲》，页19。费希特所指的不是现代意义上的阶级（classes），而是阶层（Stände），当然，这符合他早期将社会分为各个阶层（estates）的理论。

在《对德意志民族的演讲》中，费希特关于德意志民族教育真正包括的东西的论述在具体细节方面是相当简短的。[1] 或许，这是对以下事实的一种反思，即他将瑞士教育改革家裴斯泰洛奇（Heinrich Pestalozzi）提出并已付诸实践的教育类型看作为这种德意志民族教育提供了基础。事实上，费希特在第九讲中花费了大量篇幅探讨裴斯泰洛奇的提议。但从他在第二讲中谈到的内容可以明显看到，这种教育体制的起点在于某些精神活动和任务，其目标在于培养学子们一种能力，即塑造那些在现实中不存在、但应当存在的事态的图像。费希特谈到“一幅关于人类社会秩序的图像，就像这种秩序全然应该按照理性法则而存在”，[2] 因此，我们可以设想它尤其是学子们应当被引导去在他或她心中加以塑造的社会秩序。既然学子们学会加以塑造的图像是他或她的自我能动性的产物，而不是某种业已存在的东西的一种复制品，他或她就会在自身的想象力中获得愉悦并以这种方式获得对学习的热爱。学子们也将逐步认识到这些图像是根据某些必然法则，即支配一般思维的法则得到发展的，以至于在塑造这样的图像的过程中能够获得关于这些法则的知识。可见，一方面，费希特提出的德意志民族教育所特有的学习过程包括一种自我决定的过程，因为学子们所学的东西就是他或她自己的自我能动性的结果；而［189］另一方面，这个过程服从某些法则。费希特的教育体制中自由与必然的关系问题，是我在谈到良知思想时想要再次讨论的问题。

但我首先需要提到，对费希特而言，这种纯粹理论形式的活

---

[1] 在《对德意志民族的演讲》中没有提及的大量的具体建议，在他同一时期的其他论著中有所概述。见绍特基（Schottky）：“费希特 1807 年未发表手稿中的民族国家思想”（Fichtes Nationalstaatsgedanke auf der Grundlage unveröffentlicher Manuskripte von 1807），页 121 及以下。

[2] 《费希特全集》第 I 辑，第 10 卷，页 127 – 128；《对德意志民族的演讲》，页 31。译文略有改动。

动对学子们的道德培养具有重要意义。因为通过认识和理解支配所有精神活动的法则而不论这种活动的特定对象是什么，即关于任何可能经验的法则，学子们获得一种将他或她带进新的事物秩序中的超感性知识，在这种新秩序中，他或她被一种不是旨在获得感性享受，而是旨在从事一般的精神活动的爱所推动。费希特主张，这种缺乏任何感性动机的爱在其形式上与绝不允许感性享受成为行动动机的道德意志是一样的。可见，使学子们为了学习本身而热爱学习，为了精神活动本身而渴望从事精神活动，被认为是构成塑造学子们的意志的一个重要的、基本的阶段。但是，上文提到的纯粹理论知识与纯粹道德意志之间的这种单纯形式上的一致不能说明学子们是如何规划社会秩序的图像的，他们一旦离开费希特提出的德意志民族教育而获得独立，就可以在自身的能动性中和通过自身的能动性实现这种图像。

费希特解决这个问题的方法是使所有的学子们的生活与广大的社会隔离开来以避免其影响，“彼此共同生活，因而构成一个独立的和自我维持的共同体”，并使这个共同体自身由理性决定。[1] 换言之，学子们通过生活在自身就是其积极成员的共同体中，将首先实现他们要在自己心中规划的社会秩序的图像。费希特关于这种共同体的现实组成部分并没有谈论很多，尽管他清楚地表明这种共同体应当以确保学子们真正希望符合整个共同体的利益而行动，而不是仅仅按照治理这个共同体的规章而行动的方式加以安排。换言之，学子们的行动应当在道德上是由义务感，而［190］不是由仅仅为了避免某些处罚的考虑所激发和决定的。在这里，我们可以察觉到费希特早期涉及为了整个社会而行动的道德要求的伦理义务与个体的以符合法权原则但并不必然地涉及任何道德形式的动机的行为方式之间所作的一种类比。费希特仍区分了道德所要求的取向和他耶拿时期的社会与政治哲学中

[1] 《费希特全集》第Ⅰ辑，第10卷，页128；《对德意志民族的演讲》，页32。

法权所要求的取向，但他在《对德意志民族的演讲》中试图借助他提出的教育体制克服这种区分，以便表明如何能够培养有德性的公民，而不只是遵守法律的公民。为了整个共同体而行动的伦理取向要通过诸如体力劳动和“机械的、但在这里被理想化的农业劳动以及各种手工业劳动”，以及通过诸如规定在这些活动中表现突出的人将有望帮助教导共同体的其他成员的措施加以培养。❶

就像费希特关于学子们要在其中生活的、独立的和自我维持的共同体的描述所表明的，他实际上指的是一个微型的锁闭商业国。他主张，学子们就学的学校应当有自我维持的表象，尽管——学子们自己并不知情——有些必不可少的物件需要从广大社会中引入进来。因此，费希特规定“这个农业小国的基本法则是，在这个国家里，既不准使用任何不是在本国生产和制造出来的衣食等物品，也在可能的限度内不准使用任何不是在本国生产和制造出来的工具”；而需要确保这个微型国家仍然是独立的和自足的努力，将在学子们当中培养如下思想，即每个人“必定知道，他完全对全体负有责任，只会跟全体同甘共苦”。❷ 正是通过在这种共同体中得到抚养和教育，在学子们的心中就产生了相应的社会秩序的图像，学子们一旦成为更大规模的国家和家庭的一员而将达成的各种关系，“就会展现在他的生动直观中，不可磨灭地扎根于他们的心中”。❸

［191］既然小规模的微型农业国家的生活是要为学子们最终进入更大规模的国家做准备，就可以设想，费希特关于国家经济生活的观点与他所著的《锁闭的商业国》大致是没有变化的。的确，他在第三讲中提到自己是如何劝告德意志人“要使自己不

---

❶ 《费希特全集》第Ⅰ辑，第10卷，页129；《对德意志民族的演讲》，页33。

❷ 《费希特全集》第Ⅰ辑，第10卷，页237－238；《对德意志民族的演讲》，页128。

❸ 《费希特全集》第Ⅰ辑，第10卷，页238；《对德意志民族的演讲》，页138。

依靠世界贸易，将自己作为商业国锁闭起来”，而且，他主张“除了德意志人自己的统一，德意志人内部的自足和贸易的独立是他们得救的第二个手段，并通过他们而成为欧洲得救的第二个手段”。❶ 但发生改变的东西是他在这部较早的著作中提出的经济建议不再是根据确保自私的有限理性存在者在世界中的主体性的目的来考量的。毋宁说，这些经济建议现在是根据使人们为了整个共同体而行动的伦理目的获得理解的，这意味着要出于确保共同体的独立性和自足性而行动，而且这个目的现在被视为目的本身。虽然为了整个共同体而行动的观念已经可以在他耶拿时期的伦理义务理论中找到，但费希特似乎想要贬低——如果不是完全排除的话——自我利益可以构成动机的另一个补充性来源的思想，而承认动机的目的本身就是有效的。这一重点的转移在《对德意志民族的演讲》第八讲关于对祖国的爱的论述中得到了最极端的表达，费希特主张这种对祖国的爱可以被更加准确地表述为个体对其民族的爱。❷

费希特宣称，“民族和祖国远远超出了通常意义上的国家”，他用通常意义上的国家指那种其“概念想要某种正义、内部和平，想要每个人靠勤劳维持生计和延续自己的感性生活，只要上帝愿意给他这些”的社会秩序。❸ 广泛地讲，对国家的这种描述符合他在《自然法权基础》中关于国家的无关道德的观念，在这部著作中，国家被认为是保障每个人能够靠自己的劳动生存的权利的保护性力量。

[192] 在第八讲中，费希特也将国家描述为要求“只需加以控制和调教，使各个人能够和平共处，使整个民族能够被制作

❶ 《费希特全集》第 I 辑，第 10 卷，页 272 – 273；《对德意志民族的演讲》，页 171。

❷ 《费希特全集》第 I 辑，第 10 卷，页 198；《对德意志民族的演讲》，页 100。

❸ 《费希特全集》第 I 辑，第 10 卷，页 203；《对德意志民族的演讲》，页 105。

成一种实现任意设置的、与本民族无关的目的的有用工具”。❶这种描述再次符合他早期关于国家的主要作用之一是确保人们在感性世界行使自由选择的可能性的观点，这种可能性仅仅要求他们在彼此的关系中限制自己的天然自由，而不论是什么实际激发他们这样做。可见，假如费希特不进而将个体对祖国的爱的德性与他自己的直接利益对他所属的社会整体的服从等同起来，与维护国家并使之更加有效地履行上述职能的目标等同起来，只要将他的法权理论与伦理义务理论对照研读，就会发现他的立场与我已经表明的可以归为他耶拿时期论著的立场大致相容。但是，由于他主张民族和祖国远远超出通常意义上的国家，我们必须设想对祖国的爱的对象并不是被简单地理解为法权状态的保障者的国家。

但费希特认为对祖国的爱应当将国家治理为一种更高的权威，这首先给人这样的印象，即他耶拿时期的法权理论，只要按照他同一时期的伦理义务理论加以看待，就与他在《对德意志民族的演讲》中关于对祖国的爱的论述相容。因为在这里，对祖国的爱可以用于限制国家由以实现国内安定的手段，而后者可以通过尽可能地限定自由最有效地得到实现。但只有在一个自由被给予最宽泛的可能范围的社会里，“高级文化”才能够发展出来，以至于尽可能限制自由的趋势成为某种本身应当加以限制的东西，尽管这可能意味着在国家中有较小程度的和平和秩序，并可能使治理的任务变得更加困难。❷

面对这种压制自由的趋势，对祖国的爱可以被认为代表社会或政治形式的德性的一个范例，我在上一章将这种德性看作费希特法权理论所描述的［193］那种国家真正有效运转和潜在繁荣的一个条件，以至于如果法权要充分契合自身的内在目标，行使

---

❶ 《费希特全集》第Ⅰ辑，第10卷，页204；《对德意志民族的演讲》，页106。

❷ 《费希特全集》第Ⅰ辑，第10卷，页203－204；《对德意志民族的演讲》，页105－106。

这种德性就是必要的。在这种特定情况下，对祖国的爱可以被看作有助于实现保障人们在其中可以行使自由选择的自由范围的目标，因而同时提供给他们发展可以成为道德主体的各个条件。例如，展现这种德性的国家官员将成为设法在政府自身的范围内防止对人类自由施加不必要限制的人，尽管他可能遭到政府其他成员的反对。更普遍地讲，任何人都可能被认为在面对国家限制自由的趋势，以便使其确保国内安定的任务变得更加容易时，通过努力阻止国家及其官员以违背保障人们的自由范围的目的的方式行动，展示自己对祖国的爱。在这种程度上，费希特关于对祖国的爱的论述似乎符合被描述为“自由的爱国主义”（patriotism of liberty）的东西，这种自由的爱国主义是一种基于体现公民德性特征的古典共和主义模式的爱国主义形式，这种公民德性表现为对保护共和国全体公民以及自身自由的关切。[1] 然而，在其他方面，费希特在《对德意志民族的演讲》中关于对祖国的爱的德性所阐发的立场，远远超出了这种德性观。事实上，这种趋势已通过他关于自由“仅仅是为了更高的、超越国家的目的”的主张而有所示意。[2]

费希特在第八讲中主张，国家仅仅是对祖国的爱所真正要求的东西的一种手段和条件，这就是“永恒东西和神圣东西在世界上兴盛起来，在无限的发展过程中变得越来越纯洁、完美和卓越”。[3] 在这一讲的特定背景下，关于神圣东西的观念可以等同于下列民族的生活，这种民族是根据将其成员联结成一个“自然整体”的法则发展起来的，而这种生活的发展要求民族成员的自我牺牲，这些成员在为了民族而牺牲自己时可以获得不朽，尽管

---

❶ 维罗里（Viroli）：《为了对国家的爱》（*For Love of Country*）。维罗里认为，这种形式的爱国主义在本质上不同于民族主义，他将费希特划为民族主义的主要创立者之一。

❷ 《费希特全集》第Ⅰ辑，第10卷，页204；《对德意志民族的演讲》，页106。

❸ 《费希特全集》第Ⅰ辑，第10卷，页203；《对德意志民族的演讲》，页105。

仅仅具有一种世俗性质。[1] 撇开我们要如何准确理解［194］一个民族得到发展的过程这个问题不谈，应该注意的是，将国家归结为实现更高目的的手段，和牺牲个体性的思想一样，也是费希特耶拿时期的国家和社会理论的一个特征。

当我们思考费希特所提出的教育体制如何旨在创造一种伦理共同体时，《对德意志民族的演讲》与其耶拿时期的论著之间的另一个关联就变得清晰起来，因为这种伦理共同体的主体间纽带是借助其成员共同拥有一种“原初”语言和共享接受德意志民族教育——这种教育旨在在每个学子的心中灌输共同目的和共同利益的思想，培养希求共同目的和共同利益的取向——的经验构成的。因此，费希特在《对德意志民族的演讲》中设法解释其可能性的这种伦理共同体，可以被看作这种更加具体的共同体的可能候选者，这种共同体以其在《自然法权基础》关于法权概念的演绎中业已察觉的相互承认关系为基础，但可以认为，费希特在这部著作的后面部分并没有对此加以阐发。然而，他解释这种伦理共同体的产生和这种共同体的成员要追求的目的所采取的方式，表明关于这样一种真正的伦理共同体的思想并不必然是某种受到欢迎的东西，以至于在这方面，他在其耶拿时期所阐发的立场——包括法权与道德的分离——可能要比他后来试图将国家观念道德化的努力更加可取。我认为，当我们转向费希特在第八讲中关于对祖国的爱必定由以将国家治理为更高权威的第二种方式的论述时，就会发现这是显然的。这个方面涉及的是给国家规定“一个比维护内部和平、私有财产、个人自由和人人安康这种寻常目的更高的目的”。[2]

费希特直接将这种更高目的与一个国家在结集武装力量时所考虑的目的结合起来，他继续主张，只有当国家的所有其他目的

---

[1] 《费希特全集》第Ⅰ辑，第10卷，页199及以下；《对德意志民族的演讲》，页101及以下。

[2] 《费希特全集》第Ⅰ辑，第10卷，页204；《对德意志民族的演讲》，页106。

（即财产、个人自由、生命和安康）处于危险——他指的可能是战争时期——之中时，“只有在国家掌舵的位置上才开始有一种真正原初的和原始的生活”，而“在维持传承下来的宪法、法律和公民的富足的过程中根本就没有任何真正的、原初的生活，［195］没有任何原初的决定”。❶ 在这方面，他似乎是在美化战争，使战争变成个体由以能够与他们所属的民族生活达成一种真正现实的关系的唯一手段。可见，费希特忽视了这样的方面，即刚刚在此之前，他自己表明对祖国的爱的德性在民族生活中、在国家的同样目的——而这些目的，例如保障个人自由的目的，被置于危险之中并在战争时期被牺牲掉——方面可能起到重要作用。费希特对于对祖国的爱的德性的其他比较和平的表述具有的意义和价值的突兀否定，意味着对他来说，个体生命的恰当目的是在战争中为了民族而牺牲自己，除此之外没有其他方式能使个体恰当地展示自己对祖国的爱。这种印象通过关于对祖国的爱所包含的内容的以下描述得到加强：

> 不是公民热爱宪法和法律的恬静精神，而是高度热爱祖国、囊括作为永恒东西的外壳的民族的熊熊火焰；高尚的人乐于为这样的民族牺牲自己，不高尚的人——他们只是为了高尚的人才存在的——也应当为了这样的民族牺牲自己。❷

虽然这样的修辞可以被归于《对德意志民族的演讲》发表时的历史环境，但它仍提供了有效的事例，表明德性语言——在这里已经呈现为关于对祖国的爱的思想的特定形式——是如何适合被用于说明夸张的、潜在地狂热的主张的，结果，它也给政治的道德化所固有的危险提供了一个事例。

---

❶ 《费希特全集》第Ⅰ辑，第10卷，页204；《对德意志民族的演讲》，页106。
❷ 《费希特全集》第Ⅰ辑，第10卷，页205；《对德意志民族的演讲》，页107。

当费希特试图说明一个真正伦理性的共同体的可能性的努力已经招致对一种共同体——在这样的共同体中，假如其成员具有充分道德的取向的话，对法律和政治安排的需要就再也不会像它在其早期的法权理论中那样以相同的地位存在——思想的担忧时，我现在要揭示他在《对德意志民族的演讲》中试图说明一个真正伦理性的共同体的可能性的努力所产生的另一个问题。这个问题涉及如下主张，即［196］他所指的德意志民族教育想要使道德行动变成某种必然发生的东西，而不是使它变成真正自由选择——伴随道德行动的自由选择具有这样的可能性，即一个行为主体实际上可能不会选择希求道德所要求的东西——的结果。正如我们已经看到的，费希特在耶拿时期关于法权及其与道德的关系的理论明确允许这种可能性。的确，这种可能性大致以如下假定为基础，即个体可能恰恰不会希求道德所要求的东西。关于我所指的，后来《对德意志民族的演讲》所持的那种主张的一个事例，可以在下文中找到：

> 新的教育必定恰恰在于，它将在它承担加工改造的土地上完全消灭自由意志，给意志造成作出决断的严格必然性和优柔寡断的不可能性，从今以后，大家就可以确实指望和依靠这样的意志了。❶

这个主张似乎与他在耶拿时期阐发的法权理论背后的一个基本意图，即保障人们有行使自由选择的范围，因而给他们的道德主体性提供一个基本条件，是不一致的。但解释这个主张的关键仍在于费希特在同一时期的《伦理学体系》中所阐述的道德判断理论，更具体地讲，在于他在这个理论中分派给良知的作用。实际上，他在《对德意志民族的演讲》中提出的德意志民族教育的

❶ 《费希特全集》第Ⅰ辑，第10卷，页118；《对德意志民族的演讲》，页23。

主要目标之一将被表明是根除德意志民族的众多成员对良知的任何真正运用。

5.4 良 知

良知思想在费希特《伦理学体系》的道德判断理论中具有根本的作用。他在与下列主张即“必定有一个评判我们的义务信念的正确性的绝对标准”所提出的问题的关联中引入了良知思想。[1] 这个问题就是，什么是评判我们的义务信念的正确性的绝对标准。

[197] 费希特对这个问题的回答始于下列主张，即道德法则要求它所应允的特定内容。但道德法则的内容不是道德法则本身可以提供的某种东西，因为道德法则是一种纯粹形式的原则。相反，道德法则的内容必须借助属于理论理性而不是实践理性的反思判断力加以发现和决定。[2] 因此，我们要面对如下问题，即道德法则如何能够借助反思判断力被准确地运用于道德法则的内容。为了回答这个问题，费希特诉诸一种对真理性和确定性的感受。他认为，一旦道德冲动推动反思判断力寻求道德法则本身不能提供而是仅仅能够根据不同的情况作出应允或不应允的内容，自由的想象力就在各种可能的决定之间摇摆。但是，一旦反思判断力发现这些可能的决定中的一个符合道德法则的要求，这种摇摆就停止了，因为想象力是“受到约束和强制的”，并且“除此之外，我绝不可能以任何其他的方式看待

---

❶ 《费希特全集》第Ⅰ辑，第5卷，页153；《伦理学体系》，页156。

❷ 《费希特全集》第Ⅰ辑，第5卷，页154－155；《伦理学体系》，页157。

这件事”。[1] 对符合道德法则所要求的东西的这种发现伴随着一种对确定性的感受。费希特继续将这种对确定性的感受与良知的声音关联起来，以至于良知变成我们的义务信念的正确性的绝对标准。

但是，费希特主张，虽然良知“从不出错，也不可能出错”，[2] 但仍存在这样的可能性，即个体可能使自己对义务的清晰意识变得模糊，因为对义务所要求的东西的清晰意识在他不再反思自身应当作什么的时候就会消失。[3] 这促使费希特将极端的恶的观念与惰性或懒惰，而不是与对善的厌恶联系起来。[4] 重要的是，他在《对德意志民族的演讲》中提出的教育体制取决于如下假定，即人有能力变成完全道德的存在者，因为“人在根本上就有一种对行善的纯正愉悦”，“这种愉悦会得到很大的发展，以至于人绝不可能不做被视为［198］善的事情，而做被视为恶的事情”；而费希特反对对于下列思想的信念，即“人一方面本来对上帝发布的命令有一种天生的厌恶情绪，另一方面也简直不可能执行这类命令”。[5] 这些主张表明，他在耶拿时期提出的良知理论在他后来关于他所提议的德意志民族教育如何培养真正有德性的公民的思想方面具有一种隐晦的、但非常重要的作用。的确，按照费希特在德意志历史和德意志民族的独特性方面对基督新教的重要性的大力强调，我们或许不应当对良知理论所起到的这种作用感到吃惊。

实际上，我在上文对费希特道德判断理论给出的简短论述表明，这种德意志民族教育旨在培养如下类型的道德主体，对他们而言，义务意识变得模糊是不可能的，因此，他们在面临

---

[1] 《费希特全集》第Ⅰ辑，第5卷，页156；《伦理学体系》，页159。
[2] 《费希特全集》第Ⅰ辑，第5卷，页161；《伦理学体系》，页165。
[3] 《费希特全集》第Ⅰ辑，第5卷，页177；《伦理学体系》，页182。
[4] 《费希特全集》第Ⅰ辑，第5卷，页185；《伦理学体系》，页191。
[5] 《费希特全集》第Ⅰ辑，第5卷，页139；《伦理学体系》，页43－44。

处在特定的情况下决定自身的义务是什么的问题时，必定总是作出正确的评判。因为费希特相信人有认识善的天生能力和从善中获得愉悦的趋向，这意味着德意志民族教育需要首要地防范的就是义务意识的模糊，这种模糊将腐蚀认识善的天生能力，并误导——如果不是彻底根除的话——从善中获得愉悦的趋向。

但费希特超出了早期的立场，他暗示在各种可能的伦理判断之间的摇摆——他在《对德意志民族的演讲》中认为这是道德判断过程的一个常规部分——对一个具有真正伦理意志的人来说甚至是不应当发生的。他是在第八讲中这样做的，他指出，德意志民族教育“必须按一种确实可靠、普遍有效的规则，培养这种坚定不移的意志；也就是说，它本身必须依靠必然性，创造它所意向的必然性”。❶ 很难看到，他在这里是如何给人在作伦理判断时留出自由空间的，因为他似乎不仅否认一个已经接受他所提出的德意志民族教育的真正道德的人有可能会希求不同于道德的要求的东西，而且否认［199］将道德判断的行为本身变成一种准机械过程的可能性。这个问题可以参照康德在《道德形而上学》第二部分给出的有关道德判断中的良知的作用的论述加以强调。

对康德而言，良知是一种“不可避免的事实”，他将这种良知描述为“在法则的任何情况下都告诫人有作出赦免或宣判的义务的实践理性”，❷ 描述为对“人的内心法庭”的意识。❸ 这种描述表明，康德将良知与每个人必须决定自己的哪些准则是符合或不符合道德法则的方式结合起来。与费希特《伦理学体系》的良知理论一样，一般的思想是给道德法则提供特定内容取决于

---

❶ 《费希特全集》第Ⅰ辑，第10卷，页119；《伦理学体系》，页24。

❷ 康德：《伦理的形而上学》，页400。

❸ 康德：《伦理的形而上学》，页438。

个体在特定环境中作出正确的道德判断。但是，每个个别的道德主体都能够判断他是否通过聆听自己良知的呼唤这样做了，这对康德来说是以一种对信念的感受的形式表现出来的，而对费希特来说则在于一种对确定性的感受。像费希特一样，康德也主张良知会出错的观点是荒谬的，尽管这次是建立在以下根据之上的：

> 在某种东西是不是义务的客观判断中，人们有时很可能出错；但在我的主观判断中关于是否我已经使这一判断服从于我的作出这一判断的实践理性（在此是以其作为法官的身份）。我不可能出错，因为那样的话，我就根本做不出任何实践判断；在这种情况下就既没有错，也没有对。❶

在这段话中，康德似乎主张，虽然我在判断某个准则是一项义务（客观判断）时可能出错，但我在思考我已经使这个准则服从我自己的实践理性作出的判断，以便决定它是否是一种义务（主观判断）时不可能出错。因为如果我这样做会出错，我就甚至不能被认为从客观的立场出发作了一个可能对或错的判断。简言之，某人可能对特定的判断——这种判断来自他试图决定一项准则是否符合道德法则的尝试，它属于［200］x 是或者不是一项义务的判断——会出错，然而，如果已经做了判断，对他而言，还去怀疑他已经问过自己 x 是或不是一项义务，还去怀疑他已经根据具体情况判断这是或不是一种义务，是毫无意义的。这个人可以通过反思开始怀疑他已经作了正确的判断，但这不等于说怀疑他是否作了判断。在这种程度上，可以合乎情理地追问一个人的所有事情都在于，他真诚地想要作出正确的道德判断并且他个人信服这是一个正确的判断。相反，要求一个人的良知本身应当接受

---

❶ 康德：《伦理的形而上学》，页401。

某种检验以便决定它是否已经作了正确的判断，就要求另一个良知作出决定，这个良知要将判断传给第一个良知并且这个良知本身也必须加以判断，如此一来会导致无穷倒退。在康德看来，良知标志着一个人在面对处于任何特定的情境中都决定做道德上正确的事时的终极责任感和独立性。而且，假定不采用另外一个良知——这个良知的判断本身在相关的意义上也是主观的——就不可能成功地将任何外在的客观标准运用于个体作出的主观判断，康德认为这种主观判断本身不能被视为错误的，只要相关的人信服它是正确的。

康德关于良知的论述可以被看作在强调人的自由的两个重要方面。第一个方面，涉及下列事实，即最终必定是个体性的道德主体来决定某件事情是否是一种义务，因为否则就会使人的判断服从一种外在权威，这种外在权威相应地会消除道德自律的行动的可能性；第二个方面，为了更好地判断什么事情是或不是一种义务，一个人将需要培养诸如独立判断和对他所作的决定具有责任感这样的品格。康德揭示了这种情况可能包括的内容，他主张，我不仅必须相信我打算去做的事情是对的，而且必须确信这一点。于是，他继续用一个检察官的事例来说明这一点，这个检察官似乎可靠地相信某个超自然意志允许他铲除所有他所认为的无信仰和无信仰者。但康德怀疑，这个检察官可以声称如此确信他打算去做的事情的正确性，以致不惜要求毁灭一个人的生命。因此，他认为，如果这个检察官要冒险通过遵照这样的信念去行动而做某种［201］极端错误的事情，他就不是本着良知而行动的。[1]

虽然对绝对确定性的这种要求可以被认为产生了它自身的问题，例如在复杂环境中的优柔寡断和随后的无力行动，但康德关

[1] 康德：《单纯理性限度内的宗教》（*Die Religion innerhalb der Grenzen der blossen Vernunft*），载《康德全集》（*Kant's gesammelte Schriften*）第6卷，页186－187。

于检察官的事例仍给我们提供了一种启发性的策略，有助于提醒我们在涉及判断我们认为在做道德上正确的事情的东西时容易犯错。这相应地可以促使我们在作这样的判断时，以一种更加独立的、反思性的和负责任的方式思考，避免任何自满自得。而通过培养出其义务意识绝不会模糊的个体，以至于他们可以根据直观毫无差错地知道在特定环境里什么是正确的事情，费希特的德意志民族教育的部分意图，连同道德判断的需要以及这种道德判断总是包括出错的可能性似乎都被消除了。这相当于消除了对一个人在作道德判断时的独立思考和真正个人的责任感的需要。毋宁说，他所提出的德意志民族教育似乎旨在确保民族的每个成员的良知作出的裁定都不可避免地彼此一致，因为没有人会遇到义务意识的模糊和惰性——这可能导致他们作出的判断与一个在同样的情境中具有清楚的义务意识的人作出的判断不同——的现象。

这可以解释为什么费希特觉得自己有资格说整个德意志民族、而不是其个别的成员可以培养一种毫无差错的良知，他主张，一旦德意志作为种族受到德意志民族教育的塑造，他们就会“拥有一种为自己的立场而永远确有把握地充分认识正义的理解力”。❶ 这种主张在按照他的下列观点加以看待时显得相当奇怪，即良知从不出错，除非清晰的义务意识由于个体的懒惰和惰性而变模糊，因为良知在这里是从它意味着某种本质上是个人的天生东西的方面得到描述的。然而，正如费希特的德意志民族教育的目标显得要达到的，一旦道德判断典型地要经受的摇摆时刻被［202］消除，并且每个人关于义务要求什么的知识被认为是毫无差错的，我们仍要面临的问题是在这种道德共同体中，它的个别成员毫无疑问无法作出正确的道德判断。在这方面，我们可以谈谈民族的良知。但是，这样一种毫无过

---

❶ 《费希特全集》第Ⅰ辑，第10卷，页253；《对德意志民族的演讲》，页154。

失、从不出错的民族良知得以产生和运作的准机械性过程似乎给人的自由留下的余地太少，如果说还有的话。不可否认，作出正确的道德判断和按照这个判断行动是两码事。然而，为了德意志民族最终重获自身独立，费希特通过教育赋予塑造个体的过程以重要意义的做法强烈地表明，德意志民族教育旨在培养不仅总是作出正确的道德判断，而且永恒地遵照其对义务的确信根据而行动的人。

但费希特的德意志民族教育，就其设法培养“拥有一种为自己的立场而永远确有把握地充分认识正义的理解力”的个体而言，似乎预示着导致那种促使康德强调良知权威的无穷倒退。这是因为必须预设某些充分有德性的个体是存在的，这些个体不会发生义务意识的模糊，能够毫无差错地在任何情况下认识善的东西。因为否则，谁来判断接受费希特所提出的德意志民族教育的学子们事实上是否培养出了一种从不出错的良知，谁会知道这种从不出错的良知本身是如何被培养出来的呢？重要的是，费希特在第十讲中表明，学子们可以通过在他们最尊敬的教育者中间挑选人选作为他们的朋友或“道德顾问”，从而在这种顾问行动给予的认可中获得自己良知的外在表象，同时学子们在感到难以作出正确选择的时候，可以从这些顾问那里寻求劝告。❶ 这意味着只有通过赞同和指导，学子们才会从一种更高的、外在的良知那里获得如下体验，即他们自己的良知作出的决定的正确性是可以得到确认的，或者说，他们的良知可以［203］通过一种引导他们去做正确事情的方式加以指导。但相应地，一种更高的、外在的良知又产生了这样的问题，即这种良知本身何以能够被判定为

❶ 《费希特全集》第Ⅰ辑，第10卷，页232－233；《对德意志民族的演讲》，页133。

在任何情况下都能够可靠地认识善的东西。❶ 要终止这种无穷倒退，费希特唯一现实的选择似乎就是独断地宣称存在这样一个经验性的个体，他会示范这种在每个德意志民族成员心中都要加以培养的从不出错的良知。

根据费希特在《对德意志民族的演讲》中试图履行的学者的道德使命的观点，我们很容易将这个个体与哲学家，更加具体地说，与费希特本人等同起来。他在第七讲中将执行他的德意志民族教育计划的任务托付给一个非人格的实体：国家，❷ 在 [204] 探讨父母是否应该被强迫将自己的孩子送进这种教育体

---

❶ 费希特在1812年的《法权学说》中开始阐发这个问题的政治含义，他基于三个原因反对早期的民选监察院理论：首先，存在如下问题，即民选监察院在缺乏对其行动的任何限制的情况下，即使法权原则没有被违反，也可能发起一场革命；其次，政府可以动用赋予它的权力镇压民选监察院；最后，人民关于民选监察院与政府的对立主张所作的判断在形式上始终是正确的，因为没有比人民更高的法官，但这不意味着人民在内容上，也就是在现实内容方面，总是正确的。最后的这个问题使得费希特主张，智慧的人组成的精英团体作出的判断比大多数人作出的判断更值得相信（《费希特全集》第Ⅱ辑，第13卷，页283）。

因此，费希特似乎想要去除其法权理论中人民主权的唯一明白无误的表现形式——集合起来的民众在民选监察院的主张与政府的主张之间作出决定的权利——并代之以一种由智慧的人和有德性的人组成的柏拉图式的统治形式。然而，他本人对政治权威问题的这样一种解答提出了各种问题，这导致他主张“建构法权的任务——这个任务现在成为将当时的时代和民族中最正义的人变成统治者的任务——不能通过人的自由来解决。因此，这是世界的神性统治的任务。国家的正义取决于这个任务的解决；因此，这也是世界的神性统治的任务”（《费希特全集》第Ⅱ辑，第13卷，页285）。可见，这件事最终要靠历史进程本身和费希特设想历史进程带来的文化进步来决定。

❷ 这招致了如下问题，即费希特所指的是否是德意志民族国家或他自己所处时代的各个德意志国家。他在第七讲中表达了这样的希望：各个德意志国家之间的竞争将促使它们通过采纳德意志民族教育并使之运转起来而设法使自己脱颖而出（《费希特全集》第Ⅰ辑，第10卷，页247；《对德意志民族的演讲》，页148－149）。但这并不意味着，对他来说，终极目标就不是德意志民族国家。实际上，已有人主张，出自费希特同一时期的其他论著的证据表明，他在《对德意志民族的演讲》中对各个德意志国家的承认是出于对现存的特定权力的敏感和对时代的忠诚这一考虑的结果，而他自己的希望和愿望在于建立一个德意志民族国家。参见绍特基：“费希特1807年未发表手稿中的民族国家思想”。

制的问题时，他主张国家由于“是唯独对上帝和对它自身的良知负责的，完全有权为了拯救他们而对他们采用强制手段”。❶ 然而，像国家这样的非人格实体是如何能够有良知的呢？从费希特刚刚说过的内容看，很明显，他所指的其实不是国家本身，而是国家的最高领导，这促使他表达了下列愿望：

> 但愿也有些国家领导，他们在这件事情上被当作顾问，而这些人首先完全是通过对哲学和科学的深入和彻底的研究获得自我教育的，他们的事业对他们来说是十分严肃的，他们对人和人的使命具有牢固的概念，他们有能力理解现时代，有能力把握究竟是什么给当前的人类不可避免地造成危难。❷

除了表达对已经研究哲学的国家领导的渴求，这段话还提出对唯独对上帝和自己良知负责的哲学家的最终需要。因为，正如我们已经看到的，关于人和人的使命的可靠观念，对当前的理解和对人类历史在当前时期的危难的把握，都是费希特认为学者应当拥有的知识，而他自己在《对德意志民族的演讲》中所承担的角色意味着他本人就拥有这样的知识。结果，费希特如此热烈地渴求其存在的国家领导，似乎是某种已经听从和理解了哲学家——就费希特本人而言——试图教给其同时代人的东西的人。

费希特在《对德意志民族的演讲》中设法给一个目的王国如何可能在地球上建立起来提供解释——尽管我在这里并没有解决这种解释的最终合理性问题——正是这一使伦理共同体的每个成员与其他成员认识和分享的同样的道德目的，使费希特“宣告

❶ 《费希特全集》第Ⅰ辑，第10卷，页245－246；《对德意志民族的演讲》，页147。

❷ 《费希特全集》第Ⅰ辑，第10卷，页245；《对德意志民族的演讲》，页146－147。

人类从尘世的、感性的造物转变为纯粹的、高尚的精神”。[1] 这并不意味着阐发一种可供选择的、［205］在克服构成其法权理论之基础的利己主义的同时更加契合人的自由思想的伦理共同体理论是不可能的。我倒认为，费希特说明一个真正伦理性的共同体的可能性的努力仍表明，这样一种共同体的观念，不论它可能在原则上看来多么吸引人，并不必然是某种应当受到欢迎并被允许彻底取代各种构成法权领域的法律和政治关系的东西。以我之见，费希特在耶拿时期采取的立场必须被认为比他在《对德意志民族的演讲》中所采取的立场更加可取，因为前者不仅承认人的可错性以及作为动机的强大来源的自我利益的现实性，而且理解德性的运用是一种自发行为。可见，费希特对法权与道德的分离似乎要比由借助德意志民族教育培养出来的完美的道德存在者组成的共同体更能与人的自由的思想相容。

法权与道德的这种分离也赋予法权领域以它自身内在地有价值的功能，这种功能就是通过保障个体在世界中有效行动的最基本手段，以便实现他们的能力从而确保其能够享有一种独立的、有意义的存在。相应地，这就提供给个体以他们能够发展为道德存在者的基础，尽管是以这样的方式，即这种道德培养的过程仍然是人的自由的真正产物。而且，我已表明，人的存在的这个道德方面，以在费希特耶拿时期国家与社会理论中可以被察觉到的社会或政治形式的德性的形式，将起到一种本质的作用，如果法权领域要成功地行使他分派的功能的话。这种社会或政治形式的德性并不是费希特在《对德意志民族的演讲》中要求德意志民族的成员具有的那种德性，在后者中，为了民族而牺牲自我被视为目的本身，被视为个体的道德义务感的最终表现。

然而，即使在这里我也主张，使作为政治思想家的费希特令人感兴趣的地方在于他倾向于充分地追索某些思想的含义。正如

---

[1] 《费希特全集》第Ⅰ辑，第10卷，页264；《对德意志民族的演讲》，页163。

我认为自己已经表明的，费希特耶拿时期阐发的某些思想与《对德意志民族的演讲》中的某些思想之间的连续性展示了这种倾向，这使我们成为以下方面的见证者，即一种比较极端的立场可以从［206］通过某些原则和概念的含义进行思考的持续努力中产生出来。在我看来，费希特关于财产和德性的论述给这种倾向提供了最明晰的范例。相应地，这给其法权理论的自由主义诠释者和批评费希特在分离法权与道德时没有阐发他的承认理论的人提出了一种挑战，这种挑战要表明，费希特实际上没有连贯地阐发他们希望加以保留的某些部分的社会与政治哲学的含义，或者说，费希特没有考量各种同样都有道理的选择。否则，他们将不再局限于一种无法充分与费希特要“运用”概念和原则的要求相衔接的单纯形式的路径，而这就是哲学本身在某种程度上必须从事的任务。

就费希特的财产理论而言，我已经提出，他连贯地阐发了他所采用的并非现代自由主义意义上的财产概念的含义。就他在《对德意志民族的演讲》中说明真正的伦理共同体的可能性的努力而言，承认概念被变得依赖于关于这样一种统一体的更加根本的思想，这种统一体是先前存在的，以拥有共同的“原初”语言和源于这种语言的文化特征为基础，同时其本身必须借助德意志民族教育被创造出来。因此，共同体的这种创造必须被看作意味着德意志民族由以意识到一个业已存在的共同体的过程。这就是为什么费希特在第一讲中是从——就他将先前存在的统一体与需要创造出来的统一体结合起来而言——显得似乎悖谬的方面来谈的原因，他主张：

> 我把那种流溢出来、构成我的这些演讲的精神看作一个交错生成的有机统一体，在这个统一体里，没有任何一个环节可以把其他环节的命运视为与自己的命运无关，如果我们不应当完全灭亡，这个有机统一体就应当和必须产生出来；

> 而我看到这个有机统一体已经产生出来，臻于完善，并且现在就存在于那里。❶

这种既诉诸一种以语言和文化为基础的先前存在的共同体，也诉诸一种借助教育体制——它的最终目标是要培养出展现一种看似准机械性的德性的公民——创造出来的共同体的做法，可以被认为包括一种［207］扭曲形式的承认。然而，这很容易招致如下问题，即一种更加充分的承认如何可能在一个特定的、具有历史背景的伦理和政治共同体中得到实现。在这方面，如果还有别的东西可言的话，费希特说明真正的伦理共同体——这种共同体的成员彼此相互承认——的可能性的尝试，就像他的财产理论一样，向我们提出了一项严肃的挑战，因为它设法将排除他人使用某种东西或从中获益的权利与各个个体发展和实现自己能力的平等权利结合起来，并且在这样做时，提出了这两种权利如何能够恰当地得到保障的问题。

❶ 《费希特全集》第Ⅰ辑，第10卷，页106；《对德意志民族的演讲》，页11。

参考书目

Abizadeh, Arash, 'Was Fichte an Ethnic Nationalist? On Cultural Nationalism and its Double', *History of Political Thought* 26 (2) (2005), 334 – 59.

Batscha, Zwi, *Gesellschaft und Staat in der politischen Philosophie Fichtes* (Frankfurt: Europäische Verlagsanstalt, 1970).

Braun, Johann, *Freiheit, Gleichheit, Eigentum. Grundfragen des Rechts im Lichte der* Philosophie J. G. Fichtes (Tübingen: Mohr, 1991).

Breazeale, Daniel, 'Editor's Introduction: Fichte in Jena', in J. G. Fichte, *Fichte: Early Philosophical Writings*, ed. and trans. Daniel Breazeale (Ithaca: Cornell University Press, 1988).

Breazeale, Daniel and Rockmore, Tom (eds.), *Rights, Bodies and Recognition: New Essays on Fichte's Foundations of Natural Right* (Aldershot: Ashgate, 2006).

Buhr, Manfred, *Revolution und Philosophie. Die ursprüngliche Philoso-*

phie Johann Gottlieb Fichtes und die französische Revolution (Berlin: VEB Deutscher Verlag der Wissenschaften, 1965).

Doyle, William, *The Oxford History of the French Revolution* (Oxford University Press, 1990).

Engelbrecht, H. C., *Johann Gottlieb Fichte: A Study of his Political Writings with Special Reference to his Nationalism* (New York: Columbia University Press, 1933).

Fleischacker, Samuel, *A Short History of Distributive Justice* (Cambridge, MA: Harvard University Press, 2004).

Frischmann, Bärbel, 'Die Herausbildung des Sozialstaatsdenkens im neuzeitlichen Kontraktualismus von Hobbes bis Fichte', *Zeitschrift für philosophische Forschung* 60 (4) (2006), 554 – 89.

Gans, Eduard, *Naturrecht und Universalrechtsgeschichte*, ed. Manfred Riedel (Stuttgart: Klett – Cotta, 1981).

Guéroult, Martial, 'Fichte et la Révolution française', in his *Études sur Fichte* (Paris: Aubier, 1974).

Hammacher, Kurt, 'Comment Fichte accède à l'histoire', *Archives de philosophie* 26 (1962), 388 – 440.

Hayek, F. A., *Law, Legislation and Liberty, vol. II: The Mirage of Social Justice* (London: Routledge & Kegan Paul, 1976).

Hegel, G. W. F., 'On the Scientific Ways of Treating Natural Law, on its Place in Practical Philosophy, and its Relation to the Positive Sciences of Right', in *Political Writings*, ed. Laurence Dickey, trans. H. B. Nisbet (Cambridge University Press, 1999).

Foundations of the Philosophy of Right, ed. Allen W. Wood, trans. H. B. Nisbet (Cambridge University Press, 1991).

Philosophie des Rechts. Die Vorlesungen von 1819/20 *in einer Nachschrift*, ed. Dieter Henrich (Frankfurt: Suhrkamp, 1983).

The Difference between Fichte's and Schelling's Systems of Philoso-

phy, trans. H. S. Harris and Walter Cerf (Albany, NY: State University of New York Press, 1977).

Vorlesungen über Rechtsphilosophie, vol. IV (transcription by K. G. von Griesheim of the 1824/25lectures), ed. K. H. Ilting (Stuttgart and Bad Cannstatt: Frommann – Holzboog, 1974).

Werke, eds. Eva Moldenhauer and Karl Markus Michel (Frankfurt: Suhrkamp, 1969 – 71).

Higonnet, Patrice, *Goodness beyond Virtue: Jacobins during the French Revolution* (Cambridge, MA: Harvard University Press, 1998).

Hobbes, Thomas, *Leviathan*, ed. Richard Tuck (Cambridge University Press, 1996).

Höffe, Otfried, *Kant's Cosmopolitan Theory of Law and Peace*, trans. Alexander Newton (Cambridge University Press, 2006).

Kant, Immanuel, *Religion within the Boundaries of Mere Reason and Other Writings*, ed. and trans. Allen Wood and George di Giovanni (Cambridge University Press, 1998).

The Metaphysics of Morals, trans. Mary Gregor (Cambridge University Press, 1991).

Political Writings, ed. Hans Reiss, trans. H. B. Nisbet, 2 nd edn (Cambridge University Press, 1991).

Kant's gesammelte Schriften, ed. Königliche preuβische (later deutsche) Akademie der Wissenschaften (Berlin: Reimer/de Gruyter, 1900 –).

Kersting, Wolfgang, 'Die Unabhängigkeit des Rechts von der Moral', in Jean – Christophe Merle (ed.), *Grundlage des Naturrechts* (Berlin: Akademie, 2001).

Kohn, Hans, 'The Paradox of Fichte's Nationalism', *Journal of the History of Ideas* 10 (3) (1949), 319 – 43.

Lampert, Jay, 'Locke, Fichte, and Hegel on the Right to Property', in Michael Baur and John Russon (eds.), *Hegel and the Tradition: Essays in Honour of H. S. Harris* (University of Toronto Press, 1997).

La Vopa, Anthony J., *Fichte: The Self and the Calling of Philosophy*, 1762 - 1799 (Cambridge University Press, 2001).

Léon, Xavier, 'Le socialisme de Fichte d'après l'état commercial fermé', *Revue de metaphysique et de morale* 22 (1914), 27 - 71, 197 - 220.

Locke, John, *Two Treatises of Government*, ed. Peter Laslett (Cambridge University Press, 1988).

Macpherson, C. B., 'Liberal - Democracy and Property', in C. B. Macpherson (ed.), *Property: Mainstream and Critical Positions* (University of Toronto Press, 1978).

The Political Theory of Possessive Individualism: Hobbes to Locke (Oxford University Press, 1962).

Martyn, David, 'Borrowed Fatherland: Nationalism and Language Purism in Fichte's *Addresses to the German Nation*', *The Germanic Review* 72 (4) (1997), 303 - 15.

Marx, Karl, *Capital*, vol. I, trans. Ben Fowkes (Harmondsworth: Penguin, 1986).

Mouffe, Chantal, *On the Political* (London: Routledge, 2005).

Neuhouser, Frederick, 'Introduction', in J. G. Fichte, *Foundations of Natural Right*, ed. Frederick Neuhouser, trans. Michael Baur (Cambridge University Press, 2000).

'Fichte and the Relationship between Right and Morality', in Daniel Breazeale and Tom Rockmore (eds.), *Fichte: Historical Context/Contemporary Controversies* (Atlantic Highlands, NJ: Humanities Press, 1994).

Fichte's Theory of Subjectivity (Cambridge University Press, 1990).

Nietzsche, Friedrich, *Untimely Meditations*, ed. Daniel Breazeale, trans. R. J. Hollingdale (Cambridge University Press, 1997).

'Unzeitgemä sse Betrachtungen', in *Nietzsche Werke Kritische Gesamtausgabe*, ed. Giorgio Colli and Mazzino Montinari (Berlin: Walter de Gruyter, 1967 –), Abteilung III, Band 1.

Nomer, Nedim, 'Fichte and the Idea of Liberal Socialism', *The Journal of Political Philosophy* 13 (1) (2005), 53 – 73.

Pagden, Anthony, *Lords of all the World: Ideologies of Empire in Spain, Britain and France c.* 1500 – *c.* 1800 (New Haven: Yale University Press, 1995).

Renaut, Alain, 'Fichte: Le droit sans la morale?', *Archives de philosophie* 55 (1992), 221 – 42.

Le système du droit. Philosophie et droit dans la pensée de Fichte (Paris: Presses Universitaires de France, 1986).

Riedel, Manfred, *Between Tradition and Revolution: The Hegelian Transformation of Political Philosophy*, trans. Walter Wright (Cambridge University Press, 1984).

'Die Aporie von Herrschaft und Vereinbarung in Kants Idee des Sozialvertrags', in Gerold Prauss (ed.), *Kant. Zur Deutung seiner Theorie von Erkennen und Handeln* (Cologne: Kiepenhauer & Witsch, 1973).

Ritter, Joachim, *Hegel and the French Revolution: Essays on the Philosophy of Right*, trans. Richard Dien Winfield (Cambridge, MA: MIT Press, 1982).

Robespierre, Maximilien, *Œuvres de Maximilien Robespierre*, ed. M. Bouloiseau and A. Soboul (Paris: Presses Universitaires de France, 1958 – 67).

Rose, R. B., *Gracchus Babeuf: The First Revolutionary Communist*

(London: Edward Arnold, 1978).

Rousseau, Jean – Jacques, *The Social Contract and Other Later Political Writings*, trans. Victor Gourevitch (Cambridge University Press, 1997).

Œuvres complètes, ed. Bernard Gagnebin and Marcel Raymond, 5 vols. (Paris: Gallimard, Bibliothèque de la Pléiade, 1959 – 95).

Schottky, Richard, 'Fichtes Nationalstaatsgedanke auf der Grundlage unveröffentlicher Manuskripte von 1807', *Fichte – Studien* 2 (1990), 111 – 37.

Siep, Ludwig, *Praktische Philosophie im Deutschen Idealismus* (Frankfurt: Suhrkamp, 1992).

Anerkennung als Prinzip der praktischen Philosophie (Freiburg: Karl Alber, 1979).

Simmons, A. John, *The Lockean Theory of Rights* (Princeton University Press, 1992).

Thomson, David, *The Babeuf Plot: The Making of a Republican Legend* (London: Kegan Paul, Trench, Trübner & Co., 1947).

Tully, James, *A Discourse on Property: John Locke and his Adversaries* (Cambridge University Press, 1980).

Verweyen, Hansjürgen, *Recht und Sittlichkeit in J. G. Fichtes Gesellschaftslehre* (Freiburg: Alber, 1975).

Verzar, Andreas, *Das autonome Subjekt und der Vernunftstaat. Eine systematisch – historische Untersuchung zu Fichtes 'Geschlossenem Handelstaat' von* 1800 (Bonn: Bouvier, 1979).

Viroli, Maurizio, *For Love of Country: An Essay on Patriotism and Nationalism* (Oxford University Press, 1995).

Weber, Marianne, *Fichte's Sozialismus und sein Verhältnis zur Marx'schen Doktrin* (Tübingen: Mohr, 1900).

Williams, Robert R., 'The Displacement of Recognition by Coercion in Fichte's Grundlage des Naturrechts', in Daniel Breazeale and Tom Rockmore (eds.), *New Essays on Fichte's Later Wissenschaftslehre* (Evanston, IL: Northwestern University Press, 2002).

Recognition: Fichte and Hegel on the Other (Albany, NY: State University of New York Press, 1992).

Zöller, Günter, *Fichte's Transcendental Philosophy: The Original Duplicity of Intelligence and Will* (Cambridge University Press, 1998).

索　引

（页码均按英文原版标出）

absolutism　绝对主义 57－8

accountability　义务 144

accumulation，primitive　原始积累 47－9，59－60，66

Addresses to the German Nation（Fichte）　《对德意志民族的演讲》（费希特）70，82，156，159－61

　publication　出版 1，19－20

　role of virtue in　德性的作用 17－20，82，162－207

administration，public　公共行政权 145，150－5

aesthetic sense　审美感 83

agency　行为主体性

　as capacity to construct ends　作为制定目的的行为主体性 24－5

　in external world　在外部世界的行为主体性 25，32－3

　in relation to the future　与未来具有关系的行为主体性 33－4

　right as a condition of human　作为人的一个条件的主体性权利 24－5，43－4，73，132－3

　see also moral agency

agriculturalist, right to alienate the products of the land　农民让渡土地产品的权利 41 – 2
alienation　让渡、异化 158 – 60
Analyse de la doctrine de Babeuf　《巴贝夫学说分析》70 – 82
appropriation　占用 47 – 9, 51, 52 – 3, 60 – 1, 74 – 6
armed force　武装力量 194 – 5
artists　艺术家 77, 78, 83, 129, 134
Atheism Controversy　无神论争论 10, 81, 162

Babeuf, Gracchus　格拉古·巴贝夫 9, 55, 56 – 7, 69
　economic plans (1795)　经济计划(1795 年) 79
　Fichte compared with　与巴贝夫作比较的费希特 70 – 82, 84 – 5
Babouvism　巴贝夫主义 61, 69 – 70, 73 – 4, 76, 85 – 6
ballots, secret　秘密投票105 – 6
Berlin　柏林 162
　Academy of Sciences　科学院 168
body
　freedom and inviolability of the　身体的自由和不可侵犯 26, 33 – 4, 124, 132, 136
　and labour　身体和劳动 47 – 9
　and soul or self　身体和灵魂或自我 174

Catholic Church　天主教 58
Characteristics of the Present Age, *The* (Fichte)　《现时代的根本特点》(费希特) 168 – 70, 177 – 8
choice
　freedom of　自由选择 3 – 4, 7, 24, 63, 113 – 15, 125, 128 – 31, 130, 132, 134, 192　3
Christianity　基督教 98 – 9, 168
cities, German free imperial　德意志自由帝国城市 180, 181
citizenship
　active and passive (Kant)　积极公民与消极公民(康德) 102 – 7, 110

and economic independence　公民与经济独立性 102 – 7
and humanity　公民和人性 136 – 8
virtuous　有德性的公民 190，206 – 7
world　世界公民 87，90
civil contract　公民契约 30 – 44，71，75 – 6，114 – 15，116 – 23，125 – 6，144，153
property rights　财产权 30 – 1，35，40 – 1，71，75 – 6，116 – 20，124，129
protection contract　保护契约 31，35，75，119，120，124
unification contract　联合契约 31，120
civil society　市民社会 4，9，16 – 17，123 – 31
and political state　和政治国家 17，58，124
as the state of necessity　作为必然性的国家的市民社会 115，123 – 31
civil state，Kantian principles of　康德的公民国家原则 102
classes of citizens　公民阶层 82 – 5，117，123，128 – 30，158 – 60
see also estates
clerics　教士 134
Close Commercial State，*The*（Fichte）《锁闭的商业国》（费希特）10 – 11，23 – 4，44，53 – 4，55，56 – 7，59，62，66，69，71，77 – 82，83 – 4，86，88，92 – 3，94 – 101，107 – 10，129，134，151 – 2，163，191
coercion by the state　国家的强制 28 – 9，30，74 – 6，120
indirect　国家的间接强制 92 – 4，104，106 – 7，110
and popular sovereignty　国家强制和人民主权 146
right of 国家强制法权　74 – 6，96，116
versus mutual recognition　国家强制与相互承认 13 – 17，17 – 18
collectivism　集体主义 76 – 7，172
individualism vs.　个体主义与集体主义58 – 9，61 – 3，69
colonization　殖民化 91 – 2
commerce
Fichte on　费希特论商业 94 – 101
Kant on　康德论商业 92 – 4，101 – 11
commitment　义务 138，141，157

common good　公共之善 69，156 – 7
commonwealth　共同体 28 – 9，35，75，116，189
need for representation in a　在共同体中对代表的需要 143 – 4
communication，the art of　传授技能 167
communism　共产主义 56，76 – 7
community
ethical　伦理共同体 13 – 20，82 – 6，113 – 14，113 – 4，136，157，159 – 61，164，187 – 96，202 – 7
and freedom　共同体与自由 12，15
ideal and actual　理想的共同体和现实的共同体 15
legal and political　合法的和政治的共同体 15，133 – 4，143
and relation of right　共同体与法权关系 11 – 12，40，46
state as a unified political　作为统一的政治共同体的国家 113 – 14，125 – 6
competition
evil effects of　竞争的副作用 79
free　自由竞争 63 – 4
conflict，possibility of　冲突的可能性 4 – 5，11，12 – 13，29，34，45，52
conscience　良知 152，189，196 – 207
consent　同意 92
and the constitution　同意与宪法 150 – 5
and extent of another's freedom　同意与他人的自由程度 28，70 – 1
of individuals in contract theory of the state　国家契约论中个体的同意 14，30，35，58，75，107，126
to commercial relations　同意达成商业关系 101 – 11
to property regulated by law　法律规定的对财产的同意 48 – 51，129
Conspiracy of the Equals（1796）　平等派的密谋（1796）56 – 7，80 – 2
constitution/s　宪法、宪政、体制 98
civil　公民宪法 105 – 6，189
and the common will　宪法和共同意志 150 – 5
democratic rejected　被反对的民主宪政 143 – 4
federal　封建体制 95 – 6，107
ideal rational　理想且理性的宪法 152 – 5

'Jacobin'（1793） “雅各宾派”宪法（1793）67－8，69，150
and rights 宪法和权利 58
constitutional law 宪法 145
contract theory of state 国家契约论 13－14，57－ 8，72－3，107，125－6
Hegel's objections to 黑格尔对国家契约论的反对 1158，122－3
voluntaristic 唯意志论的国家契约论 123，128，131
see also civil contract
contracts
possibility of 契约的可能性 89－90，129－30
and rights 契约与权利 62－3，134－5
contractualism，Fichte's 费希特的契约主义 62－6
Contribution towards Correcting the Public's Judgement of the French Revolution (Fichte) 《纠正公众对于法国革命的评论》（费希特）18，57－68，112
cooperation 合作 71
consmopolitan right theory (Fichte) 世界公民法权理论（费希特）18，57－68，112
cosmopolitan right theory (Kant) 世界公民法权理论(康德) 11，86，87－111
Fichte's critique of 费希特对世界公民法权理论的批判 11 －14，94 －101，107
cultivation，moral 道德培养 139－40，142－3
culture 文化 165－8
and freedom 文化和自由 192－3
and language 文化和语言 173－80
progress of human 人的文化进步 170－2，174－85
unity of life and spiritual in German 德意志的生活和精神文化的统一 176－7，182－3，193－4，206－7

Declaration of the Rights of Man (1789) 人权宣言(1789) 67
democracy，direct 直接民主 143－4，145－6
despotism 专制 147－9
Diderot，Denis 狄德罗 94
Directory 督 56

disadvantaged, the　劣势、坏处 64 – 6
disposition types　取向类型 16 – 17, 114 – 15, 126 – 7, 131, 133, 148 – 9, 157, 159, 167, 190
distributive justice　分配正义 55, 73 – 6
另见 redistribution
duty
criterion for the correctness of our conviction concerning　评判我们对义务的信念的标准 196 – 207
different from the concept of right　不同于法权概念的义务 14, 121, 155
of self – preservation　自我保全的义务 135
of setting a good example　树立一种好榜样的义务 140, 142
see also ethical duties theory (Fichte)

economic dependence
Fichte on　费希特论经济依赖性 62, 88, 98 – 101, 110, 130
and international law　经济依赖性和国际法 106 – 11
Kant on　康德论经济依赖性 101 – 11
Locke on　洛克论经济依赖性 51
one – sidedness of　经济依赖的单边性 11, 88, 92 – 4, 98 – 101, 106, 110
economic rights, and property rights　经济权利和财产权 23, 54 – 5
economic theory, Fichte's　费希特的经济理论 78 – 82
education
and conscience　教育和良知 201 – 4
equal access to　平等地接受教育 131
German national　德意志民族教育 17, 164, 171 – 2, 177, 181, 182, 184, 187 – 96, 197 – 8, 202 – 7
and moral community 德意志民族教育与道德共同体 15, 83, 194
egoism
characteristic of right　法权的利己主义特征 133, 138, 146, 155, 157, 205
substituting morality for　用道德性取代利己主义 146
theory of state based on　基于利己主义的国家理论 4, 13, 146, 155, 171, 205

universality of 利己主义的普遍性 123，127，155，157
empiricism 经验主义 10 – 11，169 – 70，173
and normative relations 经验主义和规范性关系 4 – 6，54 – 5，80 – 2
and transcendental relations 经验主义和先验性关系 10 – 11
ends
capacity to construct 制定目的的能力 24 – 5，33 – 4
content of 目的内容 26 – 7
free leisure for arbitrary 用于任意目的的自由闲暇 73
moral 道德目的 204 – 5
Enlightenment 启蒙运动 94，152，168
ephorate 民选监察院 144 – 6，147 – 8
equality 平等 69，71，76，81 – 2，102，157，207
see also inequality，Locke's justification of
estates 阶层 77，82 – 5，95，129 – 30，134 – 8，139 – 40，158 – 60，165
ethical community 伦理共同体 13 – 20，82 – 6，113 – 14，133 – 4，157，159 – 61，164，187 – 96，202 – 7
ethical duties theory（Fichte） 伦理义务理论（费希特）17，82 – 4，115，121，131 – 43，147，156，163，164，186，187，190，192
and moral agency 139，193
compared with Hegel's 费希特与黑格尔的伦理义务理论 142
ethical life，Hegel's theory of（*Sittlichkeit*） 黑格尔的伦理生活理论 123 – 31
ethics *see* morality
Europe
colonial policies 欧洲的殖民政策 91
salvation of 欧洲得救 191
trade in Christian 欧洲基督徒的贸易 98 – 9
evil，radical 极端的恶 197
exchange 交流 77，129 – 30，134
cultural forms 文化交流的形式 93
executive power 执行权、行政权 143 – 5，150 – 5
experience 经验 5，11，166，174 – 5

fallibility　可错性 201 – 2，205
farmers　农民 41 – 2，84
　tenant　佃农 103 – 4
fatherland，love of　对祖国的爱 191 – 5
federation of peoples/states（*Volkerbund*）　民族/国家联盟 95 – 6，107，110
feudalism　封建主义 58，63，64 – 6
Fichte，Johann Gottlieb
　at Jena　耶拿时期的费希特 1，10，162，163，165，178
　compared with Babeuf　费希特与巴贝夫 70 – 82，84 – 5
　compared with Locke on property and freedom　费希特与洛克论财产和自由 24，44 – 55
　and the French Revolution　费希特与法国革命 57 – 70
　letter（1795）on ‘system of freedom’　费希特论“自由体系”的通信 68
　letter（1798）on France　费希特论法国的通信 68
　traditionalism　传统主义 82 – 6
Foundations of Natural Right（Fichte）　《自然法权基础》（费希特）2 – 3，8，10，12，13 – 14，16，17，18，19 – 20，21，23，24 – 5，30 – 4，39，45，53，57，59，61，67，74 – 5，95 – 103，112 – 15，129，132，143，151，155，157，191 – 2，194
　Introduction　导论 5
　Kantian cosmopolitanism of　《自然法权基础》中的康德世界公民主义 87 – 8，89 – 94
France
　National Assembly（1789）　法国国民会议（1789 年）67
　National Convention（1794）　国民会议（1794 年）146
France en 1796，*La* 56　“1796 年的法国”
France en 1797，*La* 56　“1797 年的法国”
free market in land and goods　土地和产品的自由市场 61 – 3，64 – 5，79
freedom　自由 1，102
　civil　公民自由 93
　and community　自由和共同体 12，13，15，24
　of expression　表达自由 43

extent of individual　个体的自由程度 12 – 13，28，30 – 1，70 – 1
Fichte's letter on 'system of'（1795）　费希特论"自由体系"的通信（1795 年）68
formal　形式自由 131 – 2，137，155
limitations on　对自由的限制 24，25，30 – 1，34，43 – 4，45，52，54 – 5，124，188，192
and the moral law　自由与道德法则 131 – 9，198 – 9，200 – 2
and necessity　自由与必然 72 – 3，126，128 – 31，135 – 6，170 – 1，189，196，198 – 9
possibility of human　人的自由可能性 19 – 20，136
and property　自由与财产 44 – 55，62
and reason/rationality in self – limitation　自由与自我限制的理性 3，12，13，24
and virtue　自由与德性 142
freedom of choice　选择自由 3 – 4，7，24，25，63，113，114 – 15，128 – 31，130 – 1，132，134
sphere for　选择自由的范围 32 – 3，192 – 3，196
French Revolution
defence of the 'moderate' of（1789）　维护法国革命的"温和派"（1789 年）58，67
Fichte and the　费希特与法国革命 57 – 70，154，160
and Fichte's theory of property　法国革命与费希特的财产理论 9 – 11，55
and modern civil society　法国革命与现代市民社会 4
radical phase　法国革命的激进阶段 17，57 – 8，68 – 9，143，155

Gans，Eduard　甘斯 124
Genesis　起源 46 – 7
Germany　德意志 87，98，162 – 207
Characteristics of　德意志的特点 173，176 – 7，179 – 81，198，206 – 7
and the French Revolution　德意志与法国革命 57
idealism　德意志观念论 1
moral regeneration of　德意志的道德堕落 17 – 20，171 – 2，184 – 5，206 – 7

national education 德意志民族教育 17, 164, 171 - 2, 177, 181, 182, 184, 187 - 96, 197 - 8, 202 - 7
Romanticism 德意志浪漫派 87
Girondins 吉伦特派 57
good, pleasure in the 在善中获得的愉悦 197 - 8
good life 良善生活 9, 26 - 7, 43, 137 - 8
good will, and enforceability of right 善良意志与法权的可强制性 16
Görres, Joseph 格雷斯 87
government
duty of 政府的义务 36, 50, 99 - 100
and the ephorate 政府与民选监察院 144 - 6
ought not to have monopoly of the legitimate use of coercion 政府不应当拥有合法使用强制的垄断权 146
revolutionary 革命政府 154
Guéroult, Martial 纪鲁特 58 - 9

happiness, drive for 对幸福的欲求 156
Hegel, G. W. F. 黑格尔 1, 2
on modern civil society 黑格尔论现代市民社会 4, 9, 16 - 17, 122, 131, 133
objections to Fichte's contract theory of state 黑格尔对费希特国家契约论的反对 115, 122 - 3
'state of necessity' "必然性的国家" 115, 122, 123 - 31, 133, 135, 138
on virtue in philosophy of right 黑格尔在法哲学中论德性 140 - 2
heroism of virtue 德性的英雄主义 140 - 2
history
epochs of 历史时期 168 - 79
Fichte's use of 费希特对历史的使用 164, 168 - 87
instrumentalization of 历史的工具化 164, 181, 186
and language 历史与语言 177 - 8
as 'mere empiricism' 作为"单纯经验主义"的历史 173

monumental　纪念形式的历史 183 – 4
Nietzsche on　尼采论历史 164，182，183 – 5

Hobbes，Thomas　霍布斯 45，74 – 5，119 – 20
hospitality，right to　收获友好的权利 90 – 1，101
humanity　人性 35
and citizenship　人性与公民 136 – 8
fallibility　可错性 201 – 2，205
immoral nature　无关道德的本性 124 – 5
pleasure in the good　在善中获得的愉悦 197 – 8
realization of destiny as supersensuous beings　作为超感性存在者的使命的实现 139，168 – 9，189

idea（*Idee*），and vision（*Gesicht*）　理念和观点 175
idealism，German　德国观念论 1
imperialism，economic　经济帝国主义 109
inalienable rights　不可让渡的权利 57 – 8，63，129
independence
economic and political　经济和政治的独立性 94 – 101，104 – 11，190 – 1
Kant on personal　康德论人的独立性 102 – 3
state's need to preserve its　国家对维护自身独立性的需要 96 – 8，100 – 1，106 – 10，172
individualism，vs. collectivism　个体主义与集体主义 58 – 9，61 – 3
individuality
liberal political order and value of　自由主义政治秩序和个体性的德性 6 – 8，137
relation of right as a condition of　作为个体性的一个条件的法权关系 4，6 – 8，24，116，138
relation of right and morality　法权与道德的关系 113，132 – 3，155
sacrifice of　个体主义的牺牲 193 – 4，195，205
and virtue　个体性与德性 140 – 2
inequality，Locke's justification of　洛克为不平等所作的辩护49 – 51

inheritance　继承 65
instrumental reasoning　工具理性 118 – 20
intellectuals *see* scholar
international law，and economic dependence　国际法和经济依赖性 106 – 11
intersubjectivity　主体间性 45，52，140，164
see also mutual recognition

Jacobinism　雅各宾主义、雅各宾派 58，66，68 – 9
Jena theory of the state and society　耶拿时期的国家和社会理论 17，59，112 – 61，205
Jena，University of，Fichte at　费希特在耶拿大学 1，10，162，163，165，178
judgement
  moral　道德判断 196 – 207
  reflective power of　反思判断力 197 – 200

Kant，Immanuel　康德 1，112，128，153
  on economic dependence　康德论经济依赖性 101 – 11
  Idea for a Universal History　《普遍历史的观念》93
  moral philosophy　道德哲学 92 – 3
  Perpetual Peace　《永久和平论》87 – 8，90 – 1，95 – 6，106 – 7，108 – 10
  on role of conscience in moral judgement　康德论道德判断中良知的作用 199 – 202
  The Metaphysics of Morals　《道德形而上学》88，91，199 – 202
  theory of cosmopolitan right　世界公民法权理论 11 – 14，86，97 – 111
knowledge
  based on sense experience　基于感性经验的知识 174 – 5
  historico – philosophical　历史—哲学知识 166 – 8，172，178 – 9，182 – 3，186 – 7
  intuitive and demonstrable　可直观的知识和可论证的知识 45，169
  supersensuous　超感性的知识 189

labour

and body　劳动和身体 47 – 9
division of　劳动分工 72，82 – 5，133 – 4
and exclusive right to an object　对一个对象的劳动和排他性权利 59
exploitative practices　剥削劳动 72
as a form of property　作为一种财产的劳动 63，103 – 4，129
mechanization of　劳动的机械化 159
relation of worker to his employer　雇工与雇主的劳动关系 63 – 6
right to be able to live form one's　能够靠自己的劳动生存的权利 33 – 6，37，42 – 3，51 – 2，61，69，71 – 2，73 – 4，76，77，94 – 5，108，117，121，124，128，135，150，156，188
labour contract　劳动合同 65
land
claim to right to　获取土地权利 92
and products of one's labour　土地与劳动产品 102 – 3
and property　土地与财产 33，38 – 43，49 – 9，61，77
scarcity results from invention of money　金钱的发明导致的土地匮乏 48 – 9
settlement without nation's consent　未经国家同意的定居 92
state ownership and　国家所有权与土地 61 – 3
language
as a condition of possibility of history　作为历史的可能性的一个条件的语言 177 – 8
dead or living　僵死的语言或活生生的语言 176，178，179 – 80
determines national character　语言决定民族特点 179 – 80
Fichte's theory of origins and development of　费希特关于语言的起源和发展的理论 173 – 80，206 – 7
German　德意志 167 – 8，173，178，182，194，206 – 7
loan coinages　外来语 178
'original' vs. adoption of a foreign　"原初"语言与外来语的采用 173 – 4，176，178 – 80
and state frontiers　语言与国家疆界 163
law
formal nature of the　法律的形式性 12

and global peace　法律与世界和平 87 – 8
leaving a person free to act　让一个人自由行动的法律 75
permissive vs. moral law　许可法与道德法则 113
and public order　法律与公共秩序 83 – 4
law of ethics *see* moral law
law of right　法权法则 121，144
laws
and institutions of civil society　市民社会的法律与制度 124，126 – 7，141
of nature　自然法则 26，38，102 – 3，119 – 20，136，139
and right　法律与权利 4，35
unjust　不公正的法律 150，152 – 3
learning，love of　热爱学习 188 – 9
legal positivism　法律实证主义 29
legality　合法性 117 – 18
legislation
civil 公民立法 31
publicness of　立法的公开性 105 – 6，150
right to vote on　对立法投票的权利 104 – 5
leisure　闲暇 73
Léon，Xavier　莱昂 56，69 – 70
liberal democracy　自由主义民主制 21
liberal political order 自由主义政治秩序
defined　确定的自由主义政治秩序 7 – 8
Fichte's doubts about　费希特对自由主义政治秩序的怀疑 8 – 9，85 – 6
positive and negative function　自由主义政治秩序的积极功能和消极功能 7
property rights in　自由主义政治秩序中的财产权 21 – 3，37，39，67
and value of individuality　自由主义政治秩序与个体性的价值6 – 8
liberal socialism　自由社会主义 23
liberalism　自由主义 6 – 8，10 – 11，43 – 5，69 – 70，82，85 – 6
economic　经济自由主义 43，86
Locke，John
compared with Fichte on property and freedom　洛克与费希特论财产和自由

21，24，44－55，59
Essay Concerning Human Understanding 《人类理智论》45
on legislation 洛克论立法 31
subject－centered approach 洛克的主体中心路径 45，49－50
The Second Treatise of Government 《政府论》45，46－7
Louis XVI，execution 路易十六的处决 57
Luther，Martin 路德 175，180

Macpherson，C. B. 麦克弗森 21－2
Marx，Karl 马克思 47，49
mercantilism 重商主义 100－1
merchants 商人 77－8，130
Minerva 《密纳发》56
Mirabeau，marquis de 米波拉侯爵 94
money
as absolute property 作为绝对财产的金钱 42，43，77，80
consent to the consequences of 对金钱带来的后果的同意48－51
as exchange 作为交换物的金钱 48－51
and goods in circulation 流通中的金钱和产品 79
moral agency
freedom and 自由和道德主体性 139，193，196
right as a condition of 作为道德主体性的一个条件的法权 136－8
moral autonomy 道德自律 131－2，133－4，200－2
and right 道德自律与法权 113，137－43，155
moral development 道德培养 189－205
moral judgment
Fichte's theory of 费希特的道德判断理论 196－207
Kant on 康德论道德判断 199－202
moral law
as a condition of self－consciousness 作为自我意识的一个条件的道德法则 113
content of 道德法则的内容 197，199

and freedom　道德法则与自由 131 – 9，200 – 2
and nonmoral incentives　道德法则与无关道德的刺激 156 – 7
and property rights　道德法则与财产权 60
moral philosophy，Kant's　康德的道德哲学 92 – 3
moral sense　道德感 83
morality　道德、道德性 84
absolute unconditional validity　绝对的、无条件的有效性 121，127，132
concerns inner actions　涉及内在行动的道德 117 – 18
and duty　道德与义务 134
and freedom　道德与自由 131 – 9
political　政治性的道德 146，150
'real'　"现实的"道德性 132 – 3
relation of right to　法权与道德的关系 19 – 20，112 – 61，132 – 3，136 – 8，155，190
separation from right　法权与道德的分离 13 – 17，18，59，82，85 – 6，111，113，115，16 – 23，132 – 3，159，194，205 – 6
see also ethical duties theory（Fichte）
mutual dependence　相互依赖 123，126，135，138
mutual recognition　相互承认 3 – 4，17，114，164，194
between states　国家之间的相互承认 96
coercion by the state versus　国家的强制与相互承认 13 – 18，74 – 6
and the contract theory of state　相互承认与国家契约论 14 – 17，30 – 44
deduced as a condition of self – consciousness　相互承认被演绎为自我意识的一个条件 12
failure of　无法相互承认 4，6，11 – 12，28
the possibility of　相互承认的可能性 12 – 13，15
in property rights　财产权的相互承认 28
and the relation of right　相互承认与法权关系 46
as a transcendental condition of right　作为法权的一个先验条件的相互承认 13

Napoleon Bonaparte　拿破仑 162

nation
conscience of a　一个民族的良心 202 – 3
identification with state　民族与国家的等同 163
love of one's　一个人对民族的爱 191 – 5
rights of a　一个民族的权利 87 – 8
nationalism，German　德意志民族主义 20，162
natural law tradition 自然法权传统 21，31，44 – 549，103
natural right
Fichte on　费希特论自然法权 28 – 9，35，59 – 60
Locke on　洛克论自然法权 49 – 51
theories of　自然法权理论 5，27
to liberty，property，security and resistance to oppression　自由、财产、安全和抵制压迫的自然法权 67
nature
Babeuf on　巴贝夫的本质 70
laws of　自然法 26，38，119 – 20，136，139
and realization of individual's destiny as a supersensuous being　个体作为超感性存在者的命运的本性和实现 139
virtue and　德性与本性 139，142
necessity
and freedom　必然与自由 72 – 3，126 – 31，135 – 6，170 – 1，189，196，198 – 9
subjective and objective form of　主观和客观形式的必然性127 – 8
see also 'state of necessity'（Hegel）
needs，system of　需要体系 123，126，128 – 9，135
Neuhouser，Frederick　诺伊豪瑟 6 – 7，8 – 9，22 – 3，27，137
Nietzsche，Friedrich
On the Uses and Disadvantages of History for Life　《历史对生活的好处和坏处》164，182，183 – 5
Untimely Meditations　《不合时宜的考察》182
nobility　贵族 33
normative relations，and empirical relations　规范性关系和经验性关系 4 – 6，

54 – 5, 80 – 2
norms, virtue as source of ethical　作为伦理规范的来源的德性140 – 2

objectivity
of inquiry　追问的客观性 166, 182, 185
of judgement　判断的客观性 199 – 202
objects, symbolic representations of　对象的象征性表现 173 – 5
obligations　义务 28, 72, 121, 125
occupation
and free choice　职业与自由选择 128 – 31
and property rights　职业与财产权 39 – 41
right to　职业权 78 – 9
original rights　原始权利 26 – 8, 31, 32, 67, 70 – 1, 89 – 90, 132 – 3

peace
global　世界和平 87 – 8, 93 – 4, 95 – 6, 108 – 9
perpetual 87 – 8, 90 – 1, 95 – 6, 106 – 7, 108 – 10
people (*das Volk*)
danger of corruption　腐败的危险 147 – 9
executive power for the　人民的执行权 143 – 6
and the fatherland　人民与祖国 191 – 5
right of rebellion　人民的反叛权 148 – 9, 154
people's tribunal　人民的法庭 145 – 6
person
legal status　人的法律地位 104
moral status　人的道德地位 102
and original rights　人与原始权利 26 – 8
political status　人的政治权利 103 – 4
use of term　人的术语 4, 26
Pestalozzi, Johann Heinrich　裴斯泰洛奇 188
Philosophisches Journal einer Gesellschaft Teutscher Gelehrten　《德意志学者共同体的哲学刊物》87

philosophy　哲学 5 – 6，84，166 – 7，169
application of concept of right　法权概念的运用 81，206
and origins of language　哲学与语言的起源 177 – 8
task of seeking a political solution　寻求政治解答的任务 54 – 5，81 – 2，204
planned economy　计划经济 78 – 82，95，130
Plato　柏拉图 129
political philosophy
criticism of Fichte's conception of the state　对费希特国家观的批判 4，13 – 14，19 – 20
liberal interpretation　自由主义诠释 6 – 9，10，26 – 7，69 – 70，85 – 6，137，206
and radical phase of the French Revolution　政治哲学与法国革命的极端阶段 57 – 8，66
political right　政治权利 53 – 4
politics
moralization of　政治的道德化 19 – 20，160 – 1，163，195
and philosophy　政治与哲学 54 – 5
and the science of governing　政治与治理的科学 53 – 4，145 – 6
and virtue　政治与德性 143 – 61
popular sovereignty　人民主权 143 – 6
positive laws　实证权利 28 – 9，35，75，116
possession
and property　占有与所有 28，32，48 – 9
unequal　不平等的占有 49 – 51
principles of right　法权原则 4，25 – 7，85，121，190
private property rights　私有财产权 23，27，38 – 9，41 – 2，69，80
Babeuf and　巴贝夫与所有财产权 80
Locke's justification of　洛克对私有财产权的证成 47 – 51
private rights　私有权利 6 – 8，156
producers　生产者 129 – 30，134
production

and alienation　生产与异化 41 – 2，158 – 60
common control of means of　生产资料的共同监管 41，43，77
professions　职业 82 – 4，102
ethical duties of　职业的伦理义务 115，133 – 40，142 – 3，156，157，158 – 60
higher and lower　高等职业与低等职业 135 – 6，158 – 9
property
defined as exclusive right to a determinate free activity　被界定为对某项自由活动的排他性权利的财产 8 – 9，33，37，43 – 4，63，67
'exclusive'　"排他性"财产 30，31，32 – 3，59，64，207
Fichte's broad meaning of the term　费希特的宽泛意义上的财产 8，21，23，30 – 3，37，116 – 17
and freedom　财产与自由 44 – 55，132
human beings 'as ourselves our property'　作为我们的财产的我们自己 63
inalienable　不可让渡的财产 34 – 5，42 – 3
Kant on　康德论财产 102 – 3
and land　财产与土地 33，38 – 43，47 – 9
limitations on ownership of　对财产权的限制 21，38 – 44
Locke's meaning of　洛克的财产含义 47 – 8
money as absolute　作为绝对财产的金钱 42，43
and virtue　财产与德性 1，18 – 20，158 – 60，206
and voting right　财产与投票权 102
property, the concept of as a determination of the concept of right　作为法权概念的决定因素的财产概念 8 – 9，25，34，37
as the right to objects　作为对客体的权利的财产 59
property rights
compared with right to appropriation　财产权与占用权 60 – 1
and economic rights　财产权与经济权 23，54 – 5
of the first occupant　最初占有者的财产权 39 – 40，59 – 60
and formation of objects　财产权与客体的塑造 60 – 1，63 – 4
and law of ethics　财产权与伦理法则 60
in liberal political order　自由主义政治秩序中的财产权 7 – 8，10 – 11，

21 – 3，37
and limitations on freedom 财产权与对自由的限制 21，38 – 44，45
mutual declaration and recognition of 财产权的相互宣布和承认 30 – 44，52，124
necessity of state to enforce 国家推行财产权的必要性 11 – 12，72 – 3
see also private property rights
property theory (Fichte's) 财产理论（费希特）4，21 – 55
and application of the concept of right 财产理论与法权概念的运用 6，9 – 11，25，34 – 44，75 – 6
defined 明确的财产理论 37
differences between earlier and later 前期与后期的财产理论的差别 59 – 66，206
empirical model 经验模式的财产理论 10 – 11
and the French Revolution 财产理论与法国革命 9 – 11，55，59 – 69
normative constraints of 财产理论的规范性限定 13 – 14
and theory of right 财产理论与法权理论 8 – 9，23，24 – 44，80，129
Protestantism 基督新教 181，183，198
Prussia 普鲁士 81，162
public good 公共之善 69，146，148 – 9
Rawls，John，*A Theory of Justice* 罗尔斯《正义论》55
reason/rationality 理性 2 – 3，57，119 – 20，128，133，153，166，168，188 – 9，197
the end of 理性的目的 82 – 4，133 – 6，153 – 4
and freedom 理性与自由 3，24，171
practical 实践理性 199

rebellion，right of 反叛权 147 – 9，154
receptivity 敏感性 167
Rechtslehre (Fichte) 《法权学说》（费希特）18，25，40，72，136
recognition
the concept of 承认概念 2，206 – 7
of legal personality and property of others 对他人法律人格和财产的承认

121 - 2
see also mutual recognition
rectitude　正直 140 - 2
redistribution　再分配 23，36，39，52 - 3，54，60，75 - 6，117
of property as unjust (Locke)　作为非正义的财产再分配（洛克）49 - 51
Reformation　宗教改革 98，180，181
relation of right　法权关系 3 - 4
based on mutual recognition　基于相互承认的法权关系 46，74 - 5
as a condition of individuality　作为个体性的一个条件的法权关系 4，6 - 8，24，116，138
hypothetical nature　假说性质 11 - 12
maintained by coercion rather than mutual recognition　通过强制而不是相互承认维持的法权关系 13 - 14，16 - 17
as a moral relation　作为一种道德关系的法权关系 16 - 17，114 - 15，131 - 3
and the property contract　法权关系与财产契约 31 - 2，37
and self - limitation　法权关系与自我限制 4，116
and the state　法权关系与国家 110，157
religion, and nations　宗教与民族 98 - 9
representation
need for　对代表的需要 143 - 6，155
symbolic in language　语言的象征性表现 173 - 6
republicanism　代议制 155，193
responsibility　责任感 138，141，157，200 - 2
right
concerns external actions　涉及外在行动的法权 117 - 18
as a condition of individuality　作为个体性的一个条件的法权 4，6 - 8，24，116，138
conditional nature　法权的有条件性 121，127
form of and content of　法权的形式与内容 40 - 1
as logical consistency　作为逻辑连贯性的法权 118 - 20
and moral autonomy　法权与道德自律 113，137 - 43，207
moralization of　法权的道德化 159 - 60

as positive and negative condition of human agency 作为行为主体性的积极条件和消极条件的法权 44
relation to morality 法权与道德的关系 19 – 20，112 – 61，132 – 3，136 – 8，155，190
and self – interest 法权与自我利益 134
separation from morality 法权与道德的分离 13 – 17，18，59，82，85 – 6，111，113，115，116 – 23，132 – 3，159，194，205 – 6
to be able to acquire rights 能够获得权利的权利 89 – 90
to be able to live 能够生存的权利 34，37，43，63，66 – 7
to be able to live from one's labour 能够靠自己劳动生存的权利 33 – 6，37，42 – 3，51 – 2，61，69，71，73 – 4，76，77，94 – 5，108，117，121，124，128，135，150，156，188
violations to be prevented or punished 加以防止或惩罚的侵权行为 52 – 3，74 – 6，148 – 9
see also cosmopolitan right theory（Kant）；natural right；political right；principles of right；*Rechtslehre*；relation of right
right，the concept of 法权概念 2
application 法权概念的运用 5 – 6，9，10 – 12，23，24 – 44，56 – 86
and the concept of property 法权概念与财产概念 25 – 44
as a condition of self – consciousness 作为自我意识的一个条件的法权概念 2 – 3，4，15，44，46 – 7，112
derived from moral law 源于道德法则的法权概念 112，194
different from duty 不同于义务的法权概念 14，121
failure to apply 无法运用法权概念 74 – 5
as a ‘merely technical – practical’ one 作为一种“单纯技术性—实践性的”概念的法权概念 12
as morally necessary 道德上必要的法权概念 13 – 14，46
and reciprocal limitation of freedom 法权和自由的相互限制 116
right，Fichte's theory of
compared with Hegel's ‘state of necessity’ 费希特的法权理论与黑格尔的“必然性的国家”115
and conception of society and the state 费希特的法权理论和社会与国家观

158 - 60, 169, 192
influence of Babeuf on　巴贝夫对费希特法权理论的影响 56 - 7, 69 - 70, 76 - 7
and liberalism　费希特的法权理论与自由主义 6 - 10, 25
and Locke's property rights　费希特的法权理论与洛克的财产权 51
and property theory　费希特的法权理论与财产理论 8 - 9, 23, 24 - 44
and radicalism of French Revolution　费希特的法权理论与法国革命的激进派 9, 58
role of virtue in　费希特法权理论中德性的作用 141 - 2, 143 - 61, 196
teleological aspect　费希特法权理论的目的论方面 137 - 43
rights 权利 4
and contracts　权利与契约 134 - 5
Declaration of Right of Man (1789)　人权宣言（1789 年）67
'publicness' of　权利的“公开性”105 - 6
另见 economic rights, and property rights; inalienable rights; original rights; property rights
Robespierre, Maximilien　罗伯斯庇尔 81, 146, 150, 154
speech to the National Convention (1792)　在国民会议上的讲话（1792 年）67
Roman law　罗马法 98
Romanticism, German　德国浪漫派 87
Rousseau, Jean - Jacques　卢梭 39 - 40, 57

Schelling, Friedrich Wilhelm Joseph von　谢林 1
Schlegel, Friedrich　施莱格尔 87
scholar　学者 83 - 5, 134
moral vocation of the　学者的道德使命 160, 162 - 4, 165 - 8, 172, 178, 180 - 2, 185, 186, 203 - 4
respect for the　对学者的尊敬 70, 84 - 5
role of the　学者的作用 160, 162 - 3, 170 - 1
science, foundational　科学的基础 5 - 6, 166
self-consciousness and freedom　自我意识与自由 3

moral law as a deduction of 作为自我意识和自由的一个演绎结果的道德法则 113
mutual recognition of 对自我意识和自由的相互承认 2 - 3，4，44，112，115，116
self - determination 自我决定 3，24，34，43 - 4，51，113，116，129，188 - 9
self - interest 自我利益 69，121 - 2，127 - 8，134，137 - 8，155，170 - 71，191
and use of coercion 自我利益与强制的使用 15 - 16
and virtue 自我利益与德性 156 - 7，205
self - limitation
and Fichte's theory of a summons 自我限制和费希特的要求理论 3，45 - 6
of freedom in a community 在共同体中对自由的自我限制 12，13，24
motivation for 自我限制的动机 16 - 17
and relation of right 自我限制与法权关系 4，116
self - preservation 自我保全 34 - 5，37，119 - 20，135，156，157，169，187 - 8
sense perception，language based on 基于感性感官的语言 173 - 5
sensible world 感性世界 5，9，11，12，23，24 - 44，55
separation of power 权力的分立 143 - 4，147 - 8
Siep，Ludwig 西普 44 - 5
social contract 社会契约 39 - 40，128，153
social order 社会秩序 144，188 - 91
social roles 社会角色 141 - 2，147
socialism 社会主义 10，22 - 3，43，56，59，70
Liberal 自由社会主义 23
society
as an ethical community 作为伦理共同体的社会 70，137 - 43
Fichte's theory compared to Babeuf 费希特与巴贝夫的社会理论 82 - 5
level of culture 文化的社会层面 166 - 8
moralization of 社会的道德化 160 - 1
neither rich nor poor in true (Babeuf) 真正的既不富也不穷的社会(巴贝夫）76 - 7

organic model of　有机的社会模式 158 – 9
owes its citizens a living　社会对公民的生活负责 67 – 8
and scholar's vocation　社会和学者的使命 165 – 8
virtue as source of ethical norms　作为伦理规范的来源的德性 140 – 3，157
see also state and society，Jena theory of the
Some Lectures concerning the Scholar's Vocation（Fichte）　《关于学者使命的若干演讲》（费希特）163 – 4
state
amoral conception of the　无关道德的国家观 114，115 – 16，122 – 3，124 – 6，136，159 – 60，191 – 2
authority with coercive powers　具有强制权力的国家权威 28 – 9，30 – 1，32，120，121 – 2
and the civil contract　国家与社会契约 30 – 3
and civil society　国家与市民社会 17，124
conduct of foreign trade　国家从事对外贸易 79 – 80
constitution of the（Fichte）　国家宪法（费希特）143 – 4
does it have conscience?　国家有良知吗？203 – 5
dual allocative and distribution function　国家进行分配和再分配的双重职能 36，39，41，43 – 4，53 – 4，60，75 – 6
ethical conception of the　国家的伦理观 114，137，143
external *see* ‘state of necessity’（Hegel）
Fichte's theory of the closed
commercial　费希特的锁闭商业国理论 21，79 – 82，88，94 – 101，107 – 10，190 – 1
guarantee of leisure　国家保障闲暇 72 – 3
guarantees that persons are not made dependent on the good will of other　国家保障人们不会被变得依赖于他人的善良意志 117 – 18
guarantees individuals the mean to live　国家保障个人谋生的手段 67 – 8，71 – 6，129，130 – 1，152，188，192
as human being's nature condition　作为人类的自然状况的国家 35
ideal rational　理想且理性的国家 53 – 4，76，80 – 2，157
identification with nation　与民族等同的国家 163

interdict 国家禁令 145
Kantian principles of the civil 康德的公民国家原则 102
and land ownership 国家与土地所有权 61 – 3
little agrarian 农业小国 190 – 1
necessary of authority 国家权威的必要性 11 – 12，15 – 17
need to attain its natural frontiers 国家需要获得自身的天然疆界 108 – 10，163
production and exchange 生产和交换 18 – 9
protection of property rights function 保护财产权的国家职能 21，44，54，124，128
right to refuse entry to a foreigner 国家有权拒绝一个外国人入境 89 – 91
and social contact (Rousseau) 国家与社会契约（费希特）39 – 40
supervisory role of occupations 国家对职业的监管作用 130 – 1
theory based on egoism 基于利己主义的国家理论 4，13，16，146，155，171，205
see also coercion by the state; contract theory of the state
'state of necessary' (Hegel) "必然性的国家"（黑格尔）123 – 31，133，135，138
compared with Fichte's theory of right 与费希特法权理论相比 115，122，159
state officials 国家官员 83，134
duties of 国家官员的义务 150 – 5，193
state and society
Jena theory of the 耶拿时期的国家与社会理论 17，59，112 – 61，205
and love of fatherland 国家与社会和对祖国的爱 193 – 5
states
economic relations between 各个国家之间的经济关系 94 – 111
emergency of 国家的紧急状态 99 – 100
federation of 国际联盟 95 – 6
mutual recognition between 各个国家之间的相互承认 96 – 7
relations between 各个国家之间的关系 11，88 – 94
small republican 小型共和国 145

Struensee, Karl August von　施特林泽 81
subjective particularity, principle of　主体特殊性原则 129
subjectivity
　and moral judgment　主体性与道德判断 197 – 202
　and theory of right and property　主体性和权利与财产理论 8 – 9, 23
summons, Fichte's theory of a　费希特的要求理论 3, 45 – 6
supersensuous world　超感性世界 174 – 175
suspicion, rational　理性的怀疑 74 – 5
System of Ethics, The (Fiche)《伦理学体系》(费希特) 17, 82 – 4, 113 – 15, 131, 131 – 9, 157, 158 – 9, 164, 186, 196 – 207
system of needs　需要体系 123, 126, 128 – 9, 135

taxation　税收 42, 99
Terror, the　恐怖 68, 160
thinking
　consistently　逻辑连贯的思维 118 – 20, 121
　laws of　思维规律 188 – 9
trade　贸易 78 – 80, 93 – 4, 99
　balance of　贸易平衡 99 – 100
transcendental and empirical relations　先验关系和经验关系 5 – 6, 10 – 11, 46 – 7
transparency　透明性 105 – 6
Tribun du Peuple 56, 79, 84 – 5
trust　信任 74 – 5
truth　真理 165 – 6, 168, 170 – 2, 173, 180, 182, 186 – 7
　feeling of　真理感 197

upbringing (*Erziehung*)　教养、教育 46

value theory, and goods　价值理论和产品 78 – 9
virtue
　civic　公民德性 193

the concept of 德性概念 17 – 20，85，111，115 – 16，123，142
the ‘genius for’ “德性”天赋 139，140 – 2
in Hegel’s philosophy of right 黑格尔法哲学中的德性 140 – 2
and nature 德性与本性 139，142
and political morality 德性与政治道德性 146，155
producing 培养德性 187 – 96
and property 德性与财产 1，18 – 20，206
role in *Address to the German Nation* 《对德意志民族的演讲》中德性的作用 17 – 20，82，162 – 207
role in Fichte’s theory of right 费希特法权理论中德性的作用 140 – 2，143 – 61
and self – interest 德性与自我利益 156 – 7，205
social nature of 社会性质的德性 138 – 43，144，164
social and political role 社会和政治角色 19 – 20，147 – 61，163，192 – 3，205 – 6
vacation of the scholar 学者的使命 17，160，162 – 4，165 – 8，172，178，180 – 2，185，186，203 – 4
voting rights 投票权 102，104 – 6

wage labourers 雇工 103 – 4
war/s 战争 100 – 1，108 – 10，195
wealth 财富 70 – 1，76 – 7
of nations 国家财富 100
Weber，Marianne 玛丽安娜·韦伯 109
Fiche’s Socialismus und sein Verhältnis zur Marx’schen Doktrin 《费希特的社会主义及其与马克思学说的关系》56，69 – 70
welfare state 福利国家 10，36
will 意志 12，134，137
arbitrary as basis of the state 作为国家基础的任意意志 122 – 3，126，151
the common 共同意志 144，146，148 – 9，150 – 2，154，172
dependence on that of others 依赖他人意志的意志 102，103 – 4
freedom of 意志自由 196
moral 道德意志 189，196，198

preserving one's own　保全自我的意志 34
Wissenschaftslere (foundational science)　《知识学》5－6，166
world citizenship　世界公民 87，90
world plan　世界蓝图 168－70，22

图书在版编目（CIP）数据

财产与德性：费希特的社会与政治哲学/[南非] 詹姆斯（James，D.）著；张东辉，柳波译．—北京：知识产权出版社，2016.3（2016.12 重印）
（西方传统：经典与解释—德意志古典法学丛编）
原书名：Fichte's Social and Political Philosophy：Property and Virtue
ISBN 978-7-5130-1215-7

Ⅰ.①财… Ⅱ.①詹… ②张… ③柳… Ⅲ.①费希特，J. G.（1762～1814）—社会哲学—研究 ②费希特，J. G.（1762～1814）—政治哲学—研究 Ⅳ.①B516.33

中国版本图书馆 CIP 数据核字（2012）第 060856 号

This is a Simplified Chinese Translation of the following title published by Cambridge University Press：
Fichte's Social and Political Philosophy：Property and Virtue
ISBN-13：9781107001558

责任编辑：倪江云　　责任校对：董志英
装帧设计：张　冀　　责任出版：刘译文

西方传统：经典与解释—德意志古典法学丛编
财产与德性：费希特的社会与政治哲学
[南非] 詹姆斯（James，D.）著
张东辉　柳　波　译

出版发行：知识产权出版社有限责任公司　　网　址：http：//www.ipph.cn
社　址：北京市海淀区西外太平庄 55 号　　邮　编：100081
责编电话：010－82000860 转 8541　　责编邮箱：wangyumao@cnipr.com
发行电话：010－82000860 转 8101/8102　　发行传真：010－82000893/82005070/82000270
印　刷：北京科信印刷有限公司　　经　销：各大网上书店、新华书店及相关专业书店
开　本：880mm×1230mm　1/32　　印　张：8.25
版　次：2016 年 3 月第 1 版　　印　次：2016 年 12 月第 2 次印刷
字　数：220 千字　　定　价：30.00 元
ISBN 978-7-5130-1215-7
京权图字：01-2012-0181